Jacob's Room
El cuarto de Jacob

Virginia Woolf

Jacob's Room
El cuarto de Jacob

Texto paralelo bilingüe
Bilingual edition

Inglés - Español
English - Spanish

texto en español, traducido del inglés por Guillermo Tirelli

Rosetta Edu

Título original: *Jacob's Room*

Primera publicación: 1922

© 2021, Guillermo Tirelli, por la traducción
All rights reserved
Quedan prohibidos, dentro de los límites establecidos en la ley y bajo los apercibimientos legalmente provistos, la reproducción total o parcial de esta obra por cualquier medio o procedimiento, ya sea electrónico o mecánico, el tratamiento informático, el alquiler o cualquier otra forma de cesión de la obra sin la autorización previa y por escrito de los titulares del *copyright*.

Primera edición: Agosto 2021

Publicado por Rosetta Edu
Londres, Agosto 2021

ISBN: 978-1-915088-00-0

Indice

Chapter one / Capítulo uno	8-9
Chapter two / Capítulo dos	28-29
Chapter three / Capítulo tres	64-65
Chapter four / Capítulo cuatro	106-107
Chapter five / Capítulo cinco	152-153
Chapter six / Capítulo seis	176-177
Chapter seven / Capítulo siete	198-199
Chapter eight / Capítulo ocho	216-217
Chapter nine / Capítulo nueve	240-241
Chapter ten / Capítulo diez	276-277
Chapter eleven / Capítulo once	302-303
Chapter twelve / Capítulo doce	328-329
Chapter thirteen / Capítulo trece	402-403
Chapter fourteen / Capítulo catorce	434-435

Chapter one

"So of course," wrote Betty Flanders, pressing her heels rather deeper in the sand, "there was nothing for it but to leave."

Slowly welling from the point of her gold nib, pale blue ink dissolved the full stop; for there her pen stuck; her eyes fixed, and tears slowly filled them. The entire bay quivered; the lighthouse wobbled; and she had the illusion that the mast of Mr. Connor's little yacht was bending like a wax candle in the sun. She winked quickly. Accidents were awful things. She winked again. The mast was straight; the waves were regular; the lighthouse was upright; but the blot had spread.

"...nothing for it but to leave," she read.

"Well, if Jacob doesn't want to play" (the shadow of Archer, her eldest son, fell across the notepaper and looked blue on the sand, and she felt chilly—it was the third of September already), "if Jacob doesn't want to play"—what a horrid blot! It must be getting late.

"Where IS that tiresome little boy?" she said. "I don't see him. Run and find him. Tell him to come at once." "...but mercifully," she scribbled, ignoring the full stop, "everything seems satisfactorily arranged, packed though we are like herrings in a barrel, and forced to stand the perambulator which the landlady quite naturally won't allow...."

Such were Betty Flanders's letters to Captain Barfoot—many-paged, tear- stained. Scarborough is seven hundred miles from Cornwall: Captain Barfoot is in Scarborough: Seabrook is dead.

Capítulo uno

«Y así, por supuesto», escribió Betty Flanders, hundiendo sus tacones un poco más profundo en la arena, «lo único que quedaba por hacer era irse».

Surgiendo suavemente de la punta de su pluma dorada, la tinta, de un pálido azul, ahogó el punto final; porque allí se detuvo su estilográfica; sus ojos se fijaron y paulatinamente se llenaron de lágrimas. La bahía entera se estremeció; el faro vaciló; y ella tuvo la ilusión que el mástil del pequeño velero de Mr Connor se curvaba como una candela al sol. Ella parpadeó rápidamente. Los accidentes eran cosas horribles. Parpadeó nuevamente. El mástil estaba recto; las olas eran regulares; el faro estaba erguido; pero la mancha de tinta se había extendido.

«...lo único que quedaba por hacer era irse», leyó ella.

—Bueno, si Jacob no quiere jugar —la sombra de Archer, su hijo mayor, se proyectaba a través del papel de cartas y parecía azul sobre la arena, y ella sintió un escalofrío... ya era tres de setiembre—, si Jacob no quiere jugar —¡qué mancha horrible! Se debe estar haciendo tarde.

—¿Dónde *está* ese niñito tedioso? —dijo ella—. No lo veo. Corre y encuéntralo. Dile que venga de una vez. —«...pero a Dios gracias», garabateó, ignorando el punto final, «todo parece haberse arreglado para mejor, aun si estamos como sardinas en lata, y forzados a poner al costado el cochecito que la casera, naturalmente, no permite...».

Tales eran las cartas de Betty Flanders al capitán Barfoot... interminables, manchadas de lágrimas. Scarborough queda a setecientas millas de Cornualles: el capitán Barfoot está en Scarbo-

Tears made all the dahlias in her garden undulate in red waves and flashed the glass house in her eyes, and spangled the kitchen with bright knives, and made Mrs. Jarvis, the rector's wife, think at church, while the hymn-tune played and Mrs. Flanders bent low over her little boys' heads, that marriage is a fortress and widows stray solitary in the open fields, picking up stones, gleaning a few golden straws, lonely, unprotected, poor creatures. Mrs. Flanders had been a widow for these two years.

"Ja—cob! Ja—cob!" Archer shouted.

"Scarborough," Mrs. Flanders wrote on the envelope, and dashed a bold line beneath; it was her native town; the hub of the universe. But a stamp? She ferreted in her bag; then held it up mouth downwards; then fumbled in her lap, all so vigorously that Charles Steele in the Panama hat suspended his paint-brush.

Like the antennae of some irritable insect it positively trembled. Here was that woman moving—actually going to get up—confound her! He struck the canvas a hasty violet-black dab. For the landscape needed it. It was too pale—greys flowing into lavenders, and one star or a white gull suspended just so—too pale as usual. The critics would say it was too pale, for he was an unknown man exhibiting obscurely, a favourite with his landladies' children, wearing a cross on his watch chain, and much gratified if his landladies liked his pictures—which they often did.

"Ja—cob! Ja—cob!" Archer shouted.

rough: Seabrook está muerto. Las lágrimas ondularon todas las dalias de su jardín en olas rojas e hicieron destellar el invernadero en sus ojos, y motearon la cocina con cuchillos brillantes e hicieron pensar a Mrs Jarvis, la esposa del pastor, mientras la melodía del himno tocaba en la iglesia y Mrs Flanders se agachaba sobre las cabezas de sus hijitos, que el matrimonio es una fortaleza y que las viudas se extravían solitarias en los campos abiertos, recogiendo piedras, cosechando unas pocas espigas doradas, pobres criaturas solitarias, desprotegidas. Ya hacía dos años que Mrs Flanders era viuda.

—¡Ja-cob! ¡Ja-cob! —gritó Archer.

«Scarborough», escribió Mrs Flanders en el sobre, subrayando fuertemente la palabra; era su ciudad natal; el centro del universo. Pero... ¿un sello? Hurgó en su bolso; luego lo sostuvo boca abajo; luego lo vació sobre la falda y buscó a tientas, todo de manera tan vigorosa que Charles Steele, con su sombrero panamá, suspendió su pincel en el aire.

El pincel verdaderamente temblaba, como las antenas de algún insecto irritable. Aquí estaba esta mujer moviéndose... en realidad estaba por levantarse... ¡maldita sea! Dio un rápido toque de un negro violáceo al lienzo. Porque el paisaje lo necesitaba. Era demasiado pálido... los grises se fundían en los azules lavanda y una estrella o una gaviota blanca, simplemente suspendidas... demasiado pálido, como siempre. Los críticos dirían que era demasiado pálido, porque él era un desconocido exhibiendo en oscuras galerías, un favorito entre los niños de sus caseras, llevando una cruz en su cadena de reloj, y estaba muy agradecido si a sus caseras les gustaban sus pinturas... lo que sucedía a menudo.

—¡Ja-cob! ¡Ja-cob! —gritó Archer.

Exasperated by the noise, yet loving children, Steele picked nervously at the dark little coils on his palette.

"I saw your brother—I saw your brother," he said, nodding his head, as Archer lagged past him, trailing his spade, and scowling at the old gentleman in spectacles.

"Over there—by the rock," Steele muttered, with his brush between his teeth, squeezing out raw sienna, and keeping his eyes fixed on Betty Flanders's back.

"Ja—cob! Ja—cob!" shouted Archer, lagging on after a second.

The voice had an extraordinary sadness. Pure from all body, pure from all passion, going out into the world, solitary, unanswered, breaking against rocks—so it sounded.

Steele frowned; but was pleased by the effect of the black—it was just THAT note which brought the rest together. "Ah, one may learn to paint at fifty! There's Titian..." and so, having found the right tint, up he looked and saw to his horror a cloud over the bay.

Mrs. Flanders rose, slapped her coat this side and that to get the sand off, and picked up her black parasol.

The rock was one of those tremendously solid brown, or rather black, rocks which emerge from the sand like something primitive. Rough with crinkled limpet shells and sparsely strewn with locks of dry seaweed, a small boy has to stretch his legs far apart, and indeed to feel rather heroic, before he gets to the top.

Exasperado por el ruido, aun si quería a los niños, Steele untó su pincel nerviosamente entre las pequeñas espirales oscuras de su paleta.

—Vi a tu hermano... vi a tu hermano —dijo, asintiendo con la cabeza, mientras Archer lo pasaba a la zaga, arrastrando su pala, frunciendo el ceño al viejo caballero de gafas.

—Por allí... cerca de la roca —farfulló Steele, con su pincel entre los dientes, estrujando el tubo de ocre puro y manteniendo sus ojos fijos en la espalda de Betty Flanders.

—¡Ja-cob! ¡Ja-cob! —gritó Archer, andando perezosamente, después de un segundo.

La voz tenía una tristeza extraordinaria. Depurada de todo cuerpo, depurada de toda pasión, yéndose al mundo, solitaria, sin respuesta, quebrando contra las rocas; así sonaba.

Steele frunció el ceño, pero estaba satisfecho por el efecto del negro... era justamente *esa* nota la que unía todo el resto: —¡Ah, sí que uno puede aprender a pintar a los cincuenta! Allí está Tiziano... —Y así, habiendo encontrado el matiz correcto, levantó la mirada y vio, para horror suyo, una nube sobre la bahía.

Mrs Flanders se levantó, sacudió su abrigo de este lado y del otro para quitarle la arena, y recogió su parasol negro.

La roca era una de aquellas de un marrón tremendamente sólido, o más bien negro; rocas que emergen de la arena como algo primitivo. Áspera a causa de las conchillas de lapa arrugadas y sembrada aquí y allá con mechas de algas secas, un muchacho pequeño tiene que estirar sus piernas ampliamente, y de hecho sentirse bastante heroico, antes de llegar a la cima.

But there, on the very top, is a hollow full of water, with a sandy bottom; with a blob of jelly stuck to the side, and some mussels. A fish darts across. The fringe of yellow-brown seaweed flutters, and out pushes an opal-shelled crab—

"Oh, a huge crab," Jacob murmured—and begins his journey on weakly legs on the sandy bottom. Now! Jacob plunged his hand. The crab was cool and very light. But the water was thick with sand, and so, scrambling down, Jacob was about to jump, holding his bucket in front of him, when he saw, stretched entirely rigid, side by side, their faces very red, an enormous man and woman.

An enormous man and woman (it was early-closing day) were stretched motionless, with their heads on pocket-handkerchiefs, side by side, within a few feet of the sea, while two or three gulls gracefully skirted the incoming waves, and settled near their boots.

The large red faces lying on the bandanna handkerchiefs stared up at Jacob. Jacob stared down at them. Holding his bucket very carefully, Jacob then jumped deliberately and trotted away very nonchalantly at first, but faster and faster as the waves came creaming up to him and he had to swerve to avoid them, and the gulls rose in front of him and floated out and settled again a little farther on. A large black woman was sitting on the sand. He ran towards her.

"Nanny! Nanny!" he cried, sobbing the words out on the crest of each gasping breath.

The waves came round her. She was a rock. She was covered

Pero allí, en la cima, hay un pozo lleno de agua, con una base arenosa, con una masa gelatinosa pegada al costado, y algunas almejas. Un pez lo atraviesa como un rayo. La hilera de algas de un amarillo amarronado se agita, y sale un cangrejo con un caparazón opalino...

—¡Oh, un cangrejo gigante! —murmuró Jacob... y sobre sus piernas débiles este empieza su travesía en el fondo arenoso. ¡Ahora! Jacob hundió su mano. El cangrejo estaba frío y era muy liviano. Pero el agua estaba turbia de arena, y así, gateando hacia abajo, Jacob estaba a punto de saltar, sosteniendo el balde frente a sí, cuando vio, extendidos lado a lado, enteramente rígidos, sus caras muy enrojecidas, un hombre y una mujer enormes.

Un hombre y una mujer enormes (era el día en que las tiendas cierran temprano) que estaban extendidos inmóviles, con sus cabezas sobre pañuelos de bolsillo, lado a lado, a pocos pasos del mar, mientras dos o tres gaviotas eludían graciosamente las olas que llegaban y se posaban cerca de sus botas.

Las grandes caras enrojecidas descansando sobre las bandanas miraron a Jacob fijamente hacia arriba. Jacob los miró fijamente hacia abajo. Tomando su balde muy cuidadosamente, Jacob saltó deliberadamente y trotó alejándose muy sin cuidado al principio, pero más rápido y más rápido cuando las olas espumosas venían hasta él y tenía que virar bruscamente para evitarlas, y las gaviotas volaron frente a él y se fueron flotando en el aire y se posaron algo más lejos. Una gran mujer negra estaba sentada en la arena. Él corrió hacia ella.

—¡Tata! ¡Tata! —gritó, sollozando con palabras entrecortadas en su respiración jadeante.

Las olas venían a su alrededor. Ella era una roca. Estaba cubier-

with the seaweed which pops when it is pressed. He was lost.

There he stood. His face composed itself. He was about to roar when, lying among the black sticks and straw under the cliff, he saw a whole skull—perhaps a cow's skull, a skull, perhaps, with the teeth in it. Sobbing, but absent-mindedly, he ran farther and farther away until he held the skull in his arms.

"There he is!" cried Mrs. Flanders, coming round the rock and covering the whole space of the beach in a few seconds. "What has he got hold of? Put it down, Jacob! Drop it this moment! Something horrid, I know. Why didn't you stay with us? Naughty little boy! Now put it down. Now come along both of you," and she swept round, holding Archer by one hand and fumbling for Jacob's arm with the other. But he ducked down and picked up the sheep's jaw, which was loose.

Swinging her bag, clutching her parasol, holding Archer's hand, and telling the story of the gunpowder explosion in which poor Mr. Curnow had lost his eye, Mrs. Flanders hurried up the steep lane, aware all the time in the depths of her mind of some buried discomfort.

There on the sand not far from the lovers lay the old sheep's skull without its jaw. Clean, white, wind-swept, sand-rubbed, a more unpolluted piece of bone existed nowhere on the coast of Cornwall. The sea holly would grow through the eye-sockets; it would turn to powder, or some golfer, hitting his ball one fine day, would disperse a little dust—No, but not in lodgings, thought Mrs. Flanders. It's a great experiment coming so far with young children. There's no man to help with the perambulator. And Jacob is such a handful; so obstinate already.

ta de algas que reventaban cuando se las presionaba. Él se había perdido.

Allí se quedó parado. Su cara recobró la compostura. Estaba a punto de dar un alarido cuando, descansando entre los palos negros y la paja bajo el acantilado, vio una calavera entera... tal vez la calavera de una vaca, una calavera, tal vez, con los dientes en ella. Sollozando, pero absorto, corrió más y más hasta que tomó la calavera entre sus brazos.

—¡Allí está! —gritó Mrs Flanders, llegando del otro lado de la roca y cubriendo la distancia de la playa entera en unos segundos—. ¿Qué ha agarrado? ¡Déjalo allí, Jacob! ¡Tíralo en este preciso momento! Algo horrible, lo sé. ¿Por qué no te quedaste con nosotros? ¡Niñito malcriado! Déjalo allí, ahora. Y vengan ahora mismo los dos. —Ella se volvió rápidamente, sosteniendo a Archer con una mano y tanteando por el brazo de Jacob con la otra. Pero él se libró y recogió la mandíbula de oveja, que estaba floja.

Balanceando el bolso, agarrando firmemente el parasol, sosteniendo la mano de Archer, y contando la historia de la explosión de pólvora en la que el pobre Mr Curnow había perdido su ojo, Mrs Flanners se dio prisa por el sendero empinado, consciente todo el tiempo, en el fondo de su mente, de algún malestar enterrado.

Allí, sobre la arena, no muy lejos de los amantes, yacía la vieja calavera de oveja sin su quijada. Limpia, blanca, gastada por el viento, pulida por la arena, en ninguna otra parte de la costa de Cornualles existía una pieza de hueso más incontaminada. El acanto de las dunas crecería en sus órbitas, se transformaría en polvo, o bien un buen día algún golfista golpeándola con su pelota levantaría una polvareda... No, pero no en un alojamiento, pensó Mrs Flanders. Es una gran prueba venir desde tan lejos con niños pequeños. No hay un hombre que ayude con el cochecito. Y Jacob

"Throw it away, dear, do," she said, as they got into the road; but Jacob squirmed away from her; and the wind rising, she took out her bonnet-pin, looked at the sea, and stuck it in afresh. The wind was rising. The waves showed that uneasiness, like something alive, restive, expecting the whip, of waves before a storm. The fishing-boats were leaning to the water's brim. A pale yellow light shot across the purple sea; and shut. The lighthouse was lit. "Come along," said Betty Flanders. The sun blazed in their faces and gilded the great blackberries trembling out from the hedge which Archer tried to strip as they passed.

"Don't lag, boys. You've got nothing to change into," said Betty, pulling them along, and looking with uneasy emotion at the earth displayed so luridly, with sudden sparks of light from greenhouses in gardens, with a sort of yellow and black mutability, against this blazing sunset, this astonishing agitation and vitality of colour, which stirred Betty Flanders and made her think of responsibility and danger. She gripped Archer's hand. On she plodded up the hill.

"What did I ask you to remember?" she said.

"I don't know," said Archer.

"Well, I don't know either," said Betty, humorously and simply, and who shall deny that this blankness of mind, when combined with profusion, mother wit, old wives' tales, haphazard ways, moments of astonishing daring, humour, and sentimentality—who shall deny that in these respects every woman is nicer than any man?

es tan travieso, tan obstinado ya.

—Tíralo, querido, hazlo —dijo ella, cuando llegaban a la carretera, pero Jacob se escapó, alejándose de ella; y como se levantaba viento, ella sacó la aguja que sostenía su sombrero, miró hacia el mar, y la volvió a colocar. Se seguía levantando viento. Las olas mostraban el desasosiego, como algo vivo, impaciente, esperando el látigo antes de la tormenta. Los barcos pesqueros se inclinaban hacia el borde del agua. Una luz de un amarillo pálido cruzó el mar purpúreo; y se extinguió. El faro estaba encendido—. ¡Vengan! —dijo Betty Flanders. El sol ardía en sus caras y doraba las grandes zarzamoras que temblaban fuera del seto que Archer trataba de estropear mientras pasaban.

—No se queden rezagados, niños. No tienen nada con que cambiarse —dijo Betty, tironeándolos y mirando con preocupada emoción la tierra expuesta de manera escabrosa, con súbitos brillos de los invernaderos en los jardines, como mutando entre amarillo y negro, contra este atardecer ardiente, contra esta sorprendente agitación y vitalidad del color que agitaba a Betty Flanders y le hacía pensar en la responsabilidad y el peligro. Ella tomó la mano de Archer. Con paso lento continuó subiendo la colina.

—¿Qué te había pedido que recordaras? —dijo ella.

—No lo sé —dijo Archer.

—Bueno, yo tampoco lo sé —dijo Betty, con humor y simplicidad. Y, ¿quién podría negar que esta simplicidad de mente, cuando se combina con profusión, sentido común, historias de buenas esposas, reacciones imprevisibles, momentos de maravilloso coraje, humor y sentimentalidad... quién podría negar, que en lo que a esto respecta, cada mujer es más agradable que ningún hombre?

Well, Betty Flanders, to begin with.

She had her hand upon the garden gate.

"The meat!" she exclaimed, striking the latch down.

She had forgotten the meat.

There was Rebecca at the window.

The bareness of Mrs. Pearce's front room was fully displayed at ten o'clock at night when a powerful oil lamp stood on the middle of the table. The harsh light fell on the garden; cut straight across the lawn; lit up a child's bucket and a purple aster and reached the hedge. Mrs. Flanders had left her sewing on the table. There were her large reels of white cotton and her steel spectacles; her needle-case; her brown wool wound round an old postcard. There were the bulrushes and the Strand magazines; and the linoleum sandy from the boys' boots. A daddy-long- legs shot from corner to corner and hit the lamp globe. The wind blew straight dashes of rain across the window, which flashed silver as they passed through the light. A single leaf tapped hurriedly, persistently, upon the glass. There was a hurricane out at sea.

Archer could not sleep.

Mrs. Flanders stooped over him. "Think of the fairies," said Betty Flanders. "Think of the lovely, lovely birds settling down on their nests. Now shut your eyes and see the old mother bird with a worm in her beak. Now turn and shut your eyes," she murmured, "and shut your eyes."

Bueno, para comenzar: Betty Flanders.

Ella posaba la mano sobre la puerta del jardín.

—¡La carne! —exclamó, dejando caer el pestillo.

Había olvidado la carne.

Allí estaba Rebecca en la ventana.

El vacío del cuarto de estar de Mrs Pearce quedó completamente expuesto cuando una poderosa lámpara de aceite fue colocada en el medio de la mesa a las diez de la noche. La luz cruda caía sobre el jardín, atravesaba directamente el césped e iluminaba el balde de un niño y un áster púrpura para alcanzar el seto. Mrs Flanders había dejado su costura sobre la mesa. Allí estaban sus grandes carretes de algodón blanco y sus gafas de acero, su caja de agujas, su ovillo de lana marrón alrededor de una vieja postal. Allí estaban las aneas y las revistas Strand, y el linóleo con arena de las botas de los muchachos. Una típula atravesó de rincón a rincón y golpeó el cristal de la lámpara. El viento trazaba contra la ventana líneas oblicuas de lluvia que cruzando la zona iluminada destellaban brillos plateados. Una hoja solitaria tamborileaba rápida y persistentemente contra el vidrio. Había un huracán al fondo del mar.

Archer no podía dormir.

Mrs Flanders se encorvó sobre él: —Piensa en las hadas —dijo Betty Flanders—. Piensa en los pajaritos, los encantadores pajaritos posándose en sus nidos. Ahora cierra tus ojos y mira a la vieja mamá pájaro con un gusano en su pico. Ahora date la vuelta y cierra tus ojos —murmuraba—, y cierra tus ojos.

The lodging-house seemed full of gurgling and rushing; the cistern overflowing; water bubbling and squeaking and running along the pipes and streaming down the windows.

"What's all that water rushing in?" murmured Archer.

"It's only the bath water running away," said Mrs. Flanders.

Something snapped out of doors.

"I say, won't that steamer sink?" said Archer, opening his eyes.

"Of course it won't," said Mrs. Flanders. "The Captain's in bed long ago. Shut your eyes, and think of the fairies, fast asleep, under the flowers."

"I thought he'd never get off—such a hurricane," she whispered to Rebecca, who was bending over a spirit-lamp in the small room next door. The wind rushed outside, but the small flame of the spirit-lamp burnt quietly, shaded from the cot by a book stood on edge.

"Did he take his bottle well?" Mrs. Flanders whispered, and Rebecca nodded and went to the cot and turned down the quilt, and Mrs. Flanders bent over and looked anxiously at the baby, asleep, but frowning. The window shook, and Rebecca stole like a cat and wedged it.

The two women murmured over the spirit-lamp, plotting the eternal conspiracy of hush and clean bottles while the wind raged and gave a sudden wrench at the cheap fastenings.

El alojamiento parecía lleno de borboteos y ráfagas, la cisterna rebalsaba; agua burbujeando y chirriando y corriendo a lo largo de los caños y ondeando hacia abajo en las ventanas.

—¿Qué es toda esa agua entrando? —murmuró Archer.

—Es solo el agua del baño descargándose —dijo Mrs Flanders.

Algo chasqueó fuera.

—Pero, digo, ¿no se hundirá el barco a vapor? —dijo Archer, abriendo los ojos.

—Por supuesto que no —dijo Mrs Flanders—. El capitán está en cama ya hace rato. Cierra tus ojos, y piensa en las hadas, que duermen profundamente, bajo las flores.

—Pensé que nunca se iba a quedar dormido... semejante huracán —susurró a Rebecca que se inclinaba sobre una lámpara de bencina en el pequeño cuarto vecino. Fuera soplaba el viento, pero la pequeña llama de la lámpara de bencina ardía tranquilamente, un libro colocado de canto protegía la cuna con su sombra.

—¿Tomó bien su biberón? —murmuró Mrs Flanders, y Rebecca asentó con la cabeza, fue a la cuna y dobló el edredón, y Mrs Flanders se inclinó y miró ansiosamente al bebé, dormido, pero con el ceño fruncido. La ventana se sacudió, y Rebecca se escabulló como un gato y la calzó.

Las dos mujeres murmuraban sobre la lámpara de bencina, tramando la conspiración eterna de silencio y limpios biberones mientras el viento se enfurecía y daba un tirón a las cerraduras baratas.

Both looked round at the cot. Their lips were pursed. Mrs. Flanders crossed over to the cot.

"Asleep?" whispered Rebecca, looking at the cot.

Mrs. Flanders nodded.

"Good-night, Rebecca," Mrs. Flanders murmured, and Rebecca called her ma'm, though they were conspirators plotting the eternal conspiracy of hush and clean bottles.

Mrs. Flanders had left the lamp burning in the front room. There were her spectacles, her sewing; and a letter with the Scarborough postmark. She had not drawn the curtains either.

The light blazed out across the patch of grass; fell on the child's green bucket with the gold line round it, and upon the aster which trembled violently beside it. For the wind was tearing across the coast, hurling itself at the hills, and leaping, in sudden gusts, on top of its own back. How it spread over the town in the hollow! How the lights seemed to wink and quiver in its fury, lights in the harbour, lights in bedroom windows high up! And rolling dark waves before it, it raced over the Atlantic, jerking the stars above the ships this way and that.

There was a click in the front sitting-room. Mr. Pearce had extinguished the lamp. The garden went out. It was but a dark patch. Every inch was rained upon. Every blade of grass was bent by rain. Eyelids would have been fastened down by the rain. Lying on one's back one would have seen nothing but muddle and confusion—clouds turning and turning, and something yellow-tinted and sulphurous in the darkness.

Ambas se volvieron hacia la cuna. Sus labios estaban fruncidos. Mrs Flanders atravesó el cuarto y se aproximó a la cuna.

—¿Dormido? —susurró Rebecca, mirando hacia la cuna.

Mrs Flanders asintió.

—Buenas noches, Rebecca —murmuró Mrs Flanders, y Rebecca la llamó «señora», aun cuando eran conspiradoras tramando la conspiración eterna de silencio y limpios biberones.

Mrs Flanders había dejado la lámpara ardiendo en el cuarto de estar. Allí estaban sus gafas, su costurero, y una carta con el matasellos de Scarborough. Tampoco había corrido las cortinas.

La lámpara proyectaba su luz sobre el área de césped, caía sobre el balde del niño, verde con la línea dorada a su alrededor, y sobre el áster que temblaba violentamente a su lado. Porque el viento se había lanzado a través de la costa, se enroscaba en las montañas, y se elevaba, en ráfagas súbitas, encima de su propia espalda. ¡Cómo se esparcía en el vacío sobre la ciudad! ¡Cómo parecía que las luces titilaban y se estremecían bajo su furia, luces en el puerto, luces en las altas ventanas de los dormitorios! Y, haciendo ondular oscuras olas ante él, aceleró sobre el Atlántico, sacudiendo las estrellas sobre los barcos por este camino o el otro.

Hubo un chasquido en la sala de estar de la fachada. Mr Pearce había apagado la lámpara. El jardín desapareció. Era solo una zona oscura. Cada pulgada estaba empapada. Cada brizna de césped se curvaba por la lluvia. Los párpados se habrían mantenido cerrados por el peso de la lluvia. Recostado sobre la espalda uno no habría visto más que desorden y confusión... nubes dando vueltas y vueltas, y en la oscuridad algo con un matiz amarillo y sulfuroso.

The little boys in the front bedroom had thrown off their blankets and lay under the sheets. It was hot; rather sticky and steamy. Archer lay spread out, with one arm striking across the pillow. He was flushed; and when the heavy curtain blew out a little he turned and half-opened his eyes. The wind actually stirred the cloth on the chest of drawers, and let in a little light, so that the sharp edge of the chest of drawers was visible, running straight up, until a white shape bulged out; and a silver streak showed in the looking-glass.

In the other bed by the door Jacob lay asleep, fast asleep, profoundly unconscious. The sheep's jaw with the big yellow teeth in it lay at his feet. He had kicked it against the iron bed-rail.

Outside the rain poured down more directly and powerfully as the wind fell in the early hours of the morning. The aster was beaten to the earth. The child's bucket was half-full of rainwater; and the opal- shelled crab slowly circled round the bottom, trying with its weakly legs to climb the steep side; trying again and falling back, and trying again and again.

Los muchachitos en el dormitorio de la fachada habían tirado sus cobijas y descansaban bajo las sábanas. Hacía calor, el aire era más bien denso y vaporoso. Archer estaba extendido, con un brazo atravesando la almohada. Tenía las mejillas sonrojadas y, cuando la pesada cortina se infló un poco, él se dio vuelta y entreabrió los ojos. En efecto, el viento agitaba el paño sobre la cómoda, y dejaba pasar un haz de luz, de tal manera que el borde afilado de la cómoda se hacía visible, continuaba derecho, hasta que una forma blanca sobresalía, y una veta plateada se mostraba en el espejo.

En la otra cama, al lado de la puerta, Jacob yacía dormido, profundamente dormido, profundamente inconsciente. La quijada de oveja con los grandes dientes amarillos descansaba a sus pies. La había pateado contra el marco de hierro de la cama carril.

Fuera llovía torrencialmente, aun más directa y poderosamente en las primeras horas de la mañana, cuando el viento decaía. El áster estaba derribado por tierra. El balde del niño estaba lleno por la mitad de agua de lluvia y el cangrejo de caparazón opalino tornaba en círculos en el fondo, intentando escalar con sus débiles piernas por el lado empinado, intentando de nuevo y cayendo, e intentando de nuevo y de nuevo.

Chapter two

"MRS. FLANDERS"—"Poor Betty Flanders"—"Dear Betty"—"She's very attractive still"—"Odd she don't marry again!" "There's Captain Barfoot to be sure—calls every Wednesday as regular as clockwork, and never brings his wife."

"But that's Ellen Barfoot's fault," the ladies of Scarborough said. "She don't put herself out for no one."

"A man likes to have a son—that we know."

"Some tumours have to be cut; but the sort my mother had you bear with for years and years, and never even have a cup of tea brought up to you in bed."

(Mrs. Barfoot was an invalid.)

Elizabeth Flanders, of whom this and much more than this had been said and would be said, was, of course, a widow in her prime. She was half- way between forty and fifty. Years and sorrow between them; the death of Seabrook, her husband; three boys; poverty; a house on the outskirts of Scarborough; her brother, poor Morty's, downfall and possible demise— for where was he? what was he? Shading her eyes, she looked along the road for Captain Barfoot—yes, there he was, punctual as ever; the attentions of the Captain—all ripened Betty Flanders, enlarged her figure, tinged her face with jollity, and flooded her eyes for no reason that any one could see perhaps three times a day.

True, there's no harm in crying for one's husband, and the tombstone, though plain, was a solid piece of work, and on summer's days when the widow brought her boys to stand there one

Capítulo dos

«Mrs Flanders...». «Pobre Betty Flanders...». «Querida Betty...». «Es muy atractiva todavía...». «¡Qué extraño que no se case de nuevo!...». «Por supuesto está el capitán Barfoot... la visita todos los miércoles, regular como un reloj, y nunca trae a su mujer».

«Pero eso es culpa de Ellen Barfoot», decían las damas de Scarborough, «no hace un esfuerzo por nadie».

«A un hombre le gusta tener un hijo... eso sabemos».

«Algunos tumores tienen que ser extirpados, pero mi madre tuvo que soportar el suyo por años y años, y que nadie te lleve ni siquiera una taza de té a la cama».

(Mrs Barfoot era inválida).

Elizabeth Flanders, de quien esto y mucho más que esto había sido y sería dicho, era, por supuesto, una viuda en su esplendor. Estaba a mitad de camino entre los cuarenta y los cincuenta. Años y penas entre estas edades; la muerte de Seabrook, su esposo; tres hijos; pobreza; una casa en las afueras de Scarborough; su hermano, pobre Morty, arruinado y tal vez muerto... porque, ¿dónde estaba?, ¿qué era de él? Haciendo sombra sobre sus ojos miró hacia la carretera buscando al capitán Barfoot... sí, allí estaba, puntual como siempre; las atenciones del capitán... haciendo florecer a Betty Flanders, redondeando sus formas, dando un tono de jovialidad a su tez, e inundando sus ojos sin razón alguna, que alguien pueda ver, tal vez tres veces por día.

Es cierto, no hay ningún daño en llorar por su marido, y la tumba, aunque simple, era una obra bien hecha, y en los días de verano cuando la viuda llevaba sus hijos, que se quedaban parados

felt kindly towards her. Hats were raised higher than usual; wives tugged their husbands' arms. Seabrook lay six foot beneath, dead these many years; enclosed in three shells; the crevices sealed with lead, so that, had earth and wood been glass, doubtless his very face lay visible beneath, the face of a young man whiskered, shapely, who had gone out duck-shooting and refused to change his boots.

"Merchant of this city," the tombstone said; though why Betty Flanders had chosen so to call him when, as many still remembered, he had only sat behind an office window for three months, and before that had broken horses, ridden to hounds, farmed a few fields, and run a little wild— well, she had to call him something. An example for the boys.

Had he, then, been nothing? An unanswerable question, since even if it weren't the habit of the undertaker to close the eyes, the light so soon goes out of them. At first, part of herself; now one of a company, he had merged in the grass, the sloping hillside, the thousand white stones, some slanting, others upright, the decayed wreaths, the crosses of green tin, the narrow yellow paths, and the lilacs that drooped in April, with a scent like that of an invalid's bedroom, over the churchyard wall. Seabrook was now all that; and when, with her skirt hitched up, feeding the chickens, she heard the bell for service or funeral, that was Seabrook's voice—the voice of the dead.

The rooster had been known to fly on her shoulder and peck her neck, so that now she carried a stick or took one of the children with her when she went to feed the fowls.

"Wouldn't you like my knife, mother?" said Archer.

allí, uno sentía afecto por ella. Los sombreros se levantaban más alto de lo normal; las mujeres tomaban del brazo a sus maridos. Seabrook yacía seis pies bajo tierra, muerto por tantos años; encerrado en un triple casco; las fisuras cubiertas de plomo, de tal manera que, si la tierra y la madera hubieran sido cristal, sin duda su rostro descansaría debajo, visible, el rostro de un hombre joven, con patillas, bien formado, que fue a la caza de patos y no había aceptado cambiar sus botas.

«Comerciante de la ciudad», decía la tumba; aunque por qué Betty Flanders había elegido llamarlo así cuando, como muchos pueden recordar, él se sentó detrás de una ventanilla solo por tres meses, y antes de eso había domado caballos, cazado con perros, cultivado algunos campos y se había desenfrenado un poco... bueno, de alguna manera ella tenía que llamarlo. Un ejemplo para los muchachos.

¿No había sido, entonces, absolutamente nada? Una pregunta sin respuesta, porque aun si el funebrero no tuviera por costumbre cerrarles los ojos, la luz se iría pronto de ellos. Al principio, parte de sí misma; ahora, uno entre otros, se ha fundido con la hierba, el flanco de la colina, las mil piedras blancas, algunas inclinadas, otras derechas, las coronas gastadas, las cruces de latón verde, los estrechos senderos amarillos y las lilas que pendían en abril, con un aroma de dormitorio de inválido, sobre la pared del cementerio. Seabrook era ahora todo eso; y cuando, con su falda sostenida, dando de comer a los pollos, escuchaba la campana del oficio o del funeral, era la voz de Seabrook... la voz de los muertos.

Ya había sucedido que el gallo había volado sobre su hombro y le había picado el cuello, de modo que ahora llevaba un palo o tomaba con ella a uno de los niños cuando iba a alimentar las aves.

—¿No quisieras mi cuchillo, madre? —dijo Archer.

Sounding at the same moment as the bell, her son's voice mixed life and death inextricably, exhilaratingly.

"What a big knife for a small boy!" she said. She took it to please him. Then the rooster flew out of the hen-house, and, shouting to Archer to shut the door into the kitchen garden, Mrs. Flanders set her meal down, clucked for the hens, went bustling about the orchard, and was seen from over the way by Mrs. Cranch, who, beating her mat against the wall, held it for a moment suspended while she observed to Mrs. Page next door that Mrs. Flanders was in the orchard with the chickens.

Mrs. Page, Mrs. Cranch, and Mrs. Garfit could see Mrs. Flanders in the orchard because the orchard was a piece of Dods Hill enclosed; and Dods Hill dominated the village. No words can exaggerate the importance of Dods Hill. It was the earth; the world against the sky; the horizon of how many glances can best be computed by those who have lived all their lives in the same village, only leaving it once to fight in the Crimea, like old George Garfit, leaning over his garden gate smoking his pipe. The progress of the sun was measured by it; the tint of the day laid against it to be judged.

"Now she's going up the hill with little John," said Mrs. Cranch to Mrs. Garfit, shaking her mat for the last time, and bustling indoors. Opening the orchard gate, Mrs. Flanders walked to the top of Dods Hill, holding John by the hand. Archer and Jacob ran in front or lagged behind; but they were in the Roman fortress when she came there, and shouting out what ships were to be seen in the bay. For there was a magnificent view —moors behind, sea in front, and the whole of Scarborough from one end to the other laid out flat like a puzzle. Mrs. Flanders, who was growing stout, sat down in the fortress and looked about her.

Sonando al mismo tiempo que la campana, la voz de su hijo mezclaba vida y muerte inextricablemente, era embriagante.

—¡Qué cuchillo tan grande para un muchacho pequeño! —dijo ella. Lo tomó para darle con el gusto. Después el gallo voló fuera del gallinero y, gritando a Archer para que cerrara la puerta que da al jardín de la cocina, Mrs Flanders depositó la comida, cacareó a las gallinas, se apresuró hacia el huerto y fue vista del otro lado del camino por Mrs Cranch que, golpeando su alfombra contra la pared, la mantuvo suspendida por un momento mientras le señalaba a Mrs Page que Mrs Flanders estaba en el huerto con los pollos.

Mrs Page, Mrs Cranch y Mrs Garfit podían ver a Mrs Flanders en el huerto porque el huerto era una parcela cercada de Dods Hill, y Dods Hill dominaba sobre el pueblo. No hay palabras que puedan exagerar la importancia de Dods Hill. Era la tierra, el mundo contra el cielo; el horizonte de tantas miradas que su número puede ser computado mejor por aquellos que han vivido toda su vida en el mismo pueblo, dejándolo solamente una vez para luchar en Crimea, como el viejo George Garfit, apoyado sobre la puerta del jardín fumando su pipa. El progreso del sol era medido por Dods Hill, el tinte del día yacía contra ella para ser juzgado.

—Ahora está subiendo la colina con el pequeño John —decía Mrs Cranch a Mrs Garfit, sacudiendo su alfombra por última vez, y apresurándose hacia el interior. Abriendo la puerta del huerto, Mrs Flanders caminó hacia la cumbre de Dods Hill, llevando a John de la mano. Archer y Jacob corrían delante o se rezagaban; pero siempre estaban en la fortaleza romana cuando ella llegaba, gritando los nombres de los barcos que podían verse en la bahía. Porque la vista era magnífica... los páramos por detrás, el mar al frente, y todo Scarborough de un lado al otro, extendido, plano como un rompezabezas. Mrs Flanders, que devenía corpulenta,

The entire gamut of the view's changes should have been known to her; its winter aspect, spring, summer and autumn; how storms came up from the sea; how the moors shuddered and brightened as the clouds went over; she should have noted the red spot where the villas were building; and the criss-cross of lines where the allotments were cut; and the diamond flash of little glass houses in the sun. Or, if details like these escaped her, she might have let her fancy play upon the gold tint of the sea at sunset, and thought how it lapped in coins of gold upon the shingle. Little pleasure boats shoved out into it; the black arm of the pier hoarded it up. The whole city was pink and gold; domed; mist- wreathed; resonant; strident. Banjoes strummed; the parade smelt of tar which stuck to the heels; goats suddenly cantered their carriages through crowds. It was observed how well the Corporation had laid out the flower-beds. Sometimes a straw hat was blown away. Tulips burnt in the sun. Numbers of sponge-bag trousers were stretched in rows. Purple bonnets fringed soft, pink, querulous faces on pillows in bath chairs. Triangular hoardings were wheeled along by men in white coats. Captain George Boase had caught a monster shark. One side of the triangular hoarding said so in red, blue, and yellow letters; and each line ended with three differently coloured notes of exclamation.

So that was a reason for going down into the Aquarium, where the sallow blinds, the stale smell of spirits of salt, the bamboo chairs, the tables with ash-trays, the revolving fish, the attendant knitting behind six or seven chocolate boxes (often she was quite alone with the fish for hours at a time) remained in the mind as part of the monster shark, he himself being only a flabby yellow

se sentó en la fortaleza y miró a su alrededor.

Ella debía conocer la gama entera de los cambios de la vista; su aspecto en invierno, primavera, verano y otoño; cómo venían las tormentas desde el mar; cómo temblaban los páramos y se iluminaban cuando las nubes los cubrían; ella debía haber notado el punto rojo donde se construían las villas; y el entrecruzamiento de líneas donde se cortaban los terrenos; y el brillo adamantino de los pequeños invernaderos al sol. O, si detalles como estos le escapaban, ella podía dejar jugar su imaginación sobre el tono dorado del mar al atardecer, y pensar en cómo oleaba en monedas de oro sobre los guijarros de la costa. Pequeños barcos de recreo se lanzaban a él, el brazo negro del muelle lo atesoraba. La ciudad entera era rosa y oro; abovedada; coronada de bruma; resonante; estridente. Banjos rasgueados; el paseo olía al alquitrán que se pegaba a los tacones; de pronto, cabras al galope llevaban sus carros entre la muchedumbre. Se hacían observaciones sobre lo bien que la municipalidad había dispuesto los parterres. De vez en cuando un sombrero de paja se volaba. Los tulipanes se quemaban al sol. Numerosos pantalones a cuadros se extendían en hileras. Gorros púrpuras enmarcaban rostros suaves, rosados, petulantes sobre los almohadones en las sillas de ruedas. Paneles triangulares fueron traídos sobre ruedas por hombres en batas blancas. El capitán George Boase había atrapado un tiburón enorme. Así lo decía un lado del panel triangular en letras rojas, azules y amarillas, cada línea terminaba con tres signos de admiración de diferentes colores.

Esa era una razón para bajar y entrar al Aquarium, donde las persianas cetrinas, el olor pútrido de las sales, las sillas de bambú, las mesas con ceniceros, el pez que viraba de golpe, la empleada haciendo punto detrás de seis o siete cajas de chocolate (a menudo ella estaba bastante sola, con el pez allí durante horas) permanecían en la mente como parte del tiburón enorme, él mis-

receptacle, like an empty Gladstone bag in a tank. No one had ever been cheered by the Aquarium; but the faces of those emerging quickly lost their dim, chilled expression when they perceived that it was only by standing in a queue that one could be admitted to the pier. Once through the turnstiles, every one walked for a yard or two very briskly; some flagged at this stall; others at that.

But it was the band that drew them all to it finally; even the fishermen on the lower pier taking up their pitch within its range.

The band played in the Moorish kiosk. Number nine went up on the board. It was a waltz tune. The pale girls, the old widow lady, the three Jews lodging in the same boarding-house, the dandy, the major, the horse- dealer, and the gentleman of independent means, all wore the same blurred, drugged expression, and through the chinks in the planks at their feet they could see the green summer waves, peacefully, amiably, swaying round the iron pillars of the pier.

But there was a time when none of this had any existence (thought the young man leaning against the railings). Fix your eyes upon the lady's skirt; the grey one will do—above the pink silk stockings. It changes; drapes her ankles—the nineties; then it amplifies—the seventies; now it's burnished red and stretched above a crinoline—the sixties; a tiny black foot wearing a white cotton stocking peeps out. Still sitting there? Yes—she's still on the pier. The silk now is sprigged with roses, but somehow one no longer sees so clearly. There's no pier beneath us. The heavy chariot may swing along the turnpike road, but there's no pier for it to stop at, and how grey and turbulent the sea is in the seventeenth century! Let's to the museum. Cannon-balls; arrow- heads;

mo siendo solo un receptáculo amarillo y flácido, como una maleta Gladstone vacía en un acuario. El Aquarium no ha levantado la moral de nadie, pero los rostros de aquellos que ahí se veían perdían pronto su tono sombrío, su fría expresión, cuando percibían que solo por estar parado en la cola podían ser admitidos al muelle. Una vez pasado el torniquete, cada uno caminaba un paso o dos muy rápidamente, algunos deteniéndose en este puesto, otros en aquel.

Pero era la banda la que atraía a todos finalmente; incluso a los pescadores en el muelle inferior cantando a tono.

La banda tocaba en el kiosco morisco. El panel mostró el número nueve. Era una melodía de vals. Las muchachas pálidas, la anciana señora viuda, los tres judíos que se alojaban en la misma pensión, el dandy, el comandante, el vendedor de caballos y el caballero que vivía de sus rentas, todos tenían la misma expresión confusa y narcotizada, y a través de las rendijas en las planchas bajo sus pies podían ver las olas verdes del verano balanceándose pacible y amablemente alrededor de los pilares de hierro del muelle.

Pero hubo un tiempo en el que nada de esto existía (pensó el joven apoyado contra la barandilla). Detenga usted sus ojos en la falda de la dama, con la gris basta... cubriendo las medias de seda rosa. Esta cambia, cubre sus tobillos... los noventa, después se abre... los setenta, ahora es de rojo lustroso y se estira sobre una crinolina... los sesenta, un pequeño pie negro vistiendo unas medias de algodón blanco se asoma. ¿Aún sentada allí? Sí... ella está aún en el muelle. Ahora la seda está decorada de rosas, pero de alguna manera uno ya no ve claramente. No hay muelle debajo nuestro. La pesada cuadriga puede balancearse a lo largo de la carretera de peaje, pero no hay muelle en el que detenerse, y ¡qué gris y turbulento es el mar en el siglo XVII! Vamos al museo. Balas

Roman glass and a forceps green with verdigris. The Rev. Jaspar Floyd dug them up at his own expense early in the forties in the Roman camp on Dods Hill—see the little ticket with the faded writing on it.

And now, what's the next thing to see in Scarborough?

Mrs. Flanders sat on the raised circle of the Roman camp, patching Jacob's breeches; only looking up as she sucked the end of her cotton, or when some insect dashed at her, boomed in her ear, and was gone.

John kept trotting up and slapping down in her lap grass or dead leaves which he called "tea," and she arranged them methodically but absent- mindedly, laying the flowery heads of the grasses together, thinking how Archer had been awake again last night; the church clock was ten or thirteen minutes fast; she wished she could buy Garfit's acre.

"That's an orchid leaf, Johnny. Look at the little brown spots. Come, my dear. We must go home. Ar-cher! Ja-cob!"

"Ar-cher! Ja-cob!" Johnny piped after her, pivoting round on his heel, and strewing the grass and leaves in his hands as if he were sowing seed. Archer and Jacob jumped up from behind the mound where they had been crouching with the intention of springing upon their mother unexpectedly, and they all began to walk slowly home.

"Who is that?" said Mrs. Flanders, shading her eyes.

de cañón; puntas de flechas; vidrios del tiempo de los romanos y un fórceps verde con verdín. El reverendo Jaspar Floyd los excavó a expensas propias al principio de los años cuarenta en el campamento romano sobre Dods Hill... mire la pequeña etiqueta con la inscripción descolorida.

Y ahora, ¿qué más hay para ver en Scarborough?

Mrs Flanders se sentó en el círculo elevado del campamento romano, parchando los pantalones de Jacob; solo miraba hacia arriba cuando chupaba la punta de su hilo de algodón, o cuando algún insecto se acercaba, zumbaba en su oído, y se iba.

John seguía trotando y le aplicaba hierbas u hojas muertas sobre su falda que él llamaba «té», y ella las acomodaba metódicamente pero con la mente ausente, reuniendo en un ramo las floridas cabezas de hierba, pensando en cómo Archer había estado despierto de nuevo anoche; el reloj de la iglesia estaba diez o trece minutos adelantado; le gustaría poder comprar el terreno de Garfit.

—Eso es una hoja de orquídea, Johnny. Mira las pequeñas manchas marrones. Ven, querido. Debemos ir a casa. ¡Ar-cher! ¡Ja-cob!

—¡Ar-cher! ¡Ja-cob! —repitió Johnny con voz aflautada, girando sobre su talón y esparciendo la hierba y las hojas en sus manos como si estuviera sembrando semillas. Archer y Jacob saltaron de detrás de la loma donde se habían acuclillado con la intención de sorprender a su madre brincando sobre ella, y todos comenzaron a caminar lentamente hacia casa.

—¿Quién es ese? —dijo Mrs Flanders, cubriendo los ojos con su mano.

"That old man in the road?" said Archer, looking below.

"He's not an old man," said Mrs. Flanders. "He's—no, he's not—I thought it was the Captain, but it's Mr. Floyd. Come along, boys."

"Oh, bother Mr. Floyd!" said Jacob, switching off a thistle's head, for he knew already that Mr. Floyd was going to teach them Latin, as indeed he did for three years in his spare time, out of kindness, for there was no other gentleman in the neighbourhood whom Mrs. Flanders could have asked to do such a thing, and the elder boys were getting beyond her, and must be got ready for school, and it was more than most clergymen would have done, coming round after tea, or having them in his own room —as he could fit it in—for the parish was a very large one, and Mr. Floyd, like his father before him, visited cottages miles away on the moors, and, like old Mr. Floyd, was a great scholar, which made it so unlikely—she had never dreamt of such a thing. Ought she to have guessed? But let alone being a scholar he was eight years younger than she was. She knew his mother—old Mrs. Floyd. She had tea there. And it was that very evening when she came back from having tea with old Mrs. Floyd that she found the note in the hall and took it into the kitchen with her when she went to give Rebecca the fish, thinking it must be something about the boys.

"Mr. Floyd brought it himself, did he?—I think the cheese must be in the parcel in the hall—oh, in the hall—" for she was reading. No, it was not about the boys.

"Yes, enough for fish-cakes to-morrow certainly—Perhaps Captain Barfoot—" she had come to the word "love." She went into the garden and read, leaning against the walnut tree to steady herself. Up and down went her breast. Seabrook came so vividly before her. She shook her head and was looking through her tears at

—¿Ese viejo en la carretera? —dijo Archer, mirando abajo.

—No es un viejo —dijo Mrs Flanders—. Él es... no, no es... pensé que era el capitán, pero es Mr Floyd. Vamos, muchachos.

—¡Oh, vaya, Mr Floyd! —dijo Jacob, arrancando una cabeza de cardo, porque él ya sabía que Mr Floyd les iba a enseñar latín, tal como lo hizo durante tres años en su tiempo libre, en un acto de generosidad, porque no había otro caballero en el vecindario a quien Mrs Flanders pudiera haber solicitado algo semejante, y los dos muchachos mayores se le escapaban de las manos, y tenían que prepararse para la escuela, y esto era más que lo que la mayoría de los clérigos habrían hecho, viniendo después de la hora del té, o recibiéndolos en su propio cuarto, según su conveniencia, porque la parroquia era muy grande, y Mr Floyd, tal como su padre antes que él, visitaba cabañas a millas de distancia en los páramos, y, como el viejo Mr Floyd, él era un gran erudito, lo cual lo hacía tan improbable... ella nunca hubiera soñado una cosa así. ¿Debía haber adivinado? Pero, aparte de ser un erudito, él era ocho años más joven que ella. Ella conoció a su madre, la vieja Mrs Floyd. Ella tomaba el té en su casa. Y fue esa misma tarde, volviendo de tomar el té con la vieja Mrs Floyd, que ella encontró la nota en el recibidor y se la llevó a la cocina cuando iba a darle el pescado a Rebecca, pensando que era algo sobre los muchachos.

—Mr Floyd la trajo él mismo, ¿no es así?... Pienso que el queso debe estar en el paquete en el recibidor... bueno... en el recibidor —porque ella estaba leyendo. No, no era sobre los muchachos.

—Sí, suficiente como para hacer croquetas de pescado, mañana sin duda... tal vez el capitán Barfoot... —Ella había llegado a la palabra «amor». Fue al jardín y leyó, recostándose contra un nogal para no perder el equilibrio. Hacia arriba y hacia abajo iba su pecho. Seabrook se le presentó tan vívidamente. Ella agitó la

the little shifting leaves against the yellow sky when three geese, half-running, half-flying, scuttled across the lawn with Johnny behind them, brandishing a stick.

Mrs. Flanders flushed with anger.

"How many times have I told you?" she cried, and seized him and snatched his stick away from him.

"But they'd escaped!" he cried, struggling to get free.

"You're a very naughty boy. If I've told you once, I've told you a thousand times. I won't have you chasing the geese!" she said, and crumpling Mr. Floyd's letter in her hand, she held Johnny fast and herded the geese back into the orchard.

"How could I think of marriage!" she said to herself bitterly, as she fastened the gate with a piece of wire. She had always disliked red hair in men, she thought, thinking of Mr. Floyd's appearance, that night when the boys had gone to bed. And pushing her workbox away, she drew the blotting-paper towards her, and read Mr. Floyd's letter again, and her breast went up and down when she came to the word "love," but not so fast this time, for she saw Johnny chasing the geese, and knew that it was impossible for her to marry any one—let alone Mr. Floyd, who was so much younger than she was, but what a nice man—and such a scholar too.

"Dear Mr. Floyd," she wrote.—"Did I forget about the cheese?" she wondered, laying down her pen. No, she had told Rebecca that the cheese was in the hall. "I am much surprised..." she wrote.

cabeza y miraba entre las lágrimas las hojitas que se movían contra el cielo amarillo cuando tres gansos, medio corriendo, medio volando, atravesaron apresuradamente el césped con Johnny por detrás, blandiendo una rama.

El rostro de Mrs Flanders se enrojeció de cólera.

—¿Cuántas veces te he dicho? —gritó, y lo tomó y arrancó la rama tirándola lejos de él.

—¡Pero se escaparon! —gritó él, luchando para liberarse.

—¡Eres un niño muy malcriado! Te lo he dicho una y mil veces. ¡No *quiero* que caces los gansos! —dijo, y arrugando la carta de Mr Floyd en su mano, sujetó fuertemente a Johnny e hizo entrar los gansos en el huerto.

«¡Cómo puedo pensar en matrimonio!», se dijo, amargamente, mientras aseguraba el pórtico con un trozo de alambre. Siempre le habían disgustado los cabellos rojos en los hombres, pensó ella, a propósito de la apariencia de Mr Floyd, aquella noche, cuando los muchachos se habían ido a la cama. Y haciendo a un lado su neceser de costura acercó hacia ella el papel secante y leyó la carta de Mr Floyd una vez más, y su pecho se agitó hacia arriba y hacia abajo cuando llegó a la palabra «amor», pero no tan rápido esta vez, porque vio a Johnny cazando al ganso y supo que era imposible para ella casarse con alguien... mucho menos con Mr Floyd, que era mucho más joven que ella, pero ¡qué hombre tan gentil!, y un erudito además.

«Estimado Mr Floyd», escribió ella... «¿Acaso he olvidado el queso?», se preguntó, apoyando la pluma. No, ella había dicho a Rebecca que el queso estaba en el salón. «Estoy muy sorprendida...», escribió.

But the letter which Mr. Floyd found on the table when he got up early next morning did not begin "I am much surprised," and it was such a motherly, respectful, inconsequent, regretful letter that he kept it for many years; long after his marriage with Miss Wimbush, of Andover; long after he had left the village. For he asked for a parish in Sheffield, which was given him; and, sending for Archer, Jacob, and John to say good-bye, he told them to choose whatever they liked in his study to remember him by. Archer chose a paper-knife, because he did not like to choose anything too good; Jacob chose the works of Byron in one volume; John, who was still too young to make a proper choice, chose Mr. Floyd's kitten, which his brothers thought an absurd choice, but Mr. Floyd upheld him when he said: "It has fur like you." Then Mr. Floyd spoke about the King's Navy (to which Archer was going); and about Rugby (to which Jacob was going); and next day he received a silver salver and went—first to Sheffield, where he met Miss Wimbush, who was on a visit to her uncle, then to Hackney—then to Maresfield House, of which he became the principal, and finally, becoming editor of a well-known series of Ecclesiastical Biographies, he retired to Hampstead with his wife and daughter, and is often to be seen feeding the ducks on Leg of Mutton Pond. As for Mrs. Flanders's letter—when he looked for it the other day he could not find it, and did not like to ask his wife whether she had put it away. Meeting Jacob in Piccadilly lately, he recognized him after three seconds. But Jacob had grown such a fine young man that Mr. Floyd did not like to stop him in the street.

"Dear me," said Mrs. Flanders, when she read in the Scarborough and Harrogate Courier that the Rev. Andrew Floyd, etc., etc., had been made Principal of Maresfield House, "that must be our Mr. Floyd."

Pero la carta que Mr Floyd encontró sobre la mesa cuando se levantó temprano la mañana siguiente no empezaba diciendo «Estoy muy sorprendida» y era tan maternal, respetuosa, inconsecuente y pesarosa que él la guardó por muchos años; mucho tiempo después de su matrimonio con Miss Wimbush, de Andover; mucho tiempo después de haber dejado el pueblo. Porque él había solicitado una parroquia en Sheffield, la cual le había sido otorgada; y habiendo llamado a Archer, Jacob y John para decir adiós, les dijo que elijan lo que quisieran del estudio para recordarlo. Archer eligió un cortapapeles, porque no quería elegir nada demasiado bueno; Jacob eligió las obras de Byron en un volumen; John, que era aún demasiado pequeño como para hacer una elección adecuada, eligió el minino de Mr Floyd, lo cual a sus hermanos les pareció una elección absurda, pero Mr Floyd la ratificó cuando dijo: «tiene un pelaje como el tuyo». A continuación Mr Floyd habló sobre la Armada del Rey (adonde Archer asistiría); y sobre Rugby (adonde Jacob asistiría); y al día siguiente recibió una bandeja de plata y partió, primero a Sheffield, donde conoció a Miss Wimbush, que estaba visitando a su tío, luego a Hackney y luego a Maresfield House, de la cual se convirtió en director, y, finalmente, se convirtió en editor de una serie de reconocidas biografías eclesiásticas, retirándose en Hampstead con su esposa y su hija; y se lo puede ver a menudo alimentado los patos en Leg of Mutton Pond. En cuanto a la carta de Mrs Flanders, él la buscó el otro día pero no pudo encontrarla, y no quiso preguntar a su mujer si ella la había tirado. Encontrándose con Jacob en Piccadilly más tarde, lo reconoció al cabo de tres segundos. Pero Jacob había crecido para convertirse en un joven tan fino que Mr Floyd no quiso detenerlo en la calle.

—¡Vaya! —dijo Mrs Flanders, cuando leyó en el *Scarborough and Harrogate Courier* que el reverendo Andrew Floyd, etc., etc., había sido nombrado director de Maresfield House—, este debe ser nuestro Mr Floyd.

A slight gloom fell upon the table. Jacob was helping himself to jam; the postman was talking to Rebecca in the kitchen; there was a bee humming at the yellow flower which nodded at the open window. They were all alive, that is to say, while poor Mr. Floyd was becoming Principal of Maresfield House.

Mrs. Flanders got up and went over to the fender and stroked Topaz on the neck behind the ears.

"Poor Topaz," she said (for Mr. Floyd's kitten was now a very old cat, a little mangy behind the ears, and one of these days would have to be killed).

"Poor old Topaz," said Mrs. Flanders, as he stretched himself out in the sun, and she smiled, thinking how she had had him gelded, and how she did not like red hair in men. Smiling, she went into the kitchen.

Jacob drew rather a dirty pocket-handkerchief across his face. He went upstairs to his room.

The stag-beetle dies slowly (it was John who collected the beetles). Even on the second day its legs were supple. But the butterflies were dead. A whiff of rotten eggs had vanquished the pale clouded yellows which came pelting across the orchard and up Dods Hill and away on to the moor, now lost behind a furze bush, then off again helter-skelter in a broiling sun. A fritillary basked on a white stone in the Roman camp. From the valley came the sound of church bells. They were all eating roast beef in Scarborough; for it was Sunday when Jacob caught the pale clouded yellows in the clover field, eight miles from home.

Una cierta melancolía cayó sobre la mesa. Jacob se estaba sirviendo mermelada; el cartero estaba hablando con Rebecca en la cocina; había una abeja zumbándole a la flor amarilla que cabeceaba hacia la ventana abierta. O sea que estaban todos vivos, mientras el pobre Mr Floyd se había convertido en el director de Maresfield House.

Mrs Flanders se levantó y fue al guardafuego y acarició a Topacio en la nuca, detrás de las orejas.

—Pobre Topacio —dijo (porque el minino de Mr Floyd era ahora un gato muy viejo, un poco sarnoso detrás de las orejas, y uno de estos días habría que sacrificarlo).

—Pobre viejo Topacio —dijo Mrs Flanders, mientras él se desperazaba al sol, y ella sonrió, pensando en cómo lo había hecho castrar, y que no le gustaba el cabello rojo en los hombres. Sonriendo se fue a la cocina.

Jacob pasó a través de su cara un pañuelo más bien sucio. Subió las escaleras y fue a su cuarto.

El ciervo volante muere lentamente (era John el que coleccionaba escarabajos). Incluso al segundo día sus patas eran aún flexibles. Pero las mariposas estaban muertas. Un vahído de huevos podridos había vencido a las pálidas colias amarillas que atravesaron a toda velocidad la huerta y habían montado Dods Hill alejándose del páramo, ora perdidas detrás de un tojo, ora invisibles de nuevo, atolondradas, bajo un sol achicharrante. Una ninfálida se calentaba sobre una piedra blanca en el campo romano. Desde el valle venía el sonido de las campanadas de la iglesia. Todos estaban comiendo rosbif en Scarborough; porque era domingo cuando Jacob cazó las pálidas colias amarillas en el campo de tréboles, a ocho millas de casa.

Rebecca had caught the death's-head moth in the kitchen.

A strong smell of camphor came from the butterfly boxes.

Mixed with the smell of camphor was the unmistakable smell of seaweed. Tawny ribbons hung on the door. The sun beat straight upon them.

The upper wings of the moth which Jacob held were undoubtedly marked with kidney-shaped spots of a fulvous hue. But there was no crescent upon the underwing. The tree had fallen the night he caught it. There had been a volley of pistol-shots suddenly in the depths of the wood. And his mother had taken him for a burglar when he came home late. The only one of her sons who never obeyed her, she said.

Morris called it "an extremely local insect found in damp or marshy places." But Morris is sometimes wrong. Sometimes Jacob, choosing a very fine pen, made a correction in the margin.

The tree had fallen, though it was a windless night, and the lantern, stood upon the ground, had lit up the still green leaves and the dead beech leaves. It was a dry place. A toad was there. And the red underwing had circled round the light and flashed and gone. The red underwing had never come back, though Jacob had waited. It was after twelve when he crossed the lawn and saw his mother in the bright room, playing patience, sitting up.

"How you frightened me!" she had cried. She thought something dreadful had happened. And he woke Rebecca, who had to be up so early.

Rebecca había cazado la esfinge de la calavera en la cocina.

Un viejo olor a alcanfor venía de las cajas de mariposas.

El olor inconfundible a algas marinas se mezclaba con el olor a alcanfor. Cintas leonadas colgaban de la puerta. El sol daba directamente sobre ellas.

Las alas superiores de la mariposa nocturna que Jacob sostenía estaban indudablemente marcadas con manchas reniformes de una tonalidad amarillenta. Pero no había un cuarto creciente en el ala cubierta. El árbol había caído en la misma noche en que él la había atrapado. Había habido repentinamente una volea de disparos de pistola en las profundidades del bosque. Y su madre lo había tomado por un ladrón cuando llegó tarde a casa. El único de sus hijos que no le obedecía nunca, dijo ella.

Morris lo llamaba «un insecto extremadamente local que se encuentra en lugares húmedos o pantanosos». Pero Morris a veces se equivoca. A veces Jacob, eligiendo una pluma muy fina, hacía una corrección al margen.

El árbol había caído, aun si era una noche sin viento, y la linterna, parada sobre el suelo, había iluminado las hojas aún verdes y las viejas hojas de haya. Era un lugar seco. Un sapo estaba allí. Y la acronicta roja trazó un círculo alrededor de la luz, destelló y se fue. La acronicta roja no volvió más, aun cuando Jacob había esperado. Eran pasadas las doce cuando él cruzó el césped y vio a su madre en el cuarto iluminado, jugando un solitario, velando.

—¡Qué susto me has dado! —gritó ella. Ella pensó que algo horrible había ocurrido. Y despertó a Rebecca, que tenía que levantarse tan temprano.

There he stood pale, come out of the depths of darkness, in the hot room, blinking at the light.

No, it could not be a straw-bordered underwing.

The mowing-machine always wanted oiling. Barnet turned it under Jacob's window, and it creaked—creaked, and rattled across the lawn and creaked again.

Now it was clouding over.

Back came the sun, dazzlingly.

It fell like an eye upon the stirrups, and then suddenly and yet very gently rested upon the bed, upon the alarum clock, and upon the butterfly box stood open. The pale clouded yellows had pelted over the moor; they had zigzagged across the purple clover. The fritillaries flaunted along the hedgerows. The blues settled on little bones lying on the turf with the sun beating on them, and the painted ladies and the peacocks feasted upon bloody entrails dropped by a hawk. Miles away from home, in a hollow among teasles beneath a ruin, he had found the commas. He had seen a white admiral circling higher and higher round an oak tree, but he had never caught it. An old cottage woman living alone, high up, had told him of a purple butterfly which came every summer to her garden. The fox cubs played in the gorse in the early morning, she told him. And if you looked out at dawn you could always see two badgers. Sometimes they knocked each other over like two boys fighting, she said.

"You won't go far this afternoon, Jacob," said his mother, popping her head in at the door, "for the Captain's coming to say

Allí estaba él, parado, pálido, viniendo desde las profundidades de la oscuridad, en el cuarto caliente, parpadeando a la luz.

No, no podía ser una acronicta de borde amarillo pálido.

La segadora siempre necesitaba aceite. Barnet la dirigió hacia la ventana de Jacob, y rechinaba... rechinaba, y reptaba a través del césped y rechinaba de nuevo.

Ahora se estaba cubriendo el cielo.

El sol retornó, deslumbrante.

Cayó como un ojo sobre los estribos, y entonces, repentina y sin embargo muy gentilmente, descansó sobre la cama, sobre el reloj despertador, y sobre la caja de mariposas abierta. Las pálidas colias amarillas se habían fugado hacia el páramo; habían zigzagueado a través del trébol púrpura. Las ninfálidas presumían a lo largo de los setos. Las azules se asentaron sobre pequeños huesos descansando sobre el césped con el sol golpeándolos, y las vanesas de los cardos y las pavo real festejaban con las entrañas sangrientas que un halcón había dejado caer. A millas de distancia de la casa, en una hondonada entre cardos detrás de una ruina, había encontrado las poligonias. Había visto una linfálida blanca circulando cada vez más alto alrededor de un roble, pero nunca la había atrapado. Una anciana campesina que vivía sola, allí arriba, le había contado de una mariposa púrpura que venía cada verano a su jardín. Los cachorros de zorro jugaban en el tojo por la mañana temprano, así le había contado. Y si mira abajo, a lo lejos, puede ver siempre dos tejones. A veces se tiran al suelo uno al otro, como dos niños peleando, dijo ella.

—No irás lejos esta tarde, Jacob —le dijo su madre, asomando la cabeza por la puerta—, porque el capitán vendrá a despedirse.

good-bye." It was the last day of the Easter holidays.

Wednesday was Captain Barfoot's day. He dressed himself very neatly in blue serge, took his rubber-shod stick—for he was lame and wanted two fingers on the left hand, having served his country—and set out from the house with the flagstaff precisely at four o'clock in the afternoon.

At three Mr. Dickens, the bath-chair man, had called for Mrs. Barfoot.

"Move me," she would say to Mr. Dickens, after sitting on the esplanade for fifteen minutes. And again, "That'll do, thank you, Mr. Dickens." At the first command he would seek the sun; at the second he would stay the chair there in the bright strip.

An old inhabitant himself, he had much in common with Mrs. Barfoot— James Coppard's daughter. The drinking-fountain, where West Street joins Broad Street, is the gift of James Coppard, who was mayor at the time of Queen Victoria's jubilee, and Coppard is painted upon municipal watering-carts and over shop windows, and upon the zinc blinds of solicitors' consulting-room windows. But Ellen Barfoot never visited the Aquarium (though she had known Captain Boase who had caught the shark quite well), and when the men came by with the posters she eyed them superciliously, for she knew that she would never see the Pierrots, or the brothers Zeno, or Daisy Budd and her troupe of performing seals. For Ellen Barfoot in her bath-chair on the esplanade was a prisoner— civilization's prisoner—all the bars of her cage falling across the esplanade on sunny days when the town hall, the drapery stores, the swimming-bath, and the memorial hall striped the ground with shadow.

—Era el último día de las vacaciones de Pascua.

El miércoles era el día del capitán Barfoot. Él se vestía con esmero en sarga azul, tomaba su bastón con virola de caucho —porque era un poco cojo y había perdido dos dedos de la mano izquierda sirviendo a su país— y salía de su casa, que tenía el mástil para la bandera, precisamente a las cuatro en punto de la tarde.

A las tres, Mr Dickens, el hombre que ayudaba con la silla de ruedas, había venido a buscar a Mrs Barfoot.

—Muévame —diría ella a Mr Dickens, después de haberse sentado en el paseo marítimo durante quince minutos. Y, de nuevo—: Va a estar bien así, gracias, Mr Dickens. —A la primera orden él buscaría el sol, a la segunda él dejaría la silla allí, en la banda iluminada.

Él mismo un viejo habitante, tenía mucho en común con Mrs Barfoot... la hija de James Coppard. La fuente de agua potable, donde se juntan West Street y Broad Street, es el regalo de James Coppard, que fue el alcalde al momento del jubileo de la reina Victoria, y el nombre de Coppard está pintado en los carros de riego municipales y en las vitrinas de los negocios y en las persianas de zinc de las ventanas de los estudios de notarios. Pero Ellen Barfoot nunca visitó el Aquarium (aunque ella había conocido bastante bien al capitán Boase, quien había cazado el tiburón), y cuando los hombres vinieron con los afiches ella los observó con desdén, porque ella sabía que nunca iba a ver los pierrots, o los hermanos Zeno, o Daisy Budd y su grupo de focas amaestradas. Porque Ellen Barfoot en su silla de ruedas en el paseo marítimo era una prisionera —una prisionera de la civilización—, todos los barrotes de su celda proyectándose sobre el paseo marítimo en días soleados cuando la alcaldía, los negocios de telas, los trajes de baño, y el Memorial Hall hacían bandas en el suelo con su som-

An old inhabitant himself, Mr. Dickens would stand a little behind her, smoking his pipe. She would ask him questions—who people were—who now kept Mr. Jones's shop—then about the season—and had Mrs. Dickens tried, whatever it might be—the words issuing from her lips like crumbs of dry biscuit.

She closed her eyes. Mr. Dickens took a turn. The feelings of a man had not altogether deserted him, though as you saw him coming towards you, you noticed how one knobbed black boot swung tremulously in front of the other; how there was a shadow between his waistcoat and his trousers; how he leant forward unsteadily, like an old horse who finds himself suddenly out of the shafts drawing no cart. But as Mr. Dickens sucked in the smoke and puffed it out again, the feelings of a man were perceptible in his eyes. He was thinking how Captain Barfoot was now on his way to Mount Pleasant; Captain Barfoot, his master. For at home in the little sitting-room above the mews, with the canary in the window, and the girls at the sewing-machine, and Mrs. Dickens huddled up with the rheumatics—at home where he was made little of, the thought of being in the employ of Captain Barfoot supported him. He liked to think that while he chatted with Mrs. Barfoot on the front, he helped the Captain on his way to Mrs. Flanders. He, a man, was in charge of Mrs. Barfoot, a woman.

Turning, he saw that she was chatting with Mrs. Rogers. Turning again, he saw that Mrs. Rogers had moved on. So he came back to the bath-chair, and Mrs. Barfoot asked him the time, and he took out his great silver watch and told her the time very obligingly, as if he knew a great deal more about the time and everything than she did. But Mrs. Barfoot knew that Captain Barfoot was on

bra.

Él mismo un viejo habitante, Mr Dickens se pararía un poco detrás de ella, fumando su pipa. Ella le haría preguntas... quién era quién, quién llevaba ahora el negocio de Mr Jones... después sobre la temporada... si Mrs Dickens había probado, lo que sea... las palabras saliendo de sus labios como migajas de bizcocho seco.

Ella cerró sus ojos. Mr Dickens dio un giro. Los sentimientos propios a un hombre aún no le habían abandonado totalmente, aunque, al verlo aproximarse, usted nota cómo una bota negra abultada pendía trémula frente a la otra; cómo había una sombra entre su chaleco y sus pantalones; cómo se encorvaba hacia delante en un equilibrio incierto, como un caballo viejo que se da cuenta que se halla fuera de las guías, sin seguir llevando el carro. Pero mientras Mr Dickens aspiraba el humo y lo expiraba nuevamente, los sentimientos propios a un hombre eran perceptibles en sus ojos. Pensaba en cómo el capitán Barfoot se encontraba ahora de camino a Mount Pleasant; el capitán Barfoot, su amo. Porque en casa, en la pequeña sala de estar sobre las viejas caballerizas, con el canario en la ventana y las hijas en la máquina de coser, y Mrs Dickens acurrucada por el reuma, en casa, donde él no contaba para gran cosa, el pensamiento de ser empleado del capitán Barfoot lo sostenía. Le gustaba pensar que mientras él hablaba con Mrs Barfoot frente al mar, ayudaba al capitán en su camino hacia Mrs Flanders. Él, un hombre, estaba a cargo de Mrs Barfoot, una mujer.

Dándose la vuelta, vio que ella estaba hablando con Mrs Rogers. Volviéndose nuevamente, vio que Mrs Rogers había continuado su camino. Volvió así a la silla de ruedas y Mrs Barfoot le preguntó por la hora, él sacó su gran reloj de plata y le dijo la hora muy servicialmente, como si él supiera mucho más que ella sobre la hora y sobre todo en general. Pero Mrs Barfoot sabía que el capi-

his way to Mrs. Flanders.

Indeed he was well on his way there, having left the tram, and seeing Dods Hill to the south-east, green against a blue sky that was suffused with dust colour on the horizon. He was marching up the hill. In spite of his lameness there was something military in his approach. Mrs. Jarvis, as she came out of the Rectory gate, saw him coming, and her Newfoundland dog, Nero, slowly swept his tail from side to side.

"Oh, Captain Barfoot!" Mrs. Jarvis exclaimed.

"Good-day, Mrs. Jarvis," said the Captain.

They walked on together, and when they reached Mrs. Flanders's gate Captain Barfoot took off his tweed cap, and said, bowing very courteously:

"Good-day to you, Mrs. Jarvis."

And Mrs. Jarvis walked on alone.

She was going to walk on the moor. Had she again been pacing her lawn late at night? Had she again tapped on the study window and cried: "Look at the moon, look at the moon, Herbert!"

And Herbert looked at the moon.

Mrs. Jarvis walked on the moor when she was unhappy, going as far as a certain saucer-shaped hollow, though she always meant to go to a more distant ridge; and there she sat down, and took out the little book hidden beneath her cloak and read a few lines of poetry, and looked about her. She was not very unhappy,

tán Barfoot estaba de camino hacia Mrs Flanders.

De hecho, él ya había hecho buena parte de la ruta, habiendo dejado el tranvía, y viendo Dods Hill hacia el sureste, verde contra el cielo azul bañado con un color polvo en el horizonte. Estaba subiendo la colina. A pesar de su cojera había algo militar en su manera de aproximarse. Mrs Jarvis, mientras salía de la puerta del presbiterio, lo vio venir, y su perro terranova, Nerón, movió suavemente su rabo de un lado al otro.

—¡Oh, capitán Barfoot! —exclamó Mrs Jarvis.

—Buen día, Mrs Jarvis —dijo el capitán.

Caminaron juntos, y cuando llegaron a la puerta de Mrs Flanders el capitán Barfoot se quitó su gorra de tweed, y dijo, inclinándose muy cortésmente:

—Un buen día para usted, Mrs Jarvis.

Y Mrs Jarvis continuó sola.

Ella iba a caminar por el páramo. ¿Había estado de nuevo caminando de un lado al otro en su césped, tarde por la noche? ¿Había nuevamente golpeado en la ventana del estudio y gritado: «mira la luna, mira la luna, Herbert»?

Y Herbert miraba la luna.

Mrs Jarvis caminaba por el páramo cuando se sentía infeliz, yendo tan lejos como una cierta hondonada con forma de platillo, aunque siempre tenía la intención de ir hasta una cresta más distante; y allí se sentaba, y tomaba su pequeño libro escondido en su capa y leía algunas líneas de poesía, y miraba alrededor de ella.

and, seeing that she was forty- five, never perhaps would be very unhappy, desperately unhappy that is, and leave her husband, and ruin a good man's career, as she sometimes threatened.

Still there is no need to say what risks a clergyman's wife runs when she walks on the moor. Short, dark, with kindling eyes, a pheasant's feather in her hat, Mrs. Jarvis was just the sort of woman to lose her faith upon the moors—to confound her God with the universal that is— but she did not lose her faith, did not leave her husband, never read her poem through, and went on walking the moors, looking at the moon behind the elm trees, and feeling as she sat on the grass high above Scarborough... Yes, yes, when the lark soars; when the sheep, moving a step or two onwards, crop the turf, and at the same time set their bells tinkling; when the breeze first blows, then dies down, leaving the cheek kissed; when the ships on the sea below seem to cross each other and pass on as if drawn by an invisible hand; when there are distant concussions in the air and phantom horsemen galloping, ceasing; when the horizon swims blue, green, emotional—then Mrs. Jarvis, heaving a sigh, thinks to herself, "If only some one could give me... if I could give some one...." But she does not know what she wants to give, nor who could give it her.

"Mrs. Flanders stepped out only five minutes ago, Captain," said Rebecca. Captain Barfoot sat him down in the arm-chair to wait. Resting his elbows on the arms, putting one hand over the other, sticking his lame leg straight out, and placing the stick with the rubber ferrule beside it, he sat perfectly still. There was something rigid about him. Did he think? Probably the same thoughts again and again. But were they "nice" thoughts, interesting thoughts? He was a man with a temper; tenacious, faithful. Women would have felt, "Here is law. Here is order. Therefore we

No era muy infeliz, y, considerando que ya tenía cuarenta y cinco años, tal vez nunca sería muy infeliz, es decir, desesperadamente infeliz, y dejar a su esposo, y arruinar la carrera de un buen hombre, como a veces amenazaba.

Aunque no hay necesidad de decir qué clase de riesgos corre la mujer de un clérigo cuando camina por el páramo. Pequeña, morena, los ojos ardientes, una pluma de faisán en su sombrero, Mrs Jarvis pertenecía a la clase de mujeres que pierden su fe sobre los páramos, es decir, confundiendo su Dios con lo universal, pero ella no perdió su fe, no dejó a su marido, nunca terminó el poema, y continuó caminando por los páramos, mirando la luna detrás de los olmos, y sintiendo mientras se sentaba en la hierba sobre Scarborough... Sí, sí, cuando la golondrina toma vuelo; cuando las ovejas, avanzando uno o dos pasos, pacen el césped y al mismo tiempo hacen tintinear sus campanas; cuando la brisa sopla, y luego se calma, dejando la mejilla besada; cuando los barcos en el mar, allá abajo, parecen cruzarse uno al otro y pasan como tirados por una mano invisible; cuando hay distantes golpetazos en el aire y caballeros fantasmas galopando y deteniéndose; cuando el horizonte está bañado de azul, verde, emocional, entonces, Mrs Jarvis, arrojando un suspiro, piensa para sí misma: «si solo alguien pudiera darme... y si yo pudiera dar a alguien...». Pero ella no sabe lo que desea dar, ni quién podría dárselo a ella.

—Mrs Flanders salió hace solo cinco minutos, capitán —dijo Rebecca. El capitán Barfoot se sentó en el sillón a esperar. Descansando sus codos en los brazos del sillón, poniendo una mano sobre la otra, su pierna coja completamente estirada y, colocando detrás el bastón con su virola con caucho, se sentó perfectamente quieto. Había algo rígido en él. ¿Estaba pensando? Probablemente los mismos pensamientos una y otra vez. ¿Pero eran estos «agradables» e interesantes pensamientos? Era un hombre con temperamento; tenaz, fiel. Las mujeres se habrían dicho: «Aquí

must cherish this man. He is on the Bridge at night," and, handing him his cup, or whatever it might be, would run on to visions of shipwreck and disaster, in which all the passengers come tumbling from their cabins, and there is the captain, buttoned in his pea-jacket, matched with the storm, vanquished by it but by none other. "Yet I have a soul," Mrs. Jarvis would bethink her, as Captain Barfoot suddenly blew his nose in a great red bandanna handkerchief, "and it's the man's stupidity that's the cause of this, and the storm's my storm as well as his"... so Mrs. Jarvis would bethink her when the Captain dropped in to see them and found Herbert out, and spent two or three hours, almost silent, sitting in the arm-chair. But Betty Flanders thought nothing of the kind.

"Oh, Captain," said Mrs. Flanders, bursting into the drawing-room, "I had to run after Barker's man... I hope Rebecca... I hope Jacob..."

She was very much out of breath, yet not at all upset, and as she put down the hearth-brush which she had bought of the oil-man, she said it was hot, flung the window further open, straightened a cover, picked up a book, as if she were very confident, very fond of the Captain, and a great many years younger than he was. Indeed, in her blue apron she did not look more than thirty-five. He was well over fifty.

She moved her hands about the table; the Captain moved his head from side to side, and made little sounds, as Betty went on chattering, completely at his ease—after twenty years.

está la ley. Aquí está el orden. Por lo tanto tenemos que estimar este hombre. Es él el que se tiene en el puente de mando durante la noche», y, tendiéndole su taza, o lo que sea en ese momento, habrían continuado con visiones de naufragios y desastres, en las cuales todos los pasajeros caen desde sus cabinas, y allí está el capitán, abotonado en su chaquetón de marinero, a la altura misma de la tormenta, vencido por ella pero por nadie más. «Y sin embargo, tengo un alma», habría ponderado Mrs Jarvis mientras el capitán Barfoot sonaba su nariz repentinamente con un gran pañuelo rojo, «y es la estupidez del hombre la que causa esto, y la tormenta es mi tormenta al mismo tiempo que la de él...», así habría ponderado Mrs Jarvis cuando el capitán pasó a verlos y se encontró con que Herbert había salido, y se quedó dos o tres horas, casi en silencio, sentado en el sofá. Pero Betty Flanders no pensaba nada de eso.

—¡Oh, capitán! —dijo Mrs Flanders, irrumpiendo en el salón— tuve que correr detrás del empleado de la casa Barker... espero que Rebecca... espero que Jacob...

Estaba totalmente sofocada, pero para nada concernida, y, mientras dejaba el cepillo para chimeneas que había comprado al vendedor de aceite, ella dijo que hacía calor, tiró de la ventana para abrirla aún más, arregló una funda, tomó un libro, como si estuviera muy segura, le tuviera mucho apego al capitán, y fuera mucho más joven que él. Ciertamente, en su delantal azul no aparentaba más de treinta y cinco años. Él ya tenía bastante más de cincuenta.

Ella movía sus manos sobre la mesa; el capitán movía su cabeza de lado a lado, y emitía pequeños sonidos, mientras que Betty continuaba parloteando, completamente cómodo... después de veinte años.

"Well," he said at length, "I've heard from Mr. Polegate."

He had heard from Mr. Polegate that he could advise nothing better than to send a boy to one of the universities.

"Mr. Floyd was at Cambridge... no, at Oxford... well, at one or the other," said Mrs. Flanders.

She looked out of the window. Little windows, and the lilac and green of the garden were reflected in her eyes.

"Archer is doing very well," she said. "I have a very nice report from Captain Maxwell."

"I will leave you the letter to show Jacob," said the Captain, putting it clumsily back in its envelope.

"Jacob is after his butterflies as usual," said Mrs. Flanders irritably, but was surprised by a sudden afterthought, "Cricket begins this week, of course."

"Edward Jenkinson has handed in his resignation," said Captain Barfoot.

"Then you will stand for the Council?" Mrs. Flanders exclaimed, looking the Captain full in the face.

"Well, about that," Captain Barfoot began, settling himself rather deeper in his chair.

Jacob Flanders, therefore, went up to Cambridge in October, 1906.

―Bueno ―dijo él al final―, he recibido noticias de Mr Polegate.

Había recibido noticias de Mr Polegate diciendo que no podía aconsejar nada mejor que enviar un joven a una de las universidades.

―Mr Floyd fue a Cambridge... no, a Oxford... bueno, a una o a otra ―dijo Mrs Flanders.

Ella miró por la ventana. Pequeñas ventanas, y la lila y el verde del jardín se reflejaron en sus ojos.

―Archer está teniendo éxito ―dijo ella―. He recibido un muy buen informe del capitán Maxwell.

―Voy a dejarle la carta para mostrársela a Jacob ―dijo el capitán, poniéndola torpemente de nuevo en su sobre.

―Jacob está detrás de sus mariposas, como siempre... ―dijo Mrs Flanders irritada, pero fue sorprendida por una súbita ocurrencia―: El cricket empieza esta semana, por supuesto.

―Edward Jenkinson ha presentado su renuncia ―dijo el capitán Barfoot.

―¿Entonces usted se presentará como candidato para el Consejo? ―exclamó Mrs Flanders, mirando al capitán directamente a los ojos.

―Bueno, en cuanto a eso... ―empezó a decir el capitán Barfoot, instalándose un poco más profundamente en su silla.

Jacob Flanders, por lo tanto, entró a Cambridge en octubre de 1906.

Chapter three

"This is not a smoking-carriage," Mrs. Norman protested, nervously but very feebly, as the door swung open and a powerfully built young man jumped in. He seemed not to hear her. The train did not stop before it reached Cambridge, and here she was shut up alone, in a railway carriage, with a young man.

She touched the spring of her dressing-case, and ascertained that the scent-bottle and a novel from Mudie's were both handy (the young man was standing up with his back to her, putting his bag in the rack). She would throw the scent-bottle with her right hand, she decided, and tug the communication cord with her left. She was fifty years of age, and had a son at college. Nevertheless, it is a fact that men are dangerous. She read half a column of her newspaper; then stealthily looked over the edge to decide the question of safety by the infallible test of appearance.... She would like to offer him her paper. But do young men read the Morning Post? She looked to see what he was reading—the Daily Telegraph.

Taking note of socks (loose), of tie (shabby), she once more reached his face. She dwelt upon his mouth. The lips were shut. The eyes bent down, since he was reading. All was firm, yet youthful, indifferent, unconscious—as for knocking one down! No, no, no! She looked out of the window, smiling slightly now, and then came back again, for he didn't notice her. Grave, unconscious... now he looked up, past her... he seemed so out of place, somehow, alone with an elderly lady... then he fixed his eyes—which were blue—on the landscape. He had not realized her presence, she thought. Yet it was none of HER fault that this was not a smoking-carriage—if that was what he meant.

Capítulo tres

—Este no es un vagón para fumadores —protestó Mrs Norman, nerviosa pero débilmente, cuando la puerta se abrió y un joven robusto entró de un salto. Él pareció no oírla. El tren no se detenía hasta haber llegado a Cambridge, y allí se encontraba ella, sola, encerrada en un vagón, con un hombre joven.

Ella tocó la cerradura de su maleta de viaje y verificó que la botella de perfume y la novela de la biblioteca de préstamo Mudie's estaban a mano (el joven se estaba incorporando con su espalda hacia ella, colocando su maleta en el estante). Ella le arrojaría la botella de perfume con su mano derecha, decidió, y tiraría del cable de emergencia con la izquierda. Ella tenía cincuenta años y un hijo en la universidad. Sin embargo, es un hecho que los hombres son peligrosos. Ella leyó la mitad de una columna del periódico; mirando furtivamente sobre el borde para decidir sobre la cuestión de la seguridad con el test infalible de las apariencias... Ella quisiera ofrecerle su periódico. Pero, ¿leen los jóvenes el *Morning Post*? Ella se fijó en lo que él estaba leyendo... el *Daily Telegraph*.

Remarcando las medias (flojas), la corbata (desgastada), ella se encontró de nuevo con su rostro. Se detuvo en la boca. Los labios estaban cerrados. Los ojos mirando hacia abajo, dado que leía. Todo era firme, aunque jovial, indiferente, inconsciente... ¡como para bajarla de un golpe! ¡No, no, no! Ella miraba por la ventana, sonriendo ligeramente ahora, y luego volviéndose hacia él, porque él no la había remarcado. Grave, inconsciente... ahora él levantaba la mirada, pasando sobre ella... él parecía tan fuera de lugar, de alguna manera, solo, con una mujer entrada en años... luego él fijó sus ojos, que eran azules, en el paisaje. Él no se había dado cuenta de su presencia, pensó ella. Sin embargo no era *su* culpa si este no era un vagón para fumadores... si eso es lo que él quería decir.

Nobody sees any one as he is, let alone an elderly lady sitting opposite a strange young man in a railway carriage. They see a whole—they see all sorts of things—they see themselves.... Mrs. Norman now read three pages of one of Mr. Norris's novels. Should she say to the young man (and after all he was just the same age as her own boy): "If you want to smoke, don't mind me"? No: he seemed absolutely indifferent to her presence... she did not wish to interrupt.

But since, even at her age, she noted his indifference, presumably he was in some way or other—to her at least—nice, handsome, interesting, distinguished, well built, like her own boy? One must do the best one can with her report. Anyhow, this was Jacob Flanders, aged nineteen. It is no use trying to sum people up. One must follow hints, not exactly what is said, nor yet entirely what is done—for instance, when the train drew into the station, Mr. Flanders burst open the door, and put the lady's dressing-case out for her, saying, or rather mumbling: "Let me" very shyly; indeed he was rather clumsy about it.

"Who..." said the lady, meeting her son; but as there was a great crowd on the platform and Jacob had already gone, she did not finish her sentence. As this was Cambridge, as she was staying there for the week- end, as she saw nothing but young men all day long, in streets and round tables, this sight of her fellow-traveller was completely lost in her mind, as the crooked pin dropped by a child into the wishing-well twirls in the water and disappears for ever.

They say the sky is the same everywhere. Travellers, the shipwrecked, exiles, and the dying draw comfort from the thought,

Nadie ve al otro como es, mucho menos una señora entrada en años sentada frente a un joven en un vagón. Uno ve una totalidad, ve toda clase de cosas, uno se ve a sí mismo... Mrs Norman leyó a continuación tres páginas de una novela de Mr Norris. ¿Debería decirle al joven (y después de todo él tenía la misma edad que su hijo): «Si desea fumar, no se moleste por mí»? No: él parecía absolutamente indiferente a su presencia... ella no quería interrumpirlo.

Pero, dado que, incluso a su edad, ella notó su indiferencia, ¿era él presumiblemente, de una manera u otra, al menos para ella, agradable, buen mozo, interesante, distinguido, de buena contextura, como su hijo? Uno tiene que sacar el mejor partido posible de su informe. De todos modos, este era Jacob Flanders a los diecinueve años. No sirve de nada tratar de resumir a la gente. Uno debe seguir las pistas, no exactamente lo que ha sido dicho, no enteramente lo que ha sido hecho; por ejemplo, cuando el tren entró en la estación, Mr Flanders abrió la puerta de un golpe, y descendió la maleta en lugar de dejar que ella lo haga, diciendo, o más bien murmurando: «permítame...», muy tímidamente; de hecho fue más bien torpe al hacerlo.

—¿Quién...? —dijo la dama, encontrándose con su hijo; pero como había una gran multitud en la plataforma y Jacob se había ido ya, ella no terminó su frase. Como esto era Cambridge, como ella estaba alojándose allí por el fin de semana, como ella no vio otra cosa que jóvenes todo el día, en calles y alrededor de las mesas, la imagen de su compañero de viaje se perdió completamente en su mente, de la misma manera en que el alfiler doblado tirado por un niño en la fuente de los deseos gira en el agua y desaparece para siempre.

Dicen que el cielo es en todas partes el mismo. Viajeros, náufragos, exiliados y moribundos se confortan gracias a este pen-

and no doubt if you are of a mystical tendency, consolation, and even explanation, shower down from the unbroken surface. But above Cambridge—anyhow above the roof of King's College Chapel—there is a difference. Out at sea a great city will cast a brightness into the night. Is it fanciful to suppose the sky, washed into the crevices of King's College Chapel, lighter, thinner, more sparkling than the sky elsewhere? Does Cambridge burn not only into the night, but into the day?

Look, as they pass into service, how airily the gowns blow out, as though nothing dense and corporeal were within. What sculptured faces, what certainty, authority controlled by piety, although great boots march under the gowns. In what orderly procession they advance. Thick wax candles stand upright; young men rise in white gowns; while the subservient eagle bears up for inspection the great white book.

An inclined plane of light comes accurately through each window, purple and yellow even in its most diffused dust, while, where it breaks upon stone, that stone is softly chalked red, yellow, and purple. Neither snow nor greenery, winter nor summer, has power over the old stained glass. As the sides of a lantern protect the flame so that it burns steady even in the wildest night—burns steady and gravely illumines the tree-trunks—so inside the Chapel all was orderly. Gravely sounded the voices; wisely the organ replied, as if buttressing human faith with the assent of the elements. The white-robed figures crossed from side to side; now mounted steps, now descended, all very orderly.

... If you stand a lantern under a tree every insect in the forest

samiento, y esto es indudable si se tiene una tendencia mística; consolación y hasta una explicación llueven desde la bóveda intacta. Pero sobre Cambridge, o en todo caso sobre el tejado de la capilla de King's College, hay una diferencia. Vista desde alta mar una gran ciudad proyecta su brillo en la noche. ¿Es acaso extravagante suponer que el cielo que penetra y baña los intersticios de la capilla de King's College, es más ligero, más sutil, más centelleante que el cielo en cualquier otra parte? ¿Arde Cambridge no solo en la noche pero también en el día?

Mire, ahora que pasan para el oficio, con qué ligereza las togas se inflan en el aire, como si no hubiera nada denso y corporal en ellos. Qué rostros esculpidos, qué certeza, autoridad, controlados por la piedad, aun cuando grandes botas marchan bajo las togas. En qué ordenada procesión avanzan. Espesas velas de cera se mantienen rígidas; jóvenes en togas blancas se levantan; mientras el águila sostiene dócilmente el gran libro blanco para su examen.

Un plano de luz inclinado atraviesa con precisión cada ventana, púrpura y amarillo incluso hasta en su polvo más difuso, mientras que, en el lugar donde viene a quebrarse sobre la piedra, esta piedra se entiza de rojo, amarillo y púrpura. Ni la nieve ni el verdor, invierno ni verano, tienen poder sobre el viejo vitral. Así como los costados de una linterna protegen la flama para que arda constantemente incluso en la noche más salvaje —arda constante y gravemente, ilumine los troncos de los árboles—, así estaba todo ordenado dentro de la capilla. Las voces sonaban gravemente; sabiamente respondía el órgano, como si estuviera protegiendo la fe humana con el consentimiento de los elementos. Las figuras vestidas de blanco cruzaban de lado a lado; ora subían escaleras, ora las descendían, todo muy ordenadamente.

... Si se posa una linterna bajo un árbol cada insecto en el bos-

creeps up to it—a curious assembly, since though they scramble and swing and knock their heads against the glass, they seem to have no purpose—something senseless inspires them. One gets tired of watching them, as they amble round the lantern and blindly tap as if for admittance, one large toad being the most besotted of any and shouldering his way through the rest. Ah, but what's that? A terrifying volley of pistol-shots rings out—cracks sharply; ripples spread— silence laps smooth over sound. A tree— a tree has fallen, a sort of death in the forest. After that, the wind in the trees sounds melancholy.

But this service in King's College Chapel—why allow women to take part in it? Surely, if the mind wanders (and Jacob looked extraordinarily vacant, his head thrown back, his hymn-book open at the wrong place), if the mind wanders it is because several hat shops and cupboards upon cupboards of coloured dresses are displayed upon rush-bottomed chairs. Though heads and bodies may be devout enough, one has a sense of individuals—some like blue, others brown; some feathers, others pansies and forget-me-nots. No one would think of bringing a dog into church. For though a dog is all very well on a gravel path, and shows no disrespect to flowers, the way he wanders down an aisle, looking, lifting a paw, and approaching a pillar with a purpose that makes the blood run cold with horror (should you be one of a congregation—alone, shyness is out of the question), a dog destroys the service completely. So do these women—though separately devout, distinguished, and vouched for by the theology, mathematics, Latin, and Greek of their husbands. Heaven knows why it is. For one thing, thought Jacob, they're as ugly as sin.

que repta sobre ella, una curiosa asamblea, dado que aunque se aplasten y se tuerzan y se golpeen contra el vidrio, no parecen tener ningún designio, algo insensato los inspira. Uno se cansa de mirarlos deambulando alrededor de la linterna y golpeando como pidiendo admisión, mientras un gran sapo, siendo este el más frenético de todos, se abre camino a través del resto. ¡Ah! ¿Pero qué es esto? Se oye una espantosa descarga de disparos de pistola, un fuerte estampido, las ondas se propagan, el silencio recubre suavemente al ruido. Un árbol... un árbol ha caído, una suerte de muerte en el bosque. Después de esto, el viento en los árboles suena melancólico.

Pero, este oficio en la capilla de King's College, ¿por qué permiten participar a las mujeres? Seguramente, si se deja vagar la mente (y Jacob tiene un aire extraordinariamente ausente, su cabeza tirada hacia atrás, su himnario abierto en el lugar equivocado), si se deja vagar la mente es porque muchos negocios de sombreros y armarios tras armarios de vestidos de colores son expuestos sobre sillas de mimbre. Aunque las cabezas y los cuerpos son lo suficientemente devotos, uno tiene el sentimiento de presencias individuales: algunas aman el azul, otras el marrón; algunas las plumas, otras los pensamientos y los nomeolvides. Nadie pensaría en traer un perro a la iglesia. Porque aun si un perro está muy bien en el camino de gravilla y no muestra falta de respeto por las flores, la manera en la que se pasea por el pasillo, mirando, levantando una pata, aproximando un pilar con un propósito que enfría la sangre de terror (si uno fuera parte de la congregación... pero estando solo, la timidez no ha lugar), un perro destruye el oficio completamente. Lo mismo va para estas mujeres, aun si son devotas por separado, son distinguidas y tienen como garantes la teología, la matemática, el latín y el griego de sus maridos. Dios sabe por qué es así. En todo caso, pensó Jacob, son feas como el pecado.

Now there was a scraping and murmuring. He caught Timmy Durrant's eye; looked very sternly at him; and then, very solemnly, winked.

"Waverley," the villa on the road to Girton was called, not that Mr. Plumer admired Scott or would have chosen any name at all, but names are useful when you have to entertain undergraduates, and as they sat waiting for the fourth undergraduate, on Sunday at lunch-time, there was talk of names upon gates.

"How tiresome," Mrs. Plumer interrupted impulsively. "Does anybody know Mr. Flanders?"

Mr. Durrant knew him; and therefore blushed slightly, and said, awkwardly, something about being sure—looking at Mr. Plumer and hitching the right leg of his trouser as he spoke. Mr. Plumer got up and stood in front of the fireplace. Mrs. Plumer laughed like a straightforward friendly fellow. In short, anything more horrible than the scene, the setting, the prospect, even the May garden being afflicted with chill sterility and a cloud choosing that moment to cross the sun, cannot be imagined. There was the garden, of course. Every one at the same moment looked at it. Owing to the cloud, the leaves ruffled grey, and the sparrows—there were two sparrows.

"I think," said Mrs. Plumer, taking advantage of the momentary respite, while the young men stared at the garden, to look at her husband, and he, not accepting full responsibility for the act, nevertheless touched the bell.

There can be no excuse for this outrage upon one hour of hu-

Entonces se escucharon un chirrido y murmullos. Sus ojos se encontraron con los de Timmy Durrant; lo miró con dureza; y entonces, muy solemnemente, le guiñó el ojo.

«Waverley», es como se llamaba la villa en la ruta hacia Girton. No es que Mr Plumer admirara a Scott o que tuviera una preferencia por algún nombre en particular, pero los nombres son útiles cuando hay que entretener a los estudiantes universitarios, y mientras se sentaban esperando por un cuarto estudiante, en el almuerzo del domingo, se hablaba de los nombres sobre las puertas.

—¡Qué fastidio! —interrumpió Mrs Plumer impulsivamente—. ¿Alguien conoce a Mr Flanders?

Mr Durrant lo conocía y en consecuencia se sonrojó levemente, y dijo, extrañamente, algo como que estaba seguro... mirando a Mr Plumer y tirando sus pantalones de la pierna izquierda mientras hablaba. Mr Plumer se levantó y se quedó parado frente al hogar. Mrs Plumer rio como si fuera un camarada; amistosa y directamente. En resumen, nada más horrible que la escena, el escenario, la perspectiva, incluso el jardín en mayo afligido por la fría esterilidad y una nube eligiendo ese momento para cruzar el sol, pueden ser imaginados. Allí estaba el jardín, por supuesto. Cada uno miró hacia él en el mismo momento. Debido a la nube las hojas se agitaban grises y los gorriones... había dos gorriones.

—Yo pienso —dijo Mrs Plumer, tomando ventaja del respiro momentáneo, mientras los jóvenes miraban fijamente hacia el jardín, para echar un vistazo a su marido, y entonces él, sin aceptar la responsabilidad completa por el acto, tocó sin embargo la campana.

No puede haber excusa para esta atrocidad cometida sobre

man life, save the reflection which occurred to Mr. Plumer as he carved the mutton, that if no don ever gave a luncheon party, if Sunday after Sunday passed, if men went down, became lawyers, doctors, members of Parliament, business men—if no don ever gave a luncheon party—

"Now, does lamb make the mint sauce, or mint sauce make the lamb?" he asked the young man next him, to break a silence which had already lasted five minutes and a half.

"I don't know, sir," said the young man, blushing very vividly.

At this moment in came Mr. Flanders. He had mistaken the time.

Now, though they had finished their meat, Mrs. Plumer took a second helping of cabbage. Jacob determined, of course, that he would eat his meat in the time it took her to finish her cabbage, looking once or twice to measure his speed—only he was infernally hungry. Seeing this, Mrs. Plumer said that she was sure Mr. Flanders would not mind—and the tart was brought in. Nodding in a peculiar way, she directed the maid to give Mr. Flanders a second helping of mutton. She glanced at the mutton. Not much of the leg would be left for luncheon.

It was none of her fault—since how could she control her father begetting her forty years ago in the suburbs of Manchester? and once begotten, how could she do other than grow up cheese-paring, ambitious, with an instinctively accurate notion of the rungs of the ladder and an ant-like assiduity in pushing George Plumer ahead of her to the top of the ladder? What was at the top of the

una hora de vida humana salvo la reflexión que se le ocurrió a Mr Plumer mientras trinchaba el cordero, que si ningún *don* ofrecía jamás una comida, si domingo tras domingo pasaban, si los estudiantes salían de la universidad, llegaban a ser abogados, doctores, miembros del parlamento, hombres de negocios... si ningún don ofrecía jamás una comida...

—Ahora bien, ¿es el cordero el que hace la salsa a la menta o la salsa a la menta la que hace el cordero? —preguntó al joven a su lado, para romper un silencio que ya había durado cinco minutos y medio.

—No lo sé, señor —dijo el joven, sonrojándose intensamente.

En ese momento llegó Mr Flanders. Se había equivocado de hora.

Ahora bien, aun cuando ya habían terminado su carne, Mrs Plumer se sirvió otra porción de coles. Jacob tomó la determinación, por supuesto, de comer su carne en el tiempo que le tomaba a ella terminar sus coles, mirando una o dos veces para medir su velocidad... solo que él tenía un hambre atroz. Viendo esto, Mrs Plumer dijo que estaba segura que Mr Flanders no tendría ningún inconveniente... y trajeron la tarta. Asentando de manera peculiar, ella guió a la criada para que dé a Mr Flanders una segunda porción de cordero. Ella echó un vistazo al cordero. No quedaría mucho de la pierna para el almuerzo de mañana.

No era culpa de ella... porque ¿cómo podría impedir a su padre el haberla engendrado hace cuarenta años en los suburbios de Manchester?, y una vez engendrada, ¿qué otra cosa podía hacer sino convertirse en una persona tacaña, ambiciosa, con una noción instintiva y precisa de los peldaños por subir y una asiduidad de hormiga empujando a George Plumer delante de ella

ladder? A sense that all the rungs were beneath one apparently; since by the time that George Plumer became Professor of Physics, or whatever it might be, Mrs. Plumer could only be in a condition to cling tight to her eminence, peer down at the ground, and goad her two plain daughters to climb the rungs of the ladder.

"I was down at the races yesterday," she said, "with my two little girls."

It was none of THEIR fault either. In they came to the drawing-room, in white frocks and blue sashes. They handed the cigarettes. Rhoda had inherited her father's cold grey eyes. Cold grey eyes George Plumer had, but in them was an abstract light. He could talk about Persia and the Trade winds, the Reform Bill and the cycle of the harvests. Books were on his shelves by Wells and Shaw; on the table serious six-penny weeklies written by pale men in muddy boots—the weekly creak and screech of brains rinsed in cold water and wrung dry—melancholy papers.

"I don't feel that I know the truth about anything till I've read them both!" said Mrs. Plumer brightly, tapping the table of contents with her bare red hand, upon which the ring looked so incongruous.

"Oh God, oh God, oh God!" exclaimed Jacob, as the four undergraduates left the house. "Oh, my God!"

"Bloody beastly!" he said, scanning the street for lilac or bicycle— anything to restore his sense of freedom.

"Bloody beastly," he said to Timmy Durrant, summing up his

hacia la cumbre de la escalera? ¿Qué había en la cumbre de la escalera? Un sentimiento que todos los peldaños estaban por debajo de uno, aparentemente; dado que cuando George Plumer se convirtió en profesor de física, o algo parecido, Mrs Plumer no podía sino acomodarse a la situación y aferrarse fuertemente a su eminencia, escrutando el suelo, e incitar a sus dos simples hijas a ascender los peldaños de la escalera.

—Estuve en la carrera de caballos ayer —dijo—, con mis dos hijitas.

No era la culpa de *ellas* tampoco. Entraron al salón, con vestidos blancos y cintos azules. Ofrecieron cigarrillos. Rhoda heredó los fríos ojos grises de su padre. George Plumer tenía fríos ojos grises, pero en ellos había una luz abstracta. Él podía hablar sobre Persia y los vientos alisios, la reforma electoral y el ciclo de las cosechas. En sus estantes había libros de Wells y de Shaw; sobre la mesa serios hebdomadarios de seis peniques escritos por hombres pálidos con botas embarradas… el crujido y el chirrido semanales de los cerebros enjuagados en agua fría y escurridos a seco… periódicos melancólicos.

—¡No tengo la sensación de haber llegado a la verdad sobre lo que sea hasta que he leído ambos! —dijo Mrs Plumer alegremente, dando golpecitos en el índice con su mano desnuda y rojiza, en la cual el anillo lucía tan incongruente.

—¡Oh Dios, oh Dios, oh Dios! —exclamó Jacob, mientras los cuatro estudiantes dejaban la casa—. ¡Oh Dios mío!

—¡Maldita sea! —dijo, buscando en la calle una lila o una bicicleta, lo que sea para recuperar su sentimiento de libertad.

—¡Maldita sea! —dijo a Timmy Durrant— resumiendo su males-

discomfort at the world shown him at lunch-time, a world capable of existing—there was no doubt about that—but so unnecessary, such a thing to believe in— Shaw and Wells and the serious sixpenny weeklies! What were they after, scrubbing and demolishing, these elderly people? Had they never read Homer, Shakespeare, the Elizabethans? He saw it clearly outlined against the feelings he drew from youth and natural inclination. The poor devils had rigged up this meagre object. Yet something of pity was in him. Those wretched little girls—

The extent to which he was disturbed proves that he was already agog. Insolent he was and inexperienced, but sure enough the cities which the elderly of the race have built upon the skyline showed like brick suburbs, barracks, and places of discipline against a red and yellow flame. He was impressionable; but the word is contradicted by the composure with which he hollowed his hand to screen a match. He was a young man of substance.

Anyhow, whether undergraduate or shop boy, man or woman, it must come as a shock about the age of twenty—the world of the elderly—thrown up in such black outline upon what we are; upon the reality; the moors and Byron; the sea and the lighthouse; the sheep's jaw with the yellow teeth in it; upon the obstinate irrepressible conviction which makes youth so intolerably disagreeable—"I am what I am, and intend to be it," for which there will be no form in the world unless Jacob makes one for himself. The Plumers will try to prevent him from making it. Wells and Shaw and the serious sixpenny weeklies will sit on its head. Every time he lunches out on Sunday—at dinner parties and tea parties—there will be this same shock—horror—discomfort—then pleasure, for he draws into him at every step as he walks by the river such steady certainty, such reassurance from all sides, the trees

tar frente al mundo que le habían mostrado durante la comida, un mundo capaz de existir, no había dudas de ello, pero tan innecesario, ¡cómo creer en una cosa así! ¡Show y Wells y los serios hebdomadarios de seis peniques! ¿Qué buscan estos viejos, socavando y demoliendo? ¿No han leído nunca Homero, Shakespeare, los isabelinos? Él vio claramente este mundo delineado sobre el fondo de los sentimientos tomados de su inclinación juvenil y natural. Estos pobres diablos habían improvisado este triste objeto. Sin embargo algo de piedad había en él. Estas desdichadas hijitas...

La medida de su malestar prueba que él ya estaba lleno de impaciencia. Era insolente y falto de experiencia pero tenía suficiente seguridad que las ciudades que habían construido los ancianos de nuestra raza se mostraban contra el horizonte como suburbios de ladrillo, cuarteles y lugares de disciplina contra una llama roja y amarilla. Él era impresionable; pero el adjetivo queda contradicho por la calma con la cual ahuecó su mano para proteger la llama de un fósforo. Era un hombre joven lleno de riqueza.

De todas maneras, que uno sea un estudiante o un ayudante en un negocio, un hombre o una mujer, hacia los veinte años de edad debe sentirse como una conmoción... el mundo de los ancianos definido con negros contornos sobre lo que somos; sobre la realidad; los páramos y Byron; el mar y el faro; la quijada de oveja con sus dientes amarillos; sobre esta obstinada, irrefrenable convicción que hace tan intolerablemente desagradable la juventud... «Yo soy lo que soy, y eso es lo que tengo intención de ser», y para ello no hay un molde en el mundo a menos que Jacob se haga uno para sí mismo. Los Plumer van a tratar de impedir que él lo haga. Wells y Shaw y los serios hebdomadarios de seis peniques se sentarán encima suyo para aplastarlo. Cada vez que él coma fuera un domingo, en cenas o tés con invitados, allí estará este mismo impresión-horror-malestar-después-placer, porque él incorpora

bowing, the grey spires soft in the blue, voices blowing and seeming suspended in the air, the springy air of May, the elastic air with its particles—chestnut bloom, pollen, whatever it is that gives the May air its potency, blurring the trees, gumming the buds, daubing the green. And the river too runs past, not at flood, nor swiftly, but cloying the oar that dips in it and drops white drops from the blade, swimming green and deep over the bowed rushes, as if lavishly caressing them.

Where they moored their boat the trees showered down, so that their topmost leaves trailed in the ripples and the green wedge that lay in the water being made of leaves shifted in leaf-breadths as the real leaves shifted. Now there was a shiver of wind—instantly an edge of sky; and as Durrant ate cherries he dropped the stunted yellow cherries through the green wedge of leaves, their stalks twinkling as they wriggled in and out, and sometimes one half-bitten cherry would go down red into the green. The meadow was on a level with Jacob's eyes as he lay back; gilt with buttercups, but the grass did not run like the thin green water of the graveyard grass about to overflow the tombstones, but stood juicy and thick. Looking up, backwards, he saw the legs of children deep in the grass, and the legs of cows. Munch, munch, he heard; then a short step through the grass; then again munch, munch, munch, as they tore the grass short at the roots. In front of him two white butterflies circled higher and higher round the elm tree.

"Jacob's off," thought Durrant looking up from his novel. He kept reading a few pages and then looking up in a curiously methodi-

a cada paso, al caminar por la ribera, una constante certeza, una tal confianza de todas partes, los árboles inclinándose, las agujas de las iglesias grises en el azul, las voces llevadas por el viento y que parecen suspendidas en el aire, el aire primaveral de mayo, el aire elástico con sus partículas... flores de castaño, polen, lo que sea que da al aire de mayo su pujanza, desdibujando los árboles, tornando gomosos los capullos, embadurnando de verde. Y también el río corre, ni inundando, ni rápidamente, sino empalagando el remo que se baña en él y gotea blancas gotas de la hoja, nadando verde y profundo sobre los juncos combados, como si los acariciara suntuosamente.

En el lugar donde amarraron el barco los árboles caían como lluvia, de tal manera que sus hojas más altas se arrastraban en las olas y la porción verde que descansaba sobre el agua, estando hecha de hojas, se movía en anchos de hoja al mismo tiempo que las verdaderas hojas se movían. Ahora tiritaba el viento... instantáneamente un costado del cielo abierto; y mientras Durrant comía cerezas echaba las cerezas amarillas y atrofiadas en la porción verde hecha de hojas, sus tallos centelleando mientras serpenteaban de un lado al otro y de tanto en tanto una cereza a medio comer caía, roja en el verde. El prado estaba al nivel de la vista de Jacob cuando se recostaba, dorado de ranúnculos, pero la hierba no se extendía como la delgada capa de agua verde que es la hierba del cementerio, a punto de inundar las lápidas, sino que se mantenía jugosa y espesa. Mirando hacia arriba, hacia atrás, vio las piernas de los niños hundidas en la hierba y las patas de las vacas. Masca, masca, escuchó; luego un corto paso en la hierba, y entonces de nuevo, masca, masca, masca mientras arrancaban la hierba casi de las raíces. Frente a él dos mariposas blancas daban círculos cada vez más y más a lo alto alrededor del olmo.

«Jacob se ha ido», pensó Durrant, mirando por encima de su novela. Siguió leyendo unas pocas páginas y mirando por encima

cal manner, and each time he looked up he took a few cherries out of the bag and ate them abstractedly. Other boats passed them, crossing the backwater from side to side to avoid each other, for many were now moored, and there were now white dresses and a flaw in the column of air between two trees, round which curled a thread of blue—Lady Miller's picnic party. Still more boats kept coming, and Durrant, without getting up, shoved their boat closer to the bank.

"Oh-h-h-h," groaned Jacob, as the boat rocked, and the trees rocked, and the white dresses and the white flannel trousers drew out long and wavering up the bank.

"Oh-h-h-h!" He sat up, and felt as if a piece of elastic had snapped in his face.

"They're friends of my mother's," said Durrant. "So old Bow took no end of trouble about the boat."

And this boat had gone from Falmouth to St. Ives Bay, all round the coast. A larger boat, a ten-ton yacht, about the twentieth of June, properly fitted out, Durrant said...

"There's the cash difficulty," said Jacob.

"My people'll see to that," said Durrant (the son of a banker, deceased).

"I intend to preserve my economic independence," said Jacob stiffly. (He was getting excited.)

"My mother said something about going to Harrogate," he said with a little annoyance, feeling the pocket where he kept his let-

con una manera curiosamente metódica, y cada vez que levantaba la vista tomaba una pocas cerezas fuera de un saco y las comía abstraído. Otros botes les tomaron ventaja, cruzando el remanso de lado a lado para evitarse unos a otros, porque ahora había muchos amarrados, y había vestidos blancos y un vacío en la columna de aire entre los árboles, alrededor de la cual montaba en espiral un hilo de azul: el picnic de Lady Miller. Aún más botes seguían llegando y Durrant, sin levantarse, empujó su barco para acercarse a la ribera.

—Oh-h-h-h —gimió Jacob, cuando el barco encalló en las rocas, y los árboles encallaron, y los vestidos blancos y los pantalones blancos de franela se extendieron y vacilaron sobre la ribera.

—Oh-h-h-h —se sentó, y tuvo la impresión que un pedazo de elástico le había golpeado en su rostro.

—Son amigos de mi madre —dijo Durrant—. Además el viejo Bow no ha puesto fin a las molestias con el bote.

Y este bote ha ido desde Falmouth hasta la bahía de St Ives, rodeando toda la costa. Un gran barco, un yate de diez toneladas, allí por el veinte de junio, bien equipado, dijo Durrant...

—Todavía está el problema con el efectivo —dijo Jacob.

—Mi gente se ocupará de eso —dijo Durrant (el hijo de un banquero, fallecido).

—Tengo la intención de preservar mi independencia económica —dijo Jacob secamente. (Comenzaba a agitarse).

—Mi madre dijo algo acerca de ir a Harrogate —dijo Jacob, con un poco de molestia, tocando el bolsillo donde guardaba sus car-

ters.

"Was that true about your uncle becoming a Mohammedan?" asked Timmy Durrant.

Jacob had told the story of his Uncle Morty in Durrant's room the night before.

"I expect he's feeding the sharks, if the truth were known," said Jacob. "I say, Durrant, there's none left!" he exclaimed, crumpling the bag which had held the cherries, and throwing it into the river. He saw Lady Miller's picnic party on the island as he threw the bag into the river.

A sort of awkwardness, grumpiness, gloom came into his eyes.

"Shall we move on... this beastly crowd..." he said.

So up they went, past the island.

The feathery white moon never let the sky grow dark; all night the chestnut blossoms were white in the green; dim was the cow-parsley in the meadows.

The waiters at Trinity must have been shuffling china plates like cards, from the clatter that could be heard in the Great Court. Jacob's rooms, however, were in Neville's Court; at the top; so that reaching his door one went in a little out of breath; but he wasn't there. Dining in Hall, presumably. It will be quite dark in Neville's Court long before midnight, only the pillars opposite will always be white, and the fountains. A curious effect the gate has, like lace upon pale green. Even in the window you hear the plates; a hum of talk, too, from the diners; the Hall lit up, and the swing-doors opening and shutting with a soft thud. Some are late.

tas.

—¿Era verdad eso de tu tío haciéndose mahometano? —preguntó Timmy Durrant.

Jacob había contado la historia de su tío Morty en el cuarto de Durrant la noche anterior.

—Es posible que lo estén comiendo los tiburones, si la verdad se supiera —dijo Jacob—. ¡Pero digo, Durrant, ya no queda nada! —exclamó, estrujando la bolsa donde estaban las cerezas, y tirándola al río. Vio el picnic de Lady Miller en la isla mientras arrojaba la bolsa al río.

Un cierto embarazo, malhumor, pesimismo vino a sus ojos.

—¿Podríamos irnos? Esta multitud abominable... —dijo.

Así se fueron río arriba, pasando la isla.

La blanca luna emplumada nunca dejó oscurecerse al cielo; toda la noche las flores de los nogales permanecieron blancas sobre el verde; el parifollo verde se veía tenue en los prados.

Los camareros en Trinity deben haber barajado los platos de porcelana como si fueran naipes a juzgar por el estruendo que podía ser oído en Great Court. El cuarto de Jacob, sin embargo, estaba en Neville's Court; a lo alto; así que al llegar a la puerta a uno le faltaba un poco el aire; pero él no estaba allí. Comiendo en el hall, es de suponer. Estará bastante oscuro en Neville's Court mucho antes de la medianoche, solamente los pilares al frente estarán siempre blancos, y las fuentes. Curioso este efecto del portal, como un lazo sobre el pálido verde. Incluso desde la ventana se escuchan los platos; un murmullo de conversación también,

Jacob's room had a round table and two low chairs. There were yellow flags in a jar on the mantelpiece; a photograph of his mother; cards from societies with little raised crescents, coats of arms, and initials; notes and pipes; on the table lay paper ruled with a red margin—an essay, no doubt—"Does History consist of the Biographies of Great Men?" There were books enough; very few French books; but then any one who's worth anything reads just what he likes, as the mood takes him, with extravagant enthusiasm. Lives of the Duke of Wellington, for example; Spinoza; the works of Dickens; the Faery Queen; a Greek dictionary with the petals of poppies pressed to silk between the pages; all the Elizabethans. His slippers were incredibly shabby, like boats burnt to the water's rim. Then there were photographs from the Greeks, and a mezzotint from Sir Joshua—all very English. The works of Jane Austen, too, in deference, perhaps, to some one else's standard. Carlyle was a prize. There were books upon the Italian painters of the Renaissance, a Manual of the Diseases of the Horse, and all the usual text-books. Listless is the air in an empty room, just swelling the curtain; the flowers in the jar shift. One fibre in the wicker arm-chair creaks, though no one sits there.

Coming down the steps a little sideways [Jacob sat on the window-seat talking to Durrant; he smoked, and Durrant looked at the map], the old man, with his hands locked behind him, his gown floating black, lurched, unsteadily, near the wall; then, upstairs he went into his room. Then another, who raised his hand and praised the columns, the gate, the sky; another, tripping and smug. Each went up a staircase; three lights were lit in the dark windows.

desde los comedores; la luz del hall se encendió, y las puertas batientes se abrieron y se cerraron con un ruido sordo. Algunos estaban llegando con retraso.

El cuarto de Jacob tenía una mesa redonda y dos sillas bajas. Había unos iris amarillos en un florero sobre el mantel; una fotografía de su madre; tarjetas de asociaciones con pequeñas medialunas en relieve, escudos de armas e iniciales; notas y pipas; sobre la mesa un papel con renglones con un margen rojo, un ensayo, sin duda: «¿Consiste la historia en las biografías de los grandes hombres?». Había suficientes libros; muy pocos libros en francés; pero alguien que vale algo solo lee lo que le place, según su humor, con entusiasmo extravagante. Vidas del duque de Wellington, por ejemplo; Spinoza; las obras de Dickens; *La Reina Hada*; un diccionario griego con pétalos de amapolas secadas como seda entre las páginas; todos los isabelinos. Sus pantuflas estaban increíblemente andrajosas, como botes quemados hasta la línea de flotación. Además había fotografías de los griegos, y un grabado a media tinta de Sir Joshua... todo muy inglés. Las obras de Jane Austen, también, por deferencia, tal vez, al estándar de algún otro. El Carlyle era un premio. Había libros sobre los pintores italianos renacentistas, un *Tratado de Enfermedades del Caballo*, y todos los manuales habituales. Lánguido es el aire en un cuarto vacío, apenas infla la cortina; las flores en el jarrón se mueven. Una fibra del sillón de mimbre cruje, aunque nadie se sienta allí.

Bajando la escalera un poco de costado —Jacob, sentado en la banqueta de la ventana hablaba a Durrant; él fumaba y Durrant miraba el mapa—, el viejo, con sus manos anudadas detrás de la espalda, su toga negra flotando, se tambaleó, inestable, cerca del muro; luego se fue montado las escaleras a su cuarto. Luego otro, que levantó su mano y elogió las columnas, el pórtico, el cielo; otro, tropezando, engreído. Cada uno se fue subiendo una escalera; tres luces se encendieron en las ventanas oscuras.

If any light burns above Cambridge, it must be from three such rooms; Greek burns here; science there; philosophy on the ground floor. Poor old Huxtable can't walk straight;—Sopwith, too, has praised the sky any night these twenty years; and Cowan still chuckles at the same stories. It is not simple, or pure, or wholly splendid, the lamp of learning, since if you see them there under its light (whether Rossetti's on the wall, or Van Gogh reproduced, whether there are lilacs in the bowl or rusty pipes), how priestly they look! How like a suburb where you go to see a view and eat a special cake! "We are the sole purveyors of this cake." Back you go to London; for the treat is over.

Old Professor Huxtable, performing with the method of a clock his change of dress, let himself down into his chair; filled his pipe; chose his paper; crossed his feet; and extracted his glasses. The whole flesh of his face then fell into folds as if props were removed. Yet strip a whole seat of an underground railway carriage of its heads and old Huxtable's head will hold them all. Now, as his eye goes down the print, what a procession tramps through the corridors of his brain, orderly, quick-stepping, and reinforced, as the march goes on, by fresh runnels, till the whole hall, dome, whatever one calls it, is populous with ideas. Such a muster takes place in no other brain. Yet sometimes there he'll sit for hours together, gripping the arm of the chair, like a man holding fast because stranded, and then, just because his corn twinges, or it may be the gout, what execrations, and, dear me, to hear him talk of money, taking out his leather purse and grudging even the smallest silver coin, secretive and suspicious as an old peasant woman with all her lies. Strange paralysis and constriction—marvellous illumination. Serene over it all rides the great full brow, and sometimes asleep or in the quiet spaces of the night you might fancy that on a pillow of stone he lay triumphant.

Si hay alguna flama que arde sobre Cambridge, ella debe provenir de esos tres cuartos; los griegos arden aquí; la ciencia allí; la filosofía en la planta baja. El pobre viejo Huxtable no puede caminar derecho; Sopwith, también, ha elogiado el cielo todas las noches estos veinte años; y Cowan aún se ríe entre dientes de las mismas historias. No es simple, o pura, o completamente espléndida la lámpara del aprendizaje, dado que si se los ve bajo su luz (ya sea un Rossetti en el muro, o una reproducción de Van Gogh, ya sea lilas en un tazón o viejas pipas), ¡qué sacerdotales parecen! ¡Cómo se parecen a un suburbio en el cual uno va para ver un paisaje y comer una torta en particular! «Esta torta es nuestra especialidad exclusiva». Uno vuelve a Londres, porque la fiesta ha terminado.

El viejo profesor Huxtable, cambiando sus ropas metódicamente con movimientos de autómata, se dejó caer en su silla; llenó su pipa; eligió su periódico; cruzó las piernas; y extrajo sus lentes. Toda la carne de su cara cayó entonces en pliegues como si se hubieran removido los puntales. Sin embargo, si uno toma una hilera de cabezas en el metro, la cabeza del viejo Huxtable las contendrá a todas. Ahora, mientras sus ojos se inclinan hacia la letra impresa, qué procesión camina en los corredores de su cerebro, en orden, a pasos rápidos, y reforzados, mientras continúa la marcha, por nuevos aflujos, hasta que el salón entero, la cúpula, como quiera que uno lo llame, se puebla de ideas. Una tal asamblea no tiene lugar en ningún otro cerebro. Y sin embargo, a veces, allí se queda sentado, durante horas, aferrado al brazo de su silla, como un hombre ayunando a causa del desamparo, y entonces, solo porque el callo le duele, o puede ser la gota, cómo maldice, y, ¡madre mía!, escucharlo hablar de dinero, sacando su cartera de cuero y regañando aun por la moneda de plata más pequeña, solapado y desconfiado como una vieja mujer paisana con todas sus mentiras. Extraña parálisis y constricción; maravillosa iluminación. Serena sobre todo esto rige la gran frente abomba-

Sopwith, meanwhile, advancing with a curious trip from the fire-place, cut the chocolate cake into segments. Until midnight or later there would be undergraduates in his room, sometimes as many as twelve, sometimes three or four; but nobody got up when they went or when they came; Sopwith went on talking. Talking, talking, talking—as if everything could be talked—the soul itself slipped through the lips in thin silver disks which dissolve in young men's minds like silver, like moonlight. Oh, far away they'd remember it, and deep in dulness gaze back on it, and come to refresh themselves again.

"Well, I never. That's old Chucky. My dear boy, how's the world treating you?" And in came poor little Chucky, the unsuccessful provincial, Stenhouse his real name, but of course Sopwith brought back by using the other everything, everything, "all I could never be"—yes, though next day, buying his newspaper and catching the early train, it all seemed to him childish, absurd; the chocolate cake, the young men; Sopwith summing things up; no, not all; he would send his son there. He would save every penny to send his son there.

Sopwith went on talking; twining stiff fibres of awkward speech—things young men blurted out—plaiting them round his own smooth garland, making the bright side show, the vivid greens, the sharp thorns, manliness. He loved it. Indeed to Sopwith a man could say anything, until perhaps he'd grown old, or gone under, gone deep, when the silver disks would tinkle hollow, and the inscription read a little too simple, and the old stamp look too pure, and the impress always the same—a Greek boy's head.

da, y algunas veces, dormido o en los espacios silenciosos de la noche, uno puede imaginárselo yaciendo triunfante sobre un almohadón de piedra.

Sopwith, mientras tanto, avanzando con un paso peculiar desde el hogar, corta la torta de chocolate en porciones. Hasta la medianoche o aún más tarde habrá estudiantes en su cuarto, a veces unos doce, a veces tres o cuatro; pero nadie se levanta de su silla cuando se van o cuando vienen; Sopwith sigue hablando. Hablando, hablando, hablando, como si todo pudiera ser hablado, el alma misma escapándose de los labios en finos discos de plata que se disuelven en las mentes de los jóvenes, como si fueran de plata, como el claro de luna. Oh, desde la distancia lo recordarán, y en la profundidad del tedio se volverán hacia él, y se llegarán a tomar fuerzas nuevamente.

—Bueno, yo nunca. Ese es el viejo Chucky. Mi querido amigo, ¿cómo te trata el mundo? —Y entra el pobre y pequeño Chucky, el provinciano sin éxito, su verdadero nombre es Stenhouse, pero, por supuesto, Sopwith utilizando el otro recuerda todo, todo: «todo lo que no pude ser». Sí, aunque al día siguiente, al comprar su periódico y alcanzando el tren de la madrugada, todo le parecería tan infantil, absurdo; la torta de chocolate, los jóvenes; Sopwith recapitulando las cosas; no, no todo; él enviaría a su hijo allí. Él ahorraría cada penique para enviar a su hijo allí.

Sopwith seguía hablando; entrelazando fibras rígidas de peligroso discurso, cosas que los jóvenes dejaban escapar, trenzándolos entorno a su propia suave guirnalda, mostrando el lado brillante, los vívidos verdes, las espinas agudas, virilidad. Él adoraba esto. De hecho, un hombre podía decir todo a Sopwith, o por lo menos hasta que él haya envejecido, o sea enterrado, en lo profundo, cuando los discos de plata tintineen huecos, y la inscripción parezca un poco demasiado simple, y la vieja estampa luzca

But he would respect still. A woman, divining the priest, would, involuntarily, despise.

Cowan, Erasmus Cowan, sipped his port alone, or with one rosy little man, whose memory held precisely the same span of time; sipped his port, and told his stories, and without book before him intoned Latin, Virgil and Catullus, as if language were wine upon his lips. Only—sometimes it will come over one—what if the poet strode in? "THIS my image?" he might ask, pointing to the chubby man, whose brain is, after all, Virgil's representative among us, though the body gluttonize, and as for arms, bees, or even the plough, Cowan takes his trips abroad with a French novel in his pocket, a rug about his knees, and is thankful to be home again in his place, in his line, holding up in his snug little mirror the image of Virgil, all rayed round with good stories of the dons of Trinity and red beams of port. But language is wine upon his lips. Nowhere else would Virgil hear the like. And though, as she goes sauntering along the Backs, old Miss Umphelby sings him melodiously enough, accurately too, she is always brought up by this question as she reaches Clare Bridge: "But if I met him, what should I wear?"—and then, taking her way up the avenue towards Newnham, she lets her fancy play upon other details of men's meeting with women which have never got into print. Her lectures, therefore, are not half so well attended as those of Cowan, and the thing she might have said in elucidation of the text for ever left out. In short, face a teacher with the image of the taught and the mirror breaks. But Cowan sipped his port, his exaltation over, no longer the representative of Virgil. No, the builder, assessor, surveyor, rather; ruling lines between names, hanging lists above doors. Such is the fabric through which the light must shine, if shine it can— the light of all these languages, Chinese and Russian, Persian and Arabic, of symbols and figures, of history, of things that are known and things that are about to be known. So

demasiado pura, y la vieja efigie siempre la misma; la cabeza de un muchacho griego. Pero lo respetaría en silencio. Una mujer, presintiendo el sacerdote, involuntariamente, lo despreciaría.

Cowan, Erasmus Cowan, bebía a sorbos su oporto a solas, o sino con un hombre pequeño, sonrojado, cuya memoria remontaba tanto como la suya; bebía a sorbos su oporto y contaba sus historias, y sin tener un libro por delante entonaba el latín, Virgilio y Cátulo, como si el lenguaje fuera vino sobre sus labios. Solo que, de vez en cuando uno lo piensa, ¿qué sucedería si el poeta entrara al cuarto? «¿*Esta*, mi imagen?», preguntaría, señalando al hombre regordete, cuya mente es, después de todo, el representante de Virgilio entre nosotros, a pesar del cuerpo de glotón, y en vez de armas, abejas, o incluso el arado; en el extranjero Cowan viaja con una novela francesa en el bolsillo, una manta sobre las rodillas, y agradece el estar de nuevo en su lugar, en casa, en su línea, sosteniendo en su confortable y pequeño espejo la imagen de Virgilio, con el halo de las buenas historias de los *dons* de Trinity y los brillos rojos del oporto. Pero el lenguaje es vino sobre sus labios. En ninguna otra parte escucharía Virgilio un sonido semejante. Y sin embargo, mientras deambula por los Backs, la vieja Miss Umphelby lo canta con una voz bastante melodiosa, y sin cometer errores, ella siempre se detiene a considerar esta pregunta cuando llega a Clare Bridge: «Pero, si lo conociera, ¿cómo debería estar vestida?», y así, siguiendo su camino remontando la avenida hacia Newnham, deja vagar su imaginación acerca de otros detalles de hombres encontrándose con mujeres que nunca han llegado a la letra impresa. Sus clases, por lo tanto, no gozan de la mitad de la asistencia que las de Cowan, y aquello que ella podría haber dicho elucidando el texto es omitido para siempre. Resumiendo, encara a un enseñante con la imagen de aquel que él enseña y el espejo se quebrará. Pero Cowan bebía a sorbos su oporto, pasado su entusiasmo, ya no más el representante de Virgilio. No, más bien el constructor, asesor, topógrafo; trazando líneas entre los

that if at night, far out at sea over the tumbling waves, one saw a haze on the waters, a city illuminated, a whiteness even in the sky, such as that now over the Hall of Trinity where they're still dining, or washing up plates, that would be the light burning there—the light of Cambridge.

"Let's go round to Simeon's room," said Jacob, and they rolled up the map, having got the whole thing settled.

All the lights were coming out round the court, and falling on the cobbles, picking out dark patches of grass and single daisies. The young men were now back in their rooms. Heaven knows what they were doing. What was it that could DROP like that? And leaning down over a foaming window-box, one stopped another hurrying past, and upstairs they went and down they went, until a sort of fulness settled on the court, the hive full of bees, the bees home thick with gold, drowsy, humming, suddenly vocal; the Moonlight Sonata answered by a waltz.

The Moonlight Sonata tinkled away; the waltz crashed. Although young men still went in and out, they walked as if keeping engagements. Now and then there was a thud, as if some heavy piece of furniture had fallen, unexpectedly, of its own accord, not in the general stir of life after dinner. One supposed that young men raised their eyes from their books as the furniture fell. Were they reading? Certainly there was a sense of concentration in the air. Behind the grey walls sat so many young men, some undoubtedly reading, magazines, shilling shockers, no doubt; legs, perhaps, over the arms of chairs; smoking; sprawling over tables, and writ-

nombres, colgando listas sobre las puertas. Tal es la tela a través de la cual la luz debe brillar, si puede brillar... la luz de todos estos lenguajes, chino y ruso, persa y árabe, de símbolos y figuras, de historia, de cosas conocidas y cosas que están a punto de ser conocidas. De tal manera que si en la noche, a lo lejos, en el mar, sobre las olas tumultuosas, uno ve una bruma sobre las aguas, una ciudad iluminada, una blancura en el cielo incluso, tal como ahora sobre el hall de Trinity donde aún están cenando, o lavando la vajilla, esa sería la luz ardiendo allí... la luz de Cambridge.

—Demos una vuelta por el cuarto de Simeon —dijo Jacob, y enrollaron el mapa, habiendo arreglado todo el asunto.

Todas las luces se iban encendiendo alrededor del patio, cayendo sobre los adoquines, destacando los oscuros parches de hierba y las margaritas solitarias. Ahora los jóvenes estaban de retorno en sus cuartos. Dios sabe lo que estaban haciendo. ¿Qué puede ser que *caiga* así? Y recostándose sobre una maceta rozagante, uno paró a otro que pasaba deprisa, y fueron para arriba y para abajo, hasta que una cierta plenitud se instaló en el patio, la colmena llena de abejas, la casa de las abejas gorda de oro, soñolienta, zumbante, vocal de pronto; la sonata *Claro de Luna* encontrando respuesta en un vals.

La sonata Claro de luna tintineaba a lo lejos; el vals produjo un estruendo. Aunque los jóvenes aún iban hacia arriba y hacia abajo, caminaban como si cumplieran con compromisos. De vez en cuando había un ruido sordo, como si algún mueble pesado hubiera caído, inesperadamente, por cuenta propia y no en la conmoción de vida colectiva después de la cena. Uno supondría que los jóvenes levantaban sus ojos de sus libros cuando los muebles caían. ¿Estaban leyendo? Sin dudas había un sentimiento de concentración en el aire. Detrás de las paredes grises se sentaban tantos jóvenes, algunos sin dudas leyendo, revistas, novelas sen-

ing while their heads went round in a circle as the pen moved—simple young men, these, who would—but there is no need to think of them grown old; others eating sweets; here they boxed; and, well, Mr. Hawkins must have been mad suddenly to throw up his window and bawl: "Jo—seph! Jo—seph!" and then he ran as hard as ever he could across the court, while an elderly man, in a green apron, carrying an immense pile of tin covers, hesitated, balanced, and then went on. But this was a diversion. There were young men who read, lying in shallow arm-chairs, holding their books as if they had hold in their hands of something that would see them through; they being all in a torment, coming from midland towns, clergymen's sons. Others read Keats. And those long histories in many volumes—surely some one was now beginning at the beginning in order to understand the Holy Roman Empire, as one must. That was part of the concentration, though it would be dangerous on a hot spring night— dangerous, perhaps, to concentrate too much upon single books, actual chapters, when at any moment the door opened and Jacob appeared; or Richard Bonamy, reading Keats no longer, began making long pink spills from an old newspaper, bending forward, and looking eager and contented no more, but almost fierce. Why? Only perhaps that Keats died young—one wants to write poetry too and to love—oh, the brutes! It's damnably difficult. But, after all, not so difficult if on the next staircase, in the large room, there are two, three, five young men all convinced of this—of brutality, that is, and the clear division between right and wrong. There was a sofa, chairs, a square table, and the window being open, one could see how they sat—legs issuing here, one there crumpled in a corner of the sofa; and, presumably, for you could not see him, somebody stood by the fender, talking. Anyhow, Jacob, who sat astride a chair and ate dates from a long box, burst out laughing. The answer came from the sofa corner; for his pipe was held in the air, then replaced. Jacob wheeled round. He had something to say to THAT, though the sturdy red-haired boy at the table seemed to deny it, wagging his

sacionalistas de pocos peniques, sin duda; piernas, tal vez, sobre los brazos de los sillones; fumando; tumbados sobre la mesa, y escribiendo, mientras sus cabezas giraban en círculos mientras la pluma se movía; simples jóvenes, estos, que serían... pero no hay necesidad de pensar que envejecerán; otros comiendo dulces; aquí boxeaban; y aquí, bueno, Mr Hawkins debe haberse vuelto loco de repente para abrir así su ventana y berrear: «¡Joseph, Jo-seph!», y luego correr tan rápido como pudo alrededor del patio, mientras un anciano en delantal verde, llevando una pila inmensa de tapas de lata, dudó, se balanceó y continuó. Pero esto era diversión. Había jóvenes que leían, recostados sobre sillones poco profundos, sosteniendo los libros como si tuvieran en sus manos algo que los ayudaría a salir adelante; estaban totalmente atormentados, viniendo de pueblitos de los Midlands, hijos de clérigos. Otros leían Keats. Y esas largas historias en varios volúmenes... seguramente alguno estaba ahora comenzando desde el principio para comprender el Santo Imperio Romano, como se debe. Esto era parte de la concentración, aunque hubiera sido peligroso en una calurosa noche de primavera... peligroso, tal vez, concentrarse demasiado en libros individuales, capítulos en realidad, cuando en cualquier momento la puerta se abría y Jacob aparecía; o Richard Bonamy, ya no leyendo Keats, comenzando a hacer largos bastones rosa del papel de un viejo periódico, inclinándose hacia delante, y ya no parecía entusiasmado y contento, sino casi temible. ¿Por qué? Tal vez solo porque Keats murió joven... uno desea escribir poesía también, y amar... ¡oh, los brutos! Es una condenada dificultad. Pero, después de todo, no tan difícil si en la próxima escalera, en una gran habitación, hay dos, tres, cinco jóvenes, todos convencidos de ello... o sea, de la brutalidad, y de la división clara entre lo correcto y lo incorrecto. Había un sofá, sillas, una mesa cuadrada, y, como la ventana estaba abierta, uno podía ver cómo se sentaban: piernas que emergían por aquí, uno por allá estrujado en un rincón del sofá; y, presumiblemente, porque no puede verse, alguien parado al costado del guardafue-

head slowly from side to side; and then, taking out his penknife, he dug the point of it again and again into a knot in the table, as if affirming that the voice from the fender spoke the truth—which Jacob could not deny. Possibly, when he had done arranging the date-stones, he might find something to say to it—indeed his lips opened—only then there broke out a roar of laughter.

The laughter died in the air. The sound of it could scarcely have reached any one standing by the Chapel, which stretched along the opposite side of the court. The laughter died out, and only gestures of arms, movements of bodies, could be seen shaping something in the room. Was it an argument? A bet on the boat races? Was it nothing of the sort? What was shaped by the arms and bodies moving in the twilight room?

A step or two beyond the window there was nothing at all, except the enclosing buildings—chimneys upright, roofs horizontal; too much brick and building for a Maynight, perhaps. And then before one's eyes would come the bare hills of Turkey—sharp lines, dry earth, coloured flowers, and colour on the shoulders of the women, standing naked-legged in the stream to beat linen on the stones. The stream made loops of water round their ankles. But none of that could show clearly through the swaddlings and blanketings of the Cambridge night. The stroke of the clock even was muffled; as if intoned by somebody reverent from a pulpit; as if generations of learned men heard the last hour go rolling through their ranks and issued it, already smooth and time-worn,

go, hablando. De todos modos, Jacob, que estaba sentado a horcajadas en una silla y comía dátiles de una gran caja, explotó de risa. La respuesta vino desde el rincón del sofá; porque su pipa fue sostenida en el aire, luego devuelta a su lugar. Jacob se tornó vivamente. Tenía algo que decir a *eso*, aunque el robusto muchacho pelirrojo a la mesa parecía negarlo, meneando su cabeza lentamente de lado a lado; y entonces, sacando su cortaplumas, clavó la punta una y otra vez en un nudo de la mesa, como si estuviera afirmando que la voz desde el guardafuego decía la verdad… lo que Jacob negaba. Posiblemente, una vez que haya terminado de poner en orden los carozos de los dátiles, podía encontrar algo para decir; de hecho sus labios se abrieron, solo que allí estalló un alarido de risa.

La risa murió en el aire. Su sonido apenas hubiera podido llegar a alguien en la capilla que se extendía en el lado opuesto del patio. La risa murió y solamente gestos de brazos, movimientos de cuerpos, podían verse conformando alguna forma en el cuarto. ¿Había sido una discusión? ¿Una apuesta en las carreras? ¿Algo totalmente diferente? ¿Qué estaban conformando los brazos y cuerpos moviéndose en el cuarto crepuscular?

Un paso o dos más allá de la ventana no había nada, excepto la cerca formada por los edificios; las chimeneas derechas, los techos horizontales; demasiado ladrillo y edificios para una noche de mayo, tal vez. Y entonces, vendrían delante de los ojos las montañas desnudas de Turquía: líneas nítidas, tierra seca, flores coloridas, y color sobre los hombros de las mujeres, paradas con sus piernas desnudas en la corriente sacudiendo la ropa blanca contra las piedras. La corriente provocaba remolinos de agua alrededor de sus tobillos. Pero nada de esto podía penetrar claramente a través de las telas y cubiertas de la noche de Cambridge. Incluso las campanadas del reloj se amortiguaban; como si fueran entonadas por una voz reverente desde el púlpito; como

with their blessing, for the use of the living.

Was it to receive this gift from the past that the young man came to the window and stood there, looking out across the court? It was Jacob. He stood smoking his pipe while the last stroke of the clock purred softly round him. Perhaps there had been an argument. He looked satisfied; indeed masterly; which expression changed slightly as he stood there, the sound of the clock conveying to him (it may be) a sense of old buildings and time; and himself the inheritor; and then to-morrow; and friends; at the thought of whom, in sheer confidence and pleasure, it seemed, he yawned and stretched himself.

Meanwhile behind him the shape they had made, whether by argument or not, the spiritual shape, hard yet ephemeral, as of glass compared with the dark stone of the Chapel, was dashed to splinters, young men rising from chairs and sofa corners, buzzing and barging about the room, one driving another against the bedroom door, which giving way, in they fell. Then Jacob was left there, in the shallow arm-chair, alone with Masham? Anderson? Simeon? Oh, it was Simeon. The others had all gone.

"... Julian the Apostate...." Which of them said that and the other words murmured round it? But about midnight there sometimes rises, like a veiled figure suddenly woken, a heavy wind; and this now flapping through Trinity lifted unseen leaves and blurred everything. "Julian the Apostate"—and then the wind. Up go the elm branches, out blow the sails, the old schooners rear and plunge, the grey waves in the hot Indian Ocean tumble sultrily, and then all falls flat again.

si generaciones de hombres educados escucharan la última hora corriendo entre sus bancos y bendiciéndola la daran, alisada y gastada por los años, para el uso de los vivientes.

¿Era para recibir el don del pasado que el joven se asomaba por la ventana y se quedaba allí, mirando a través del patio? Era Jacob. Estaba parado, fumando su pipa, mientras la última campanada del reloj ronroneaba suavemente en torno a él. Tal vez hubo una discusión. Parecía satisfecho; magistral, de hecho; con su expresión cambiando ligeramente mientras estaba allí, el sonido del reloj transmitiéndole (así podría ser) una noción sobre los viejos edificios y el tiempo; y él mismo un heredero; y después el mañana; y los amigos; y al pensar en ellos, de pura confianza y placer, así parecía, bostezó y se desperezó.

Mientras tanto, detrás suyo, la forma conformada por ellos, ya sea a causa de la disputa o no, la forma espiritual, aun cuando efímera, como de cristal al compararla con la piedra oscura de la capilla, se hizo astillas, jóvenes levantándose de sus sillas y de sus rincones de sofá, zumbando y chocándose en el cuarto, uno guiando al otro contra la puerta del dormitorio que cedió, y ahí cayeron. Jacob fue dejado allí, en el sillón poco profundo, ¿solo con Masham? ¿Anderson? ¿Simeon? Oh, era Simeon. Todos los otros se habían marchado.

«...Julián el apóstata...». ¿Cuál de ellos había dicho eso y las otras palabras murmuradas en torno a eso? Pero hacia la medianoche a veces se eleva, como una figura velada que se despierta de repente, un viento fuerte; y este, batiendo ahora a través de Trinity levanta hojas ocultas y borronea todo. «Julián el apóstata», y luego el viento. Las hojas de olmo se enderezan, las velas de los barcos se hinchan, las viejas goletas se levantan y se hunden, las tórridas olas grises en el cálido océano Índico dan vueltas, y después todo vuelve a la calma.

So, if the veiled lady stepped through the Courts of Trinity, she now drowsed once more, all her draperies about her, her head against a pillar.

"Somehow it seems to matter."

The low voice was Simeon's.

The voice was even lower that answered him. The sharp tap of a pipe on the mantelpiece cancelled the words. And perhaps Jacob only said "hum," or said nothing at all. True, the words were inaudible. It was the intimacy, a sort of spiritual suppleness, when mind prints upon mind indelibly.

"Well, you seem to have studied the subject," said Jacob, rising and standing over Simeon's chair. He balanced himself; he swayed a little. He appeared extraordinarily happy, as if his pleasure would brim and spill down the sides if Simeon spoke.

Simeon said nothing. Jacob remained standing. But intimacy—the room was full of it, still, deep, like a pool. Without need of movement or speech it rose softly and washed over everything, mollifying, kindling, and coating the mind with the lustre of pearl, so that if you talk of a light, of Cambridge burning, it's not languages only. It's Julian the Apostate.

But Jacob moved. He murmured good-night. He went out into the court. He buttoned his jacket across his chest. He went back to his rooms, and being the only man who walked at that moment back to his rooms, his footsteps rang out, his figure loomed large. Back from the Chapel, back from the Hall, back from the Library, came the sound of his footsteps, as if the old stone echoed with

Así, si la dama velada había atravesado los patios de Trinity, ahora dormitaba de nuevo, toda su pañería alrededor de ella, su cabeza contra una columna.

—Parece que importa de algun manera.

La voz baja era la de Simeon.

La voz que le contestó era aún más baja. El golpe seco de una pipa sobre la repisa canceló las palabras. Y tal vez Jacob solo dijo «hum», o no dijo nada. Es cierto, las palabras eran inaudibles. Se trataba de la intimidad, una suerte de flexibilidad espiritual, en la que una mente imprime sobre otra mente, indeleblemente.

—Bueno, parece que has estudiado la cuestión —dijo Jacob, levantándose y quedándose parado, dominando la silla de Simeon. Se balanceó un poco, vaciló un poco. Parecía extraordinariamente feliz, como si su placer fuera a desbordar y salpicar por los lados si Simeon hablaba.

Simeon no dijo nada. Jacob permaneció parado. Pero la intimidad... el cuarto estaba lleno de ella, calma, profunda, como un estanque. Sin necesidad de movimiento o de discurso se levantó suavemente y se expandió sobre todo, apaciguando, encendiendo y bañando la mente con un lustre de perla, así que si uno habla de una luz, de Cambridge, ardiendo, no se trata solo de lenguajes. Es Julián el apóstata.

Pero Jacob se movió. Murmuró buenas noches. Se fue al patio. Abotonó su chaqueta sobre su pecho. Regresaba a su cuarto, y siendo la única persona que caminaba en ese momento de regreso a su cuarto, sus pisadas resonaron, su figura se cernía agrandada. De regreso de la capilla, de regreso del hall, de regreso de la biblioteca, vino el sonido de sus pisadas, como si la vieja piedra

magisterial authority: "The young man— the young man—the young man-back to his rooms."

hiciera eco con autoridad magistral: «El joven; el joven; el joven; de regreso a su cuarto».

Chapter four

What's the use of trying to read Shakespeare, especially in one of those little thin paper editions whose pages get ruffled, or stuck together with sea-water? Although the plays of Shakespeare had frequently been praised, even quoted, and placed higher than the Greek, never since they started had Jacob managed to read one through. Yet what an opportunity!

For the Scilly Isles had been sighted by Timmy Durrant lying like mountain-tops almost a-wash in precisely the right place. His calculations had worked perfectly, and really the sight of him sitting there, with his hand on the tiller, rosy gilled, with a sprout of beard, looking sternly at the stars, then at a compass, spelling out quite correctly his page of the eternal lesson-book, would have moved a woman. Jacob, of course, was not a woman. The sight of Timmy Durrant was no sight for him, nothing to set against the sky and worship; far from it. They had quarrelled. Why the right way to open a tin of beef, with Shakespeare on board, under conditions of such splendour, should have turned them to sulky schoolboys, none can tell. Tinned beef is cold eating, though; and salt water spoils biscuits; and the waves tumble and lollop much the same hour after hour—tumble and lollop all across the horizon. Now a spray of seaweed floats past-now a log of wood. Ships have been wrecked here. One or two go past, keeping their own side of the road. Timmy knew where they were bound, what their cargoes were, and, by looking through his glass, could tell the name of the line, and even guess what dividends it paid its shareholders. Yet that was no reason for Jacob to turn sulky.

Capítulo cuatro

¿De qué sirve tratar de leer Shakespeare, especialmente en uno de esas pequeñas ediciones de papel biblia cuyas páginas se arrugan, o se pegan, por el agua del mar? Aun si las obras de Shakespeare han sido frecuentemente elogiadas, incluso citadas, y colocadas por encima de los griegos, Jacob nunca, desde que empezaron el viaje, logró leer una entera. Y sin embargo, ¡qué oportunidad!

Porque las islas Sorlingas habían sido avistadas por Timmy Durrant, descansando como cumbres montañosas, casi al ras del agua, exactamente en el lugar correcto. Sus cálculos habían obrado a la perfección y en realidad, la imagen de él, allí sentado, con su mano en el timón, las mejillas sonrojadas y cubiertas por un poco de barba, mirando severamente a las estrellas, luego a la brújula, descifrando de manera completamente correcta su página del manual eterno, hubiera emocionado a una mujer. Jacob, por supuesto, no era una mujer. La imagen de Timmy Durrant no era esa clase de imagen para él, nada para colocar en el cielo y adorar; lejos de ello. Habían disputado. Por qué la manera correcta de abrir una lata de picadillo de carne, con Shakespeare a bordo, bajo condiciones de un tal esplendor, tiene que haberlos convertido en estudiantes malhumorados, nadie lo puede decir. El picadillo de carne no es más que una comida fría, sin embargo; y el agua salada arruina las galletas; y las olas danzan y caracolean de la misma manera hora tras hora; danzan y caracolean a través de todo el horizonte. Ora un manojo de algas marinas pasa flotando; ora un tronco de madera. Hay barcos que han naufragado aquí. Pasan uno o dos barcos, manteniendo su lado de la ruta. Timmy sabía cuáles eran sus destinos, cuáles eran sus cargas, y, mirando por su catalejo, podía decir el nombre de las líneas e incluso estimar los dividendos que pagarían a sus accionistas. Sin embargo esa no era una razón para que Jacob se malhumore.

The Scilly Isles had the look of mountain-tops almost a-wash.... Unfortunately, Jacob broke the pin of the Primus stove.

The Scilly Isles might well be obliterated by a roller sweeping straight across.

But one must give young men the credit of admitting that, though breakfast eaten under these circumstances is grim, it is sincere enough. No need to make conversation. They got out their pipes.

Timmy wrote up some scientific observations; and—what was the question that broke the silence—the exact time or the day of the month? anyhow, it was spoken without the least awkwardness; in the most matter-of-fact way in the world; and then Jacob began to unbutton his clothes and sat naked, save for his shirt, intending, apparently, to bathe.

The Scilly Isles were turning bluish; and suddenly blue, purple, and green flushed the sea; left it grey; struck a stripe which vanished; but when Jacob had got his shirt over his head the whole floor of the waves was blue and white, rippling and crisp, though now and again a broad purple mark appeared, like a bruise; or there floated an entire emerald tinged with yellow. He plunged. He gulped in water, spat it out, struck with his right arm, struck with his left, was towed by a rope, gasped, splashed, and was hauled on board.

The seat in the boat was positively hot, and the sun warmed his back as he sat naked with a towel in his hand, looking at the Scilly Isles which—confound it! the sail flapped. Shakespeare was knocked overboard. There you could see him floating merrily

Las islas Sorlingas parecían cumbres montañosas, casi al ras del agua... Desafortunadamente, Jacob rompió la lengüeta de la hornilla a keroseno.

Las islas Sorlingas bien podían ser obliteradas por la marejada, barriendo todo a su paso.

Pero uno debe reconocer el mérito de los jóvenes y admitir que, a pesar que un desayuno comido ante tales circunstancias es sombrío, es también lo suficientemente sincero. No hay necesidad de mantener una conversación. Sacaron sus pipas.

Timmy escribió algunas observaciones científicas y... cualquiera que fuera la pregunta que rompió el silencio... ¿la hora exacta o el día del mes? En todo caso, fue dicha sin el menor embarazo, de la manera más prosaica del mundo; y entonces Jacob comenzó a desabotonar su ropa y se sentó desnudo, salvo por su camisa, intentando, aparentemente, bañarse.

Las islas Sorlingas se fueron azulando; y de pronto el azul, el púrpura y el verde inundaron el mar; lo dejaron gris; lo golpeó un rayo de luz que luego se desvaneció; pero, cuando Jacob se sacó la camisa por la cabeza, el piso completo de las olas era azul y blanco; estaba rizado y crispado, aun cuando una y otra vez una amplia marca púrpura aparecía, como un moretón; o flotaba como una esmeralda entera matizada de amarillo. Él se zambulló. Tragó agua, la escupió, dio un golpe con su brazo derecho, dio un golpe con su brazo izquierdo, fue remolcado con una soga, boqueó, chapoteó, y fue alzado a bordo.

El asiento en el bote estaba realmente caliente y el sol entibiaba su espalda mientras se sentaba desnudo con una toalla en su mano, mirando a las islas Sorlingas las que... ¡Maldita sea! La vela batió. Shakespeare fue expedido por encima de la borda. Allí se

away, with all his pages ruffling innumerably; and then he went under.

Strangely enough, you could smell violets, or if violets were impossible in July, they must grow something very pungent on the mainland then. The mainland, not so very far off—you could see clefts in the cliffs, white cottages, smoke going up—wore an extraordinary look of calm, of sunny peace, as if wisdom and piety had descended upon the dwellers there. Now a cry sounded, as of a man calling pilchards in a main street. It wore an extraordinary look of piety and peace, as if old men smoked by the door, and girls stood, hands on hips, at the well, and horses stood; as if the end of the world had come, and cabbage fields and stone walls, and coast-guard stations, and, above all, the white sand bays with the waves breaking unseen by any one, rose to heaven in a kind of ecstasy.

But imperceptibly the cottage smoke droops, has the look of a mourning emblem, a flag floating its caress over a grave. The gulls, making their broad flight and then riding at peace, seem to mark the grave.

No doubt if this were Italy, Greece, or even the shores of Spain, sadness would be routed by strangeness and excitement and the nudge of a classical education. But the Cornish hills have stark chimneys standing on them; and, somehow or other, loveliness is infernally sad. Yes, the chimneys and the coast-guard stations and the little bays with the waves breaking unseen by any one make one remember the overpowering sorrow. And what can this sorrow be?

lo veía flotando alegremente, con todas sus páginas arrugándose, incontables; y entonces se hundió.

Extrañamente, uno puede oler violetas, o, si las violetas son imposibles en julio, deben cultivar algo muy acre allí en tierra firme. La tierra firme, no tan alejada... uno puede ver hendiduras en los acantilados, blancas cabañas, humo ascendiendo... lucía una extraordinaria apariencia de calma, de una paz soleada, como si la sabiduría y la piedad hubieran descendido allí sobre los habitantes. Después hubo un grito, como de un hombre vendiendo sardinas en la calle principal. Lucía una extraordinaria apariencia de piedad y paz, como si los viejos fumaran a la puerta, y las muchachas se detuvieran, con las manos sobre sus caderas, en el pozo, y los caballos se detuvieran; como si el fin del mundo estuviera por llegar, y los campos de coles y las paredes de piedra, y las estaciones guardacostas, y, sobre todo, las bahías de arena blanca con las olas quebrándose, sin ser vistas por nadie, se levantaran hacia el cielo en una especie de éxtasis.

Pero, imperceptiblemente, el humo de la cabaña decae, tenía la apariencia de un emblema mortuorio, de una bandera que hace flotar una caricia sobre una tumba. Las gaviotas, trazando amplios vuelos y luego dejándose llevar por el aire en paz, parecían marcar la tumba.

Sin duda, si esto fuera Italia, Grecia o incluso las costas de España, la tristeza sería desechada a favor de la novedad, la excitación y el recuerdo cómplice de una educación clásica. Pero las colinas de Cornualles tienen austeras chimeneas paradas sobre ellas; y, de una u otra manera, el encanto es infernalmente triste. Sí, las chimeneas y las estaciones guardacostas y las pequeñas bahías con las olas quebrándose sin ser vistas por nadie hacen que uno recuerde la pena abrumadora. Y, ¿cuál puede ser esta pena?

It is brewed by the earth itself. It comes from the houses on the coast. We start transparent, and then the cloud thickens. All history backs our pane of glass. To escape is vain.

But whether this is the right interpretation of Jacob's gloom as he sat naked, in the sun, looking at the Land's End, it is impossible to say; for he never spoke a word. Timmy sometimes wondered (only for a second) whether his people bothered him.... No matter. There are things that can't be said. Let's shake it off. Let's dry ourselves, and take up the first thing that comes handy.... Timmy Durrant's notebook of scientific observations.

"Now..." said Jacob.

It is a tremendous argument.

Some people can follow every step of the way, and even take a little one, six inches long, by themselves at the end; others remain observant of the external signs.

The eyes fix themselves upon the poker; the right hand takes the poker and lifts it; turns it slowly round, and then, very accurately, replaces it. The left hand, which lies on the knee, plays some stately but intermittent piece of march music. A deep breath is taken; but allowed to evaporate unused. The cat marches across the hearth-rug. No one observes her.

"That's about as near as I can get to it," Durrant wound up.

The next minute is quiet as the grave.

Es elaborada por la tierra misma. Viene de las casas en la costa. Comenzamos siendo transparentes y luego la nube se espesa. Toda la historia oscurece la placa de cristal que somos. Escapar es en vano.

Pero, en cuanto a si esta es la interpretación correcta de la melancolía de Jacob cuando se sienta desnudo, al sol, mirando hacia Land's End, es imposible decirlo; porque él nunca dijo una palabra. Timmy a veces se pregunta (solo por un segundo) si su familia le molesta... No tiene importancia. Hay cosas que no pueden ser dichas. Dejémoslo de lado. Sequémonos y tomemos la primera cosa que venga a mano... El cuaderno de observaciones científicas de Timmy Durrant.

—Ahora... —dijo Jacob.

Es una discusión tremenda la que tienen.

Algunos pueden seguir cada paso de la marcha, e incluso hacer un pequeño paso de más, de seis pulgadas, por ellos mismos al final; otros se quedan observando las señales externas.

Los ojos se fijan sobre el atizador; la mano derecha toma el atizador y lo levanta; lo torna suavemente, y entonces, sin cometer errores, lo pone en su lugar. La mano izquierda, que descansa en la otra rodilla, toca alguna música de marcha, majestuosa pero intermitentemente. Alguien toma un hondo respiro; pero suelta el aire sin usarlo. La gata marcha a través de la alfombra frente al hogar. Nadie la observa.

—Eso es lo más cerca que puedo arribar de esto —concluyó Durrant.

El próximo minuto fue silencioso como una tumba.

"It follows..." said Jacob.

Only half a sentence followed; but these half-sentences are like flags set on tops of buildings to the observer of external sights down below. What was the coast of Cornwall, with its violet scents, and mourning emblems, and tranquil piety, but a screen happening to hang straight behind as his mind marched up?

"It follows..." said Jacob.

"Yes," said Timmy, after reflection. "That is so."

Now Jacob began plunging about, half to stretch himself, half in a kind of jollity, no doubt, for the strangest sound issued from his lips as he furled the sail, rubbed the platesgruff, tuneless—a sort of pasan, for having grasped the argument, for being master of the situation, sunburnt, unshaven, capable into the bargain of sailing round the world in a ten-ton yacht, which, very likely, he would do one of these days instead of settling down in a lawyer's office, and wearing spats.

"Our friend Masham," said Timmy Durrant, "would rather not be seen in our company as we are now." His buttons had come off.

"D'you know Masham's aunt?" said Jacob.

"Never knew he had one," said Timmy.

"Masham has millions of aunts," said Jacob.

"Masham is mentioned in Domesday Book," said Timmy.

—Se sigue... —dijo Jacob.

Solo siguió una media frase; pero estas medias frases son como banderas puestas en las cimas de los edificios para el observador de cosas externas, allí abajo. ¿Qué era la costa de Cornualles, con sus aromas a violetas, y sus emblemas mortuorios, y su piedad tranquila, sino una pantalla que por casualidad se tiene justo detrás, mientras su mente avanza?

—Se sigue... —dijo Jacob.

—Sí —dijo Timmy, luego de reflexionar—. Es así.

Ahora Jacob empezó a agitarse de un lado al otro, un poco para estirarse, un poco en una clase de jovialidad, sin duda, porque el más extraño sonido salió de sus labios mientras enrollaba la vela, frotaba los platos... roncos, disonantes... una suerte de elegía, por haber comprendido el razonamiento, por ser el dueño de la situación, bronceado, sin afeitar, capaz para colmo de navegar alrededor del mundo en un yate de diez toneladas, lo que, muy probablemente, hará uno de estos días en vez de echar raíces en la oficina de un abogado, y vestir polainas.

—Sería mejor que nuestro amigo Masham —dijo Timmy Durrant— no fuera visto en nuestra compañía tal como estamos ahora. Sus botones estaban desabrochados.

—¿Conoces a la tía de Masham? —dijo Jacob.

—Nunca supe que tenía una —dijo Timmy.

—Masham tiene millones de tías —dijo Jacob.

—Masham es mencionado en el *Domesday Book* —dijo Timmy.

"So are his aunts," said Jacob.

"His sister," said Timmy, "is a very pretty girl."

"That's what'll happen to you, Timmy," said Jacob.

"It'll happen to you first," said Timmy.

"But this woman I was telling you about—Masham's aunt—"

"Oh, do get on," said Timmy, for Jacob was laughing so much that he could not speak.

"Masham's aunt..."

Timmy laughed so much that he could not speak.

"Masham's aunt..."

"What is there about Masham that makes one laugh?" said Timmy.

"Hang it all—a man who swallows his tie-pin," said Jacob.

"Lord Chancellor before he's fifty," said Timmy.

"He's a gentleman," said Jacob.

"The Duke of Wellington was a gentleman," said Timmy.

"Keats wasn't."

—Como sus tías —dijo Jacob.

—Su hermana —dijo Timmy— es una bonita muchacha.

—Eso es lo que te tocará, Timmy —dijo Jacob.

—Te tocará primero a ti —dijo Timmy.

—Pero esta mujer de la que te estaba hablando... la tía de Masham...

—¡Vamos, continúa! —dijo Timmy, porque Jacob estaba riendo tanto que no podía hablar.

—La tía de Masham...

Timmy reía tanto que no podía hablar.

—La tía de Masham...

—¿Qué pasa con Masham que hace reír tanto? —dijo Timmy.

—¡Maldita sea! Un hombre que traga su alfiler de corbata —dijo Jacob.

—Lord Chancellor antes de los cincuenta —dijo Timmy.

—Él es un caballero —dijo Jacob.

—El duque de Wellington fue un caballero —dijo Timmy.

—Keats no lo fue.

"Lord Salisbury was."

"And what about God?" said Jacob.

The Scilly Isles now appeared as if directly pointed at by a golden finger issuing from a cloud; and everybody knows how portentous that sight is, and how these broad rays, whether they light upon the Scilly Isles or upon the tombs of crusaders in cathedrals, always shake the very foundations of scepticism and lead to jokes about God.

"Abide with me: Fast falls the eventide; The shadows deepen; Lord, with me abide,"

sang Timmy Durrant.

"At my place we used to have a hymn which began

Great God, what do I see and hear?"

said Jacob.

Gulls rode gently swaying in little companies of two or three quite near the boat; the cormorant, as if following his long strained neck in eternal pursuit, skimmed an inch above the water to the next rock; and the drone of the tide in the caves came across the water, low, monotonous, like the voice of some one talking to himself.

"Rock of Ages, cleft for me, Let me hide myself in thee,"

sang Jacob.

Like the blunt tooth of some monster, a rock broke the surface;

—Lord Salisbury lo fue.

—¿Y qué hay con Dios? —dijo Jacob.

Ahora parecía que las islas Sorlingas fueran apuntadas directamente por un dedo dorado saliendo de una nube; y todos saben lo portentosa que puede ser una vista así, y cómo esos anchos rayos, ya sea que iluminen sobre las islas Sorlingas o las tumbas de las cruzados en las catedrales, siempre hacen temblar las fundaciones mismas del escepticismo y llevan a bromear acerca de Dios.

—*Habita conmigo: / La noche cae rápida; / Las sombras se espesan; / Señor, habita conmigo.*

—cantó Timmy Durrant.

—En mi casa teníamos un himno que comenzaba así:

Gran Dios, ¿qué veo y oigo?

—dijo Jacob.

Las gaviotas se balanceaban dulcemente en pequeños grupos de dos o tres, muy cerca del barco; el cormorán, como si estuviera persiguiendo eternamente su largo cuello extendido hacia delante, volaba al ras del agua hasta la próxima roca; y el zumbar de la marea en las cavernas se escuchó a través del agua, bajo, monótono, como la voz de alguien que se habla a sí mismo.

—*Roca anciana, hendida por mí, / Déjame esconderme en ti.*

—cantó Jacob.

Como el diente desafilado de algún monstruo, una roca rompió

brown; overflown with perpetual waterfalls.

"Rock of Ages,"

Jacob sang, lying on his back, looking up into the sky at midday, from which every shred of cloud had been withdrawn, so that it was like something permanently displayed with the cover off.

By six o'clock a breeze blew in off an icefield; and by seven the water was more purple than blue; and by half-past seven there was a patch of rough gold-beater's skin round the Scilly Isles, and Durrant's face, as he sat steering, was of the colour of a red lacquer box polished for generations. By nine all the fire and confusion had gone out of the sky, leaving wedges of apple-green and plates of pale yellow; and by ten the lanterns on the boat were making twisted colours upon the waves, elongated or squat, as the waves stretched or humped themselves. The beam from the lighthouse strode rapidly across the water. Infinite millions of miles away powdered stars twinkled; but the waves slapped the boat, and crashed, with regular and appalling solemnity, against the rocks.

Although it would be possible to knock at the cottage door and ask for a glass of milk, it is only thirst that would compel the intrusion. Yet perhaps Mrs. Pascoe would welcome it. The summer's day may be wearing heavy. Washing in her little scullery, she may hear the cheap clock on the mantelpiece tick, tick, tick ... tick, tick, tick. She is alone in the house. Her husband is out helping Farmer Hosken; her daughter married and gone to America. Her elder son is married too, but she does not agree with his wife. The Wesleyan minister came along and took the younger boy. She is alone in the house. A steamer, probably bound for Cardiff, now crosses the horizon, while near at hand one bell of a foxglove

la superficie; marrón; desbordada por las perpetuas cascadas.

—*Roca anciana...*

—cantó Jacob, descansando sobre su espalda, mirando hacia arriba al cielo del mediodía, desde donde cada fragmento de nube se había retirado, de tal manera que era como algo permanentemente exhibido al descubierto.

Hacia las seis una brisa sopló desde una capa de hielo; y hacia las siete el agua era más púrpura que azul; y hacia las siete y media había una zona de áspera tripa alrededor de las islas Sorlingas, y el rostro de Durrant, sentado al timón, era del color de una caja laqueada de rojo, pulida por generaciones. Hacia las nueve todo el fuego y la confusión se habían ido del cielo, dejando porciones de verde manzana y placas de amarillo pálido; y hacia las diez las linternas del barco emitían colores que se torcían en las olas, se alargaban o se aplastaban, mientras las olas se extendían o se enrollaban. El rayo del faro barría rápidamente a través del agua. Infinitos millones de millas más allá centellearon las estrellas pulverizadas; pero las olas sacudían el bote, y se estrellaban, con una solemnidad regular y aterradora, contra las rocas.

Aunque sería posible golpear a la puerta de la cabaña y pedir un vaso de leche, la intrusión sería solo impulsada por la sed. Y con todo quizás Mrs Pascoe estaría feliz. Puede ser que el día de verano se torne cansador a la larga. Lavando en su pequeño fregadero, ella puede oír el reloj barato sobre la repisa: tictac, tictac, tictac ... tictac, tictac, tictac. Está sola en la casa. Su marido salió a ayudar al granjero Hosken; su hija se casó y se fue a los Estados Unidos. Su hijo mayor está casado también, pero ella no se lleva bien con su nuera. El pastor wesleyano vino y tomó al hijo más joven. Está sola en la casa. Un barco a vapor, tal vez con Cardiff por destino, cruza ahora el horizonte, mientras que muy cerca una campana

swings to and fro with a bumble-bee for clapper. These white Cornish cottages are built on the edge of the cliff; the garden grows gorse more readily than cabbages; and for hedge, some primeval man has piled granite boulders. In one of these, to hold, an historian conjectures, the victim's blood, a basin has been hollowed, but in our time it serves more tamely to seat those tourists who wish for an uninterrupted view of the Gurnard's Head. Not that any one objects to a blue print dress and a white apron in a cottage garden.

"Look—she has to draw her water from a well in the garden."

"Very lonely it must be in winter, with the wind sweeping over those hills, and the waves dashing on the rocks."

Even on a summer's day you hear them murmuring.

Having drawn her water, Mrs. Pascoe went in. The tourists regretted that they had brought no glasses, so that they might have read the name of the tramp steamer. Indeed, it was such a fine day that there was no saying what a pair of field-glasses might not have fetched into view. Two fishing luggers, presumably from St. Ives Bay, were now sailing in an opposite direction from the steamer, and the floor of the sea became alternately clear and opaque. As for the bee, having sucked its fill of honey, it visited the teasle and thence made a straight line to Mrs. Pascoe's patch, once more directing the tourists' gaze to the old woman's print dress and white apron, for she had come to the door of the cottage and was standing there.

There she stood, shading her eyes and looking out to sea.

de dedalera se balancea aquí y allá con un abejorro por badajo. Estas blancas cabañas de Cornualles están construidas al borde del arrecife; los jardines crecen el tojo mejor que las coles; y, por seto, algunos hombres primitivos han apilado bloques de granito. En uno de estos, para sostener, así conjetura un historiador, la sangre de la víctima, se ha ahuecado un cuenco, pero en nuestros días tiene un uso más doméstico sentando turistas que desean una vista ininterrumpida de Gurnard's Head. Nadie se opone a un vestido impreso en azul y un delantal blanco en el jardín de una cabaña, de todos modos.

—Mira, ella tiene que sacar agua del pozo en el jardín.

—Debe ser muy solitario en invierno, con el viento barriendo sobre esas colinas, y las olas estrellándose en las rocas.

Incluso en un día de verano uno los escucha murmurar.

Habiendo sacado su agua, Mrs Pascoe entró. Los turistas lamentaron que no habían traído gemelos, así hubieran podido leer el nombre del vapor de cabotaje. De hecho, era un día tan agradable que no era posible decir lo que un par de gemelos no hubieran permitido ver. Dos lugres pesqueros, probablemente de la bahía de St Ives, navegaban ahora en dirección opuesta al barco a vapor, y el piso del mar se tornaba alternadamente claro y opaco. En cuanto a la abeja, habiendo hecho su cuota de miel, visitó el cardón y luego fue en línea recta a la parcela de Mrs Pascoe, atrayendo una vez más la mirada de los turistas hacia el vestido impreso y el delantal blanco, porque ella se había llegado a la puerta de la cabaña y estaba parada allí.

Allí se quedó parada, haciendo sombra sobre sus ojos y mirando hacia el mar.

For the millionth time, perhaps, she looked at the sea. A peacock butterfly now spread himself upon the teasle, fresh and newly emerged, as the blue and chocolate down on his wings testified. Mrs. Pascoe went indoors, fetched a cream pan, came out, and stood scouring it. Her face was assuredly not soft, sensual, or lecherous, but hard, wise, wholesome rather, signifying in a room full of sophisticated people the flesh and blood of life. She would tell a lie, though, as soon as the truth. Behind her on the wall hung a large dried skate. Shut up in the parlour she prized mats, china mugs, and photographs, though the mouldy little room was saved from the salt breeze only by the depth of a brick, and between lace curtains you saw the gannet drop like a stone, and on stormy days the gulls came shuddering through the air, and the steamers' lights were now high, now deep. Melancholy were the sounds on a winter's night.

The picture papers were delivered punctually on Sunday, and she pored long over Lady Cynthia's wedding at the Abbey. She, too, would have liked to ride in a carriage with springs. The soft, swift syllables of educated speech often shamed her few rude ones. And then all night to hear the grinding of the Atlantic upon the rocks instead of hansom cabs and footmen whistling for motor cars. ... So she may have dreamed, scouring her cream pan. But the talkative, nimble-witted people have taken themselves to towns. Like a miser, she has hoarded her feelings within her own breast. Not a penny piece has she changed all these years, and, watching her enviously, it seems as if all within must be pure gold.

The wise old woman, having fixed her eyes upon the sea, once more withdrew. The tourists decided that it was time to move on to the Gurnard's Head.

Por la millonésima vez, quizás, miraba el mar. Una mariposa pavo real se desplegó sobre el cardón, fresca y recién salida de la crisálida, como lo testificaba el azul y el chocolate bajo sus alas. Mrs Pascoe entró, tomó una cacerola para leche, salió, y se quedó parada fregándola. Sin duda su cara no era suave, ni sensual o lasciva, sino dura, sabia, más bien sana, tanto que en un cuarto lleno de gente refinada hubiera representado la carne y la sangre de la vida. Decía mentiras tanto como verdades. Detrás de ella, en la pared, colgaba una gran raya seca. Encerrada en el salón atesoraba los tapetes, las tazas de porcelana y las fotografías, aunque el pequeño cuarto mohoso estaba protegido de la brisa salina solo por la profundidad de un ladrillo, y entre las cortinas de encaje uno veía al alcatraz caer como una piedra, y en días tormentosos las gaviotas venían estremeciéndose en el aire, y las luces de los vapores estaban ora altas, ora bajas. Melancolía, eran los sonidos de las noches de invierno.

Los periódicos ilustrados eran entregados puntualmente los domingos, y ella leía cuidadosamente sobre la boda de Lady Cynthia en la abadía de Westminster. También ella quisiera montar en un carruaje de muelles. Las sílabas suaves y ligeras del discurso educado a menudo avergonzaban las suyas, pocas y rudas. Y después, toda la noche escuchando el Atlántico machacando sobre las rocas en vez de los taxis y de los lacayos llamando los automóviles a silbidos... Así debe haber soñado, fregando su cacerola para leche. Pero la gente habladora, con el espíritu vivaz, se había ido a las ciudades. Como una avara, ella había acumulado sus sentimientos dentro de su propio pecho. No había gastado un solo penique durante todos esos años y, mirándola con envidia, parece como si todo en ella fuera oro puro.

La vieja mujer sabia, fijando los ojos en el mar, se retiró una vez más. Los turistas decidieron que era tiempo de continuar hacia Gurnard's Head.

Three seconds later Mrs. Durrant rapped upon the door.

"Mrs. Pascoe?" she said.

Rather haughtily, she watched the tourists cross the field path. She came of a Highland race, famous for its chieftains.

Mrs. Pascoe appeared.

"I envy you that bush, Mrs. Pascoe," said Mrs. Durrant, pointing the parasol with which she had rapped on the door at the fine clump of St. John's wort that grew beside it. Mrs. Pascoe looked at the bush deprecatingly.

"I expect my son in a day or two," said Mrs. Durrant. "Sailing from Falmouth with a friend in a little boat. ... Any news of Lizzie yet, Mrs. Pascoe?"

Her long-tailed ponies stood twitching their ears on the road twenty yards away. The boy, Curnow, flicked flies off them occasionally. He saw his mistress go into the cottage; come out again; and pass, talking energetically to judge by the movements of her hands, round the vegetable plot in front of the cottage. Mrs. Pascoe was his aunt. Both women surveyed a bush. Mrs. Durrant stooped and picked a sprig from it. Next she pointed (her movements were peremptory; she held herself very upright) at the potatoes. They had the blight. All potatoes that year had the blight. Mrs. Durrant showed Mrs. Pascoe how bad the blight was on her potatoes. Mrs. Durrant talked energetically; Mrs. Pascoe listened submissively. The boy Curnow knew that Mrs. Durrant was saying that it is perfectly simple; you mix the powder in a gallon of water; "I have done it with my own hands in my own garden," Mrs. Dur-

Tres segundos más tarde Mrs Durrant llamó suavemente a la puerta.

—¿Mrs Pascoe? —dijo ella.

Más bien arrogante, miró a los turistas cruzando el camino del campo. Ella venía de una raza de las Highlands, famosa por sus caciques.

Mrs Pascoe apareció.

—Le envidio ese arbusto, Mrs Pascoe —dijo Mrs Durrant, apuntando con el parasol con el que había llamado suavemente a la puerta la fina mata de corazoncillos que crecía al costado. Mrs Pascoe miró el arbusto con desdén.

—Estoy esperando a mi hijo en un día o dos —dijo Mrs Durrant—, navegando desde Falmouth con un amigo en un pequeño barco... ¿Alguna noticia de Lizzie, Mrs Pascoe?

Sus ponis de larga cola se quedaron en la ruta, a veinte yardas, crispando sus orejas. El muchacho, Curnow, quitaba las moscas sobre ellos de vez en cuando. Vio a su señora ir a la cabaña; salir; y, hablando enérgicamente a juzgar por los movimientos de sus manos, contornear el cuadro de hortalizas frente a la cabaña. Mrs Pascoe era su tía. Las dos mujeres examinaban un arbusto. Mrs Durrant se inclinó y tomó una espiga de él. Luego señaló (sus movimientos eran perentorios, se mantenía bien erguida) a las patatas. Tenían roya. Todas las patatas tenían roya ese año. Mrs Durrant le mostró a Mrs Pascoe lo grave que era la roya en sus patatas. Mrs Durrant hablaba enérgicamente; Mrs Pascoe escuchaba sumisa. El muchacho Curnow sabía que lo que Mrs Durrant estaba diciendo era perfectamente simple, uno mezcla el polvo en un galón de agua; «lo he hecho en mi jardín, con mis propias

rant was saying.

"You won't have a potato left—you won't have a potato left," Mrs. Durrant was saying in her emphatic voice as they reached the gate. The boy Curnow became as immobile as stone.

Mrs. Durrant took the reins in her hands and settled herself on the driver's seat.

"Take care of that leg, or I shall send the doctor to you," she called back over her shoulder; touched the ponies; and the carriage started forward. The boy Curnow had only just time to swing himself up by the toe of his boot. The boy Curnow, sitting in the middle of the back seat, looked at his aunt.

Mrs. Pascoe stood at the gate looking after them; stood at the gate till the trap was round the corner; stood at the gate, looking now to the right, now to the left; then went back to her cottage.

Soon the ponies attacked the swelling moor road with striving forelegs. Mrs. Durrant let the reins fall slackly, and leant backwards. Her vivacity had left her. Her hawk nose was thin as a bleached bone through which you almost see the light. Her hands, lying on the reins in her lap, were firm even in repose. The upper lip was cut so short that it raised itself almost in a sneer from the front teeth. Her mind skimmed leagues where Mrs. Pascoe's mind adhered to its solitary patch. Her mind skimmed leagues as the ponies climbed the hill road. Forwards and backwards she cast her mind, as if the roofless cottages, mounds of slag, and cottage gardens overgrown with foxglove and bramble cast shade upon her mind. Arrived at the summit, she stopped the carriage. The pale hills were round her, each scattered with ancient stones; beneath was the sea, variable as a southern sea; she herself sat there

manos en mi propio jardín», estaba diciendo Mrs Durrant.

—No le quedará ni una patata... no le quedará ni una patata —decía Mrs Durrant con su voz enfática mientras llegaban al pórtico. El muchacho Curnow se quedó inmóvil como una piedra.

Mrs Durrant tomó las riendas en sus manos y se colocó en el asiento del conductor.

—Cuídese esa pierna, o tendré que enviarle el doctor —espetó sobre su hombro, tomó la rienda de los ponis, y el carruaje se dirigió hacia delante. El muchacho Curnow apenas si tuvo tiempo de pivotar para arriba con la punta de su bota. El muchacho Curnow, sentándose en medio del asiento trasero, miró a su tía.

Mrs Pascoe se quedó parada en el pórtico mirándolos; se quedó parada en el pórtico hasta que el cabriolé dobló la esquina; se quedó parada en el pórtico, mirando ora a la derecha, ora a la izquierda; y luego volvió a su cabaña.

Pronto los ponis atacaron el camino engrosado del páramo con esforzadas patas delanteras. Mrs Durrant dejó caer las riendas, flojas, y se reclinó hacia atrás. Su vivacidad la había abandonado. Su nariz de halcón era fina, como un hueso blanqueado, a través de ella uno casi podía ver la luz. Sus manos, descansando sobre las riendas en su regazo, eran firmes aun cuando reposaba. El labio superior se interrumpía tan corto que se levantaba solo desde los dientes delanteros, casi con desprecio. Su mente sobrevolaba leguas mientras la mente de Mrs Pascoe se adhería a su parcela solitaria. Su mente sobrevolaba leguas mientras los ponis subían el camino de la colina. Proyectaba su mente adelante y atrás, como si las cabañas sin techo, los montones de escoria y los jardines de las cabañas cubiertas de dedalera y zarza hicieran sombra sobre su mente. Llegada a la cima, detuvo el carruaje. Las pálidas

looking from hill to sea, upright, aquiline, equally poised between gloom and laughter. Suddenly she flicked the ponies so that the boy Curnow had to swing himself up by the toe of his boot.

The rooks settled; the rooks rose. The trees which they touched so capriciously seemed insufficient to lodge their numbers. The tree-tops sang with the breeze in them; the branches creaked audibly and dropped now and then, though the season was midsummer, husks or twigs. Up went the rooks and down again, rising in lesser numbers each time as the sager birds made ready to settle, for the evening was already spent enough to make the air inside the wood almost dark. The moss was soft; the tree-trunks spectral. Beyond them lay a silvery meadow. The pampas grass raised its feathery spears from mounds of green at the end of the meadow. A breadth of water gleamed. Already the convolvulus moth was spinning over the flowers. Orange and purple, nasturtium and cherry pie, were washed into the twilight, but the tobacco plant and the passion flower, over which the great moth spun, were white as china. The rooks creaked their wings together on the tree-tops, and were settling down for sleep when, far off, a familiar sound shook and trembled—increased —fairly dinned in their ears—scared sleepy wings into the air again— the dinner bell at the house.

After six days of salt wind, rain, and sun, Jacob Flanders had put on a dinner jacket. The discreet black object had made its appearance now and then in the boat among tins, pickles, preserved meats, and as the voyage went on had become more and more

Por la millonésima vez, quizás, miraba el mar. Una mariposa pavo real se desplegó sobre el cardón, fresca y recién salida de la crisálida, como lo testificaba el azul y el chocolate bajo sus alas. Mrs Pascoe entró, tomó una cacerola para leche, salió, y se quedó parada fregándola. Sin duda su cara no era suave, ni sensual o lasciva, sino dura, sabia, más bien sana, tanto que en un cuarto lleno de gente refinada hubiera representado la carne y la sangre de la vida. Decía mentiras tanto como verdades. Detrás de ella, en la pared, colgaba una gran raya seca. Encerrada en el salón atesoraba los tapetes, las tazas de porcelana y las fotografías, aunque el pequeño cuarto mohoso estaba protegido de la brisa salina solo por la profundidad de un ladrillo, y entre las cortinas de encaje uno veía al alcatraz caer como una piedra, y en días tormentosos las gaviotas venían estremeciéndose en el aire, y las luces de los vapores estaban ora altas, ora bajas. Melancolía, eran los sonidos de las noches de invierno.

Los periódicos ilustrados eran entregados puntualmente los domingos, y ella leía cuidadosamente sobre la boda de Lady Cynthia en la abadía de Westminster. También ella quisiera montar en un carruaje de muelles. Las sílabas suaves y ligeras del discurso educado a menudo avergonzaban las suyas, pocas y rudas. Y después, toda la noche escuchando el Atlántico machacando sobre las rocas en vez de los taxis y de los lacayos llamando los automóviles a silbidos... Así debe haber soñado, fregando su cacerola para leche. Pero la gente habladora, con el espíritu vivaz, se había ido a las ciudades. Como una avara, ella había acumulado sus sentimientos dentro de su propio pecho. No había gastado un solo penique durante todos esos años y, mirándola con envidia, parece como si todo en ella fuera oro puro.

La vieja mujer sabia, fijando los ojos en el mar, se retiró una vez más. Los turistas decidieron que era tiempo de continuar hacia Gurnard's Head.

Three seconds later Mrs. Durrant rapped upon the door.

"Mrs. Pascoe?" she said.

Rather haughtily, she watched the tourists cross the field path. She came of a Highland race, famous for its chieftains.

Mrs. Pascoe appeared.

"I envy you that bush, Mrs. Pascoe," said Mrs. Durrant, pointing the parasol with which she had rapped on the door at the fine clump of St. John's wort that grew beside it. Mrs. Pascoe looked at the bush deprecatingly.

"I expect my son in a day or two," said Mrs. Durrant. "Sailing from Falmouth with a friend in a little boat. ... Any news of Lizzie yet, Mrs. Pascoe?"

Her long-tailed ponies stood twitching their ears on the road twenty yards away. The boy, Curnow, flicked flies off them occasionally. He saw his mistress go into the cottage; come out again; and pass, talking energetically to judge by the movements of her hands, round the vegetable plot in front of the cottage. Mrs. Pascoe was his aunt. Both women surveyed a bush. Mrs. Durrant stooped and picked a sprig from it. Next she pointed (her movements were peremptory; she held herself very upright) at the potatoes. They had the blight. All potatoes that year had the blight. Mrs. Durrant showed Mrs. Pascoe how bad the blight was on her potatoes. Mrs. Durrant talked energetically; Mrs. Pascoe listened submissively. The boy Curnow knew that Mrs. Durrant was saying that it is perfectly simple; you mix the powder in a gallon of water; "I have done it with my own hands in my own garden," Mrs. Dur-

Tres segundos más tarde Mrs Durrant llamó suavemente a la puerta.

—¿Mrs Pascoe? —dijo ella.

Más bien arrogante, miró a los turistas cruzando el camino del campo. Ella venía de una raza de las Highlands, famosa por sus caciques.

Mrs Pascoe apareció.

—Le envidio ese arbusto, Mrs Pascoe —dijo Mrs Durrant, apuntando con el parasol con el que había llamado suavemente a la puerta la fina mata de corazoncillos que crecía al costado. Mrs Pascoe miró el arbusto con desdén.

—Estoy esperando a mi hijo en un día o dos —dijo Mrs Durrant—, navegando desde Falmouth con un amigo en un pequeño barco... ¿Alguna noticia de Lizzie, Mrs Pascoe?

Sus ponis de larga cola se quedaron en la ruta, a veinte yardas, crispando sus orejas. El muchacho, Curnow, quitaba las moscas sobre ellos de vez en cuando. Vio a su señora ir a la cabaña; salir; y, hablando enérgicamente a juzgar por los movimientos de sus manos, contornear el cuadro de hortalizas frente a la cabaña. Mrs Pascoe era su tía. Las dos mujeres examinaban un arbusto. Mrs Durrant se inclinó y tomó una espiga de él. Luego señaló (sus movimientos eran perentorios, se mantenía bien erguida) a las patatas. Tenían roya. Todas las patatas tenían roya ese año. Mrs Durrant le mostró a Mrs Pascoe lo grave que era la roya en sus patatas. Mrs Durrant hablaba enérgicamente; Mrs Pascoe escuchaba sumisa. El muchacho Curnow sabía que lo que Mrs Durrant estaba diciendo era perfectamente simple, uno mezcla el polvo en un galón de agua; «lo he hecho en mi jardín, con mis propias

rant was saying.

"You won't have a potato left—you won't have a potato left," Mrs. Durrant was saying in her emphatic voice as they reached the gate. The boy Curnow became as immobile as stone.

Mrs. Durrant took the reins in her hands and settled herself on the driver's seat.

"Take care of that leg, or I shall send the doctor to you," she called back over her shoulder; touched the ponies; and the carriage started forward. The boy Curnow had only just time to swing himself up by the toe of his boot. The boy Curnow, sitting in the middle of the back seat, looked at his aunt.

Mrs. Pascoe stood at the gate looking after them; stood at the gate till the trap was round the corner; stood at the gate, looking now to the right, now to the left; then went back to her cottage.

Soon the ponies attacked the swelling moor road with striving forelegs. Mrs. Durrant let the reins fall slackly, and leant backwards. Her vivacity had left her. Her hawk nose was thin as a bleached bone through which you almost see the light. Her hands, lying on the reins in her lap, were firm even in repose. The upper lip was cut so short that it raised itself almost in a sneer from the front teeth. Her mind skimmed leagues where Mrs. Pascoe's mind adhered to its solitary patch. Her mind skimmed leagues as the ponies climbed the hill road. Forwards and backwards she cast her mind, as if the roofless cottages, mounds of slag, and cottage gardens overgrown with foxglove and bramble cast shade upon her mind. Arrived at the summit, she stopped the carriage. The pale hills were round her, each scattered with ancient stones; beneath was the sea, variable as a southern sea; she herself sat there

colinas la rodeaban, cada una sembrada con viejas rocas; debajo estaba el mar, variable como el mar meridional; ella misma se sentaba mirando desde la colina hacia el mar, erguida, aquilina, igualmente inclinada a la melancolía que a la risa. Repentinamente dio un coletazo a los ponis de tal manera que el muchacho Curnow tuvo que pivotar para arriba con la punta de su bota.

Los grajos se asentaron; los grajos levantaron vuelo. Los árboles que ellos tocaban tan caprichosamente parecían insuficientes para alojar ese enorme número. Las copas de los árboles cantaron con la brisa en su interior; se escuchaba crujir las ramas y caer de vez en cuando, aunque la estación era pleno verano, cáscaras o ramitas. Los grajos fueron hacia arriba y hacia abajo nuevamente, levantando vuelo cada vez en menor número cuando los pájaros más sabios estaban listos para asentarse, porque la tarde ya había avanzado lo suficiente como para que el aire dentro del bosque esté casi oscuro. El musgo era suave; espectrales los troncos de los árboles. Más allá de ellos yacía un prado plateado. La hierba de las pampas levantó sus lanzas emplumadas desde los montones de verde al final del prado. Una gran banda de agua destelló. La esfinge de la correhuela giraba sobre las flores. De naranja y púrpura, capuchinas y laureles de San Antonio fueron bañados en el crepúsculo, pero la planta de tabaco y la pasionaria, sobre la cual giraba la gran mariposa nocturna, estaban blancas como la porcelana. Los grajos juntaban sus alas y las hacían rechinar en las copas de los árboles, y se estaban asentando para dormir cuando, a lo lejos, un sonido familiar se desató e hizo temblar el aire, aumentó, aturdió sus oídos... alas asustadas y adormecidas en el aire nuevamente... la campana de la cena en la casa.

Luego de seis días de viento salado, lluvia y sol, Jacob Flanders se había puesto el esmoquin. El objeto negro y discreto había hecho una aparición de tanto en tanto en el barco entre las latas, las salmueras, carnes en conserva y, mientras el viaje continuaba,

irrelevant, hardly to be believed in. And now, the world being stable, lit by candle-light, the dinner jacket alone preserved him. He could not be sufficiently thankful. Even so his neck, wrists, and face were exposed without cover, and his whole person, whether exposed or not, tingled and glowed so as to make even black cloth an imperfect screen. He drew back the great red hand that lay on the table-cloth. Surreptitiously it closed upon slim glasses and curved silver forks. The bones of the cutlets were decorated with pink frills- and yesterday he had gnawn ham from the bone! Opposite him were hazy, semi-transparent shapes of yellow and blue. Behind them, again, was the grey-green garden, and among the pear-shaped leaves of the escallonia fishing-boats seemed caught and suspended. A sailing ship slowly drew past the women's backs. Two or three figures crossed the terrace hastily in the dusk. The door opened and shut. Nothing settled or stayed unbroken. Like oars rowing now this side, now that, were the sentences that came now here, now there, from either side of the table.

"Oh, Clara, Clara!" exclaimed Mrs. Durrant, and Timothy Durrant adding, "Clara, Clara," Jacob named the shape in yellow gauze Timothy's sister, Clara. The girl sat smiling and flushed. With her brother's dark eyes, she was vaguer and softer than he was. When the laugh died down she said: "But, mother, it was true. He said so, didn't he? Miss Eliot agreed with us. ..."

But Miss Eliot, tall, grey-headed, was making room beside her for the old man who had come in from the terrace. The dinner would never end, Jacob thought, and he did not wish it to end, though the ship had sailed from one corner of the window-frame to the other, and a light marked the end of the pier. He saw Mrs.

se había vuelto más y más irrelevante, apenas creíble. Y ahora, el mundo habiéndose estabilizado, alumbrado por las velas, solo el esmoquin lo preservaba. Él no podía estar lo suficientemente agradecido. Aun si su cuello, sus muñecas y su cara estaban expuestos sin protección, y su persona entera, ya esté expuesta o no, le hormigueaba y brillaba intensamente, tanto que hacía del paño negro una pantalla imperfecta. Él retiró la gran mano roja que descansaba sobre el mantel. Subrepticiamente se cerró sobre las delgadas copas de cristal y los curvados tenedores de plata. ¡Los huesos de las chuletas estaban decorados con filigranas de papel rosado... y ayer él había roído jamón del hueso mismo! Frente a él había formas nebulosas, semitransparentes, de amarillo y azul. Detrás de ellas, otra vez, estaba el jardín de verde grisáceo y entre las hojas con forma de pera de la escalonia parecía que había barcos pesqueros atrapados y suspendidos. Un velero pasó lentamente por la espalda de las mujeres. Dos o tres figuras cruzaron la terraza precipitadamente en la oscuridad. La puerta se abrió y se cerró. Nada se asentó y nada quedó ininterrumpido. Como los remos remando ahora por este lado, ahora por este otro, eran las frases que venían ora aquí, ora allá, por cada lado de la mesa.

—¡Oh, Clara, Clara! —exclamó Mrs Durrant, y Timothy Durrant agregaba—: Clara, Clara —Jacob llamó a la forma en gasa amarilla, la hermana de Timothy, Clara. La joven se sentó sonriendo y se sonrojó. Con los ojos oscuros de su hermano, ella era más imprecisa y más suave que él. Cuando la risa fue muriendo ella dijo—: Pero, madre, era verdad. Él lo dijo, ¿no es cierto? Miss Eliot estaba de acuerdo con nosotros...

Pero Miss Eliot, alta, con la cabeza gris, estaba haciendo espacio al costado de ella para el anciano que había venido de la terraza. La cena no terminará jamás, pensó Jacob, y él no quería que terminara, aunque el barco había navegado de una esquina a la otra del marco de la ventana, y una luz marcaba el final del muelle. Vio

Durrant gaze at the light. She turned to him.

"Did you take command, or Timothy?" she said. "Forgive me if I call you Jacob. I've heard so much of you." Then her eyes went back to the sea. Her eyes glazed as she looked at the view.

"A little village once," she said, "and now grown. ..." She rose, taking her napkin with her, and stood by the window.

"Did you quarrel with Timothy?" Clara asked shyly. "I should have."

Mrs. Durrant came back from the window.

"It gets later and later," she said, sitting upright, and looking down the table. "You ought to be ashamed—all of you. Mr. Clutterbuck, you ought to be ashamed." She raised her voice, for Mr. Clutterbuck was deaf.

"We ARE ashamed," said a girl. But the old man with the beard went on eating plum tart. Mrs. Durrant laughed and leant back in her chair, as if indulging him.

"We put it to you, Mrs. Durrant," said a young man with thick spectacles and a fiery moustache. "I say the conditions were fulfilled. She owes me a sovereign."

"Not BEFORE the fish—with it, Mrs. Durrant," said Charlotte Wilding.

"That was the bet; with the fish," said Clara seriously. "Begonias, mother. To eat them with his fish."

la mirada de Mrs Durrant hacia la luz. Ella se volvió hacia él.

—¿Tú tomaste el timón o fue Timothy? —dijo ella—. Perdona si te llamo Jacob. He oído tanto de ti. —Entonces sus ojos se dirigieron nuevamente hacia el mar. Sus ojos se esmaltaron cuando miraba el paisaje.

—Un pequeño pueblo una vez —dijo ella— y ahora tan crecido... —Se levantó, tomando su servilleta con ella, y se quedó parada junto a la ventana.

—¿Discutió con Timothy? —preguntó Clara tímidamente—. Yo lo habría hecho.

Mrs Durrant volvió de la ventana.

—Se está haciendo cada vez más tarde —dijo ella, sentándose erguida y mirando bajo la mesa—. Deberían estar avergonzados, todos ustedes. Mr Clutterbuck, debería estar avergonzado —ella levantó su voz porque Mr Clutterbuck era sordo.

—*Estamos* avergonzados —dijo una joven. Pero el anciano con barba continuó comiendo tarta de ciruela. Mrs Durrant rio y se reclinó sobre la silla, como si lo complaciera.

—Se lo dejamos a su consideración —dijo un joven con gruesas gafas y un bigote de un rojo ardiente—. Yo digo que las condiciones se cumplieron. Ella me debe un soberano.

—No *antes* del pescado, sino *con* él, Mrs Durrant —dijo Charlotte Wilding.

—Esa fue la apuesta, con el pescado —dijo Clara seriamente—. Begonias, madre. Que había que comer con el pescado.

"Oh dear," said Mrs. Durrant.

"Charlotte won't pay you," said Timothy.

"How dare you ..." said Charlotte.

"That privilege will be mine," said the courtly Mr. Wortley, producing a silver case primed with sovereigns and slipping one coin on to the table. Then Mrs. Durrant got up and passed down the room, holding herself very straight, and the girls in yellow and blue and silver gauze followed her, and elderly Miss Eliot in her velvet; and a little rosy woman, hesitating at the door, clean, scrupulous, probably a governess. All passed out at the open door.

"When you are as old as I am, Charlotte," said Mrs. Durrant, drawing the girl's arm within hers as they paced up and down the terrace.

"Why are you so sad?" Charlotte asked impulsively.

"Do I seem to you sad? I hope not," said Mrs. Durrant.

"Well, just now. You're NOT old."

"Old enough to be Timothy's mother." They stopped.

Miss Eliot was looking through Mr. Clutterbuck's telescope at the edge of the terrace. The deaf old man stood beside her, fondling his beard, and reciting the names of the constellations: "Andromeda, Bootes, Sidonia, Cassiopeia. ..."

—Oh, querida —dijo Mrs Durrant.

—Charlotte no te pagará —dijo Timothy.

—Cómo te atreves... —dijo Charlotte.

—Ese privilegio será mío —dijo el cortés Mr Wortley, sacando un estuche de plata preparado con soberanos y deslizó una moneda sobre la mesa. Entonces Mrs Durrant se levantó y pasó a la sala, sosteniéndose muy derecha, y las muchachas en gasa amarilla, azul y plata la siguieron, y la anciana Miss Eliot en su vestido de terciopelo; y una pequeña mujer sonrosada, vacilando en la puerta, limpia, escrupulosa, probablemente una gobernanta. Todos salieron por la puerta abierta.

—Cuando seas tan vieja como yo, Charlotte —dijo Mrs Durrant, tirando del brazo de la muchacha hacia ella mientras iban y venían por la terraza.

—¿Por qué está tan triste? —preguntó Charlotte impulsivamente.

—¿Te parezco triste? Espero que no —dijo Mrs Durrant.

—Bueno, justo en este instante. Usted *no* es tan vieja.

—Lo suficiente como para ser la madre de Timothy. —Se detuvieron.

Miss Eliot estaba mirando a través del telescopio de Mr Clutterbuck en un extremo de la terraza. El viejo hombre sordo se quedó parado junto a ella, acariciando su barba y recitando los nombres de las constelaciones: —Andrómeda, Boyero, Sidonia, Casiopea...

"Andromeda," murmured Miss Eliot, shifting the telescope slightly.

Mrs. Durrant and Charlotte looked along the barrel of the instrument pointed at the skies.

"There are MILLIONS of stars," said Charlotte with conviction. Miss Eliot turned away from the telescope. The young men laughed suddenly in the dining-room.

"Let ME look," said Charlotte eagerly.

"The stars bore me," said Mrs. Durrant, walking down the terrace with Julia Eliot. "I read a book once about the stars. ... What are they saying?" She stopped in front of the dining-room window. "Timothy," she noted.

"The silent young man," said Miss Eliot.

"Yes, Jacob Flanders," said Mrs. Durrant.

"Oh, mother! I didn't recognize you!" exclaimed Clara Durrant, coming from the opposite direction with Elsbeth. "How delicious," she breathed, crushing a verbena leaf.

Mrs. Durrant turned and walked away by herself.

"Clara!" she called. Clara went to her.

"How unlike they are!" said Miss Eliot.

Mr. Wortley passed them, smoking a cigar.

"Every day I live I find myself agreeing ..." he said as he passed

—Andrómeda —murmuró Miss Eliot, levantando apenas el telescopio.

Mrs Durrant y Charlotte miraron a lo largo del cañón del instrumento apuntando a los cielos.

—Hay *millones* de estrellas —dijo Charlotte con convicción. Miss Eliot se tornó alejándose del telescopio. Los jóvenes rieron repentinamente en el comedor.

—Déjame mirar a mí —dijo Charlotte con impaciencia.

—Las estrellas me aburren —dijo Mrs Durrant, deambulando a lo largo de la terraza con Julia Eliot—. Leí un libro una vez acerca de las estrellas... ¿Qué están diciendo? —Ella se paró frente a la ventana del comedor—. Timothy —notó ella.

—El joven silencioso —dijo Miss Eliot.

—Sí, Jacob Flanders —dijo Mrs Durrant.

—¡Oh, madre! ¡No te reconocí! —exclamó Clara Durrant, viniendo de la dirección contraria con Elsbeth—. ¡Qué delicia! —aspiró, machacando una hoja de verbena.

Mrs Durrant se dio vuelta y se alejó, sola.

—¡Clara! —llamó. Clara vino a ella.

—¡Qué diferentes que son! —dijo Miss Eliot.

Mr Wortley pasó delante de ellas, fumando un cigarro.

—Cada día que pasa me encuentro a mí mismo de acuerdo... —

them.

"It's so interesting to guess ..." murmured Julia Eliot.

"When first we came out we could see the flowers in that bed," said Elsbeth.

"We see very little now," said Miss Eliot.

"She must have been so beautiful, and everybody loved her, of course," said Charlotte. "I suppose Mr. Wortley ..." she paused.

"Edward's death was a tragedy," said Miss Eliot decidedly.

Here Mr. Erskine joined them.

"There's no such thing as silence," he said positively. "I can hear twenty different sounds on a night like this without counting your voices."

"Make a bet of it?" said Charlotte.

"Done," said Mr. Erskine. "One, the sea; two, the wind; three, a dog; four ..."

The others passed on.

"Poor Timothy," said Elsbeth.

"A very fine night," shouted Miss Eliot into Mr. Clutterbuck's ear.

dijo mientras las pasaba.

—Es tan interesante adivinar... —murmuró Julia Eliot.

—Cuando salimos más temprano podíamos ver las flores en ese macizo —dijo Elsbeth.

—Se ve muy poco ahora —dijo Miss Eliot.

—Ella debe haber sido tan hermosa, y todo el mundo enamorado de ella, por supuesto —dijo Charlotte—. Yo supongo que Mr Wortley... —ella se detuvo brevemente.

—La muerte de Edward fue una tragedia —dijo Miss Eliot decididamente.

Aquí Mr Erskine se unió a ellas.

—No hay tal cosa como el silencio —dijo él categóricamente—. Puedo escuchar veinte sonidos diferentes en una noche como esta sin contar sus voces.

—¿Lo apuesta? —dijo Charlotte.

—Hecho —dijo Mr Erskine—. Uno, el mar; dos, el viento; tres, un perro; cuatro...

Los otros pasaron.

—Pobre Timothy —dijo Elsbeth.

—Una hermosa noche —gritó Miss Eliot al oído de Mr Clutterbuck.

"Like to look at the stars?" said the old man, turning the telescope towards Elsbeth.

"Doesn't it make you melancholy—looking at the stars?" shouted Miss Eliot.

"Dear me no, dear me no," Mr. Clutterbuck chuckled when he understood her. "Why should it make me melancholy? Not for a moment—dear me no."

"Thank you, Timothy, but I'm coming in," said Miss Eliot. "Elsbeth, here's a shawl."

"I'm coming in," Elsbeth murmured with her eye to the telescope. "Cassiopeia," she murmured. "Where are you all?" she asked, taking her eye away from the telescope. "How dark it is!"

Mrs. Durrant sat in the drawing-room by a lamp winding a ball of wool. Mr. Clutterbuck read the Times. In the distance stood a second lamp, and round it sat the young ladies, flashing scissors over silver-spangled stuff for private theatricals. Mr. Wortley read a book.

"Yes; he is perfectly right," said Mrs. Durrant, drawing herself up and ceasing to wind her wool. And while Mr. Clutterbuck read the rest of Lord Lansdowne's speech she sat upright, without touching her ball.

"Ah, Mr. Flanders," she said, speaking proudly, as if to Lord Lansdowne himself. Then she sighed and began to wind her wool again.

"Sit THERE," she said.

—¿Gusta mirar las estrellas? —dijo el anciano, dando vuelta el telescopio hacia Elsbeth.

—¿No lo pone melancólico mirar a las estrellas? —gritó Miss Eliot.

—Dios mío, no; Dios mío, no —se rio entre dientes Mr Clutterbuck cuando la entendió—. ¿Por qué me pondría melancólico? Ni por un momento. Dios mío, no.

—Gracias, Timothy, pero estoy yendo dentro —dijo Miss Eliot—. Elsbeth, aquí hay un chal.

—Ya voy —murmuró Elsbeth con sus ojos en el telescopio—. Casiopea —murmuró—. ¿Dónde están todos ustedes? —preguntó, quitando sus ojos del telescopio—. ¡Qué oscuro que está!

Mrs Durrant se sentó en el salón al lado de una lámpara enrollando un ovillo de lana. Mr Clutterbuck leía el *Times*. A la distancia se encontraba una segunda lámpara, y alrededor se sentaron las jóvenes damas, haciendo destellar las tijeras sobre la tela con lentejuelas plateadas para preparar una pieza de teatro aficionado. Mr Wortley leía un libro.

—Sí, él tiene toda la razón —dijo Mrs Durrant, levantándose y dejando de enrollar la lana. Y mientras Mr Clutterbuck leía el resto del discurso de Lord Lansdowne ella se sentó erguida, sin tocar el ovillo.

—Ah, Mr Flanders —dijo ella, hablando orgullosamente, como si le hablara al mismo Lord Lansdowne. Entonces ella suspiró y comenzó a enrollar su lana nuevamente.

—Siéntate *aquí* —dijo ella.

Jacob came out from the dark place by the window where he had hovered. The light poured over him, illuminating every cranny of his skin; but not a muscle of his face moved as he sat looking out into the garden.

"I want to hear about your voyage," said Mrs. Durrant.

"Yes," he said.

"Twenty years ago we did the same thing."

"Yes," he said. She looked at him sharply.

"He is extraordinarily awkward," she thought, noticing how he fingered his socks. "Yet so distinguished-looking."

"In those days ..." she resumed, and told him how they had sailed ... "my husband, who knew a good deal about sailing, for he kept a yacht before we married" ... and then how rashly they had defied the fishermen, "almost paid for it with our lives, but so proud of ourselves!" She flung the hand out that held the ball of wool.

"Shall I hold your wool?" Jacob asked stiffly.

"You do that for your mother," said Mrs. Durrant, looking at him again keenly, as she transferred the skein. "Yes, it goes much better."

He smiled; but said nothing.

Elsbeth Siddons hovered behind them with something silver on her arm.

Jacob salió del lugar oscuro al lado de la ventana desde donde se había asomado. La luz cayó sobre él, iluminando cada grieta de su piel; pero ni un músculo de su cara se movió mientras se sentaba, mirando hacia el jardín.

—Quiero oír sobre tu viaje —dijo Mrs Durrant.

—Sí —dijo él.

—Hace veinte años nosotros hicimos lo mismo.

—Sí —dijo él. Ella lo miró severamente.

«Él es extraordinariamente torpe», pensó ella, notando como él toqueteaba sus calcetines. «Pero luce tan distinguido».

—En aquellos días... —continuó ella, y le contó cómo habían salido a navegar— ...mi marido, que sabía mucho sobre navegación, porque ya tenía un yate antes que nos casáramos... —y luego cómo temerariamente ellos habían desafiado a los pescadores— ...casi pagamos con nuestras vidas ¡pero estábamos tan orgullosos! —Ella extendió vivamente la mano que sostenía el ovillo de lana.

—¿Le sostengo la lana? —preguntó Jacob tieso.

—Tú haces eso con tu madre —dijo Mrs Durrant, mirándolo amablemente de nuevo, mientras transfería la madeja—. Sí, así va mucho mejor.

Él sonrió, pero no dijo nada.

Elsbeth Siddons se asomó por detrás de ellos con algo plateado en su brazo.

"We want," she said. ... "I've come ..." she paused.

"Poor Jacob," said Mrs. Durrant, quietly, as if she had known him all his life. "They're going to make you act in their play."

"How I love you!" said Elsbeth, kneeling beside Mrs. Durrant's chair.

"Give me the wool," said Mrs. Durrant.

"He's come—he's come!" cried Charlotte Wilding. "I've won my bet!"

"There's another bunch higher up," murmured Clara Durrant, mounting another step of the ladder. Jacob held the ladder as she stretched out to reach the grapes high up on the vine.

"There!" she said, cutting through the stalk. She looked semi-transparent, pale, wonderfully beautiful up there among the vine leaves and the yellow and purple bunches, the lights swimming over her in coloured islands. Geraniums and begonias stood in pots along planks; tomatoes climbed the walls.

"The leaves really want thinning," she considered, and one green one, spread like the palm of a hand, circled down past Jacob's head.

"I have more than I can eat already," he said, looking up.

"It does seem absurd ..." Clara began, "going back to London. ..."

—Nosotros queríamos... —dijo ella—. He venido... —ella se detuvo brevemente.

—Pobre Jacob —dijo Mrs Durrant, tranquilamente, como si lo hubiera conocido toda su vida—. Te van a hacer actuar en su pieza de teatro.

—¡Cuánto la quiero! —dijo Elsbeth, arrodillándose al lado de la silla de Mrs Durrant.

—Dame la lana —dijo Mrs Durrant.

—Vino, vino —gritó Charlotte Wilding—. ¡He ganado mi apuesta!

—Hay otro racimo más alto —murmuró Clara Durrant, montando otro paso de la escala. Jacob sostuvo la escala mientras ella se extendía para alcanzar las uvas en lo alto de la viña.

—Ahora —dijo ella, cortando por el tallo. Ella parecía semitransparente, pálida, maravillosamente hermosa allí arriba entre las hojas de viña y el amarillo y púrpura de los racimos; las luces nadando como islas pintadas sobre ella. Los geranios y las begonias estaban erguidos en las macetas; los tomates trepaban por las paredes.

—Las hojas realmente necesitan una poda —consideró ella, y una hoja verde se abrió como la palma de una mano, y pasó circundando la cabeza de Jacob.

—Ya tengo más de lo que puedo comer —dijo él, mirando hacia arriba.

—Parece absurdo... —empezó Clara— volverse a Londres...

"Ridiculous," said Jacob, firmly.

"Then ..." said Clara, "you must come next year, properly," she said, snipping another vine leaf, rather at random.

"If ... if ..."

A child ran past the greenhouse shouting. Clara slowly descended the ladder with her basket of grapes.

"One bunch of white, and two of purple," she said, and she placed two great leaves over them where they lay curled warm in the basket.

"I have enjoyed myself," said Jacob, looking down the greenhouse.

"Yes, it's been delightful," she said vaguely.

"Oh, Miss Durrant," he said, taking the basket of grapes; but she walked past him towards the door of the greenhouse.

"You're too good—too good," she thought, thinking of Jacob, thinking that he must not say that he loved her. No, no, no.

The children were whirling past the door, throwing things high into the air.

"Little demons!" she cried. "What have they got?" she asked Jacob.

"Onions, I think," said Jacob. He looked at them without mov-

—Ridículo —dijo Jacob, firmemente.

—Entonces —dijo Clara—, tiene que venir de veras el próximo año —dijo ella, cortando con las tijeras otra hoja de viña, más bien al azar.

—Si... si...

Un niño pasó delante del invernadero gritando. Clara descendió lentamente la escala con su cesta de uvas.

—Un racimo de blancas y dos de negras —dijo ella, y colocó dos grandes hojas sobre ellos en la cesta, que se encresparon, tibias.

—Me ha gustado mucho estar aquí —dijo Jacob, mirando hacia el invernadero.

—Sí, ha sido encantador —dijo ella, vagamente.

—Oh, Miss Durrant —dijo él, tomando la cesta de uvas; pero ella pasó delante de él hacia la puerta del invernadero.

«Tú eres demasiado bueno, demasiado bueno», pensó ella, pensando en Jacob, pensando que él no debía decir que la amaba. No, no, no.

Los niños se arremolinaban al pasar la puerta, tirando algo, alto en el aire.

—¡Pequeños demonios! —gritó ella—. ¿Qué tienen allí? —preguntó a Jacob.

—Cebollas, pienso —dijo Jacob. Él los miró sin moverse.

ing.

"Next August, remember, Jacob," said Mrs. Durrant, shaking hands with him on the terrace where the fuchsia hung, like a scarlet ear-ring, behind her head. Mr. Wortley came out of the window in yellow slippers, trailing the Times and holding out his hand very cordially.

"Good-bye," said Jacob. "Good-bye," he repeated. "Good-bye," he said once more. Charlotte Wilding flung up her bedroom window and cried out: "Good-bye, Mr. Jacob!"

"Mr. Flanders!" cried Mr. Clutterbuck, trying to extricate himself from his beehive chair. "Jacob Flanders!"

"Too late, Joseph," said Mrs. Durrant.

"Not to sit for me," said Miss Eliot, planting her tripod upon the lawn.

—El próximo agosto, recuerda, Jacob —dijo Mrs Durrant, dándole la mano en la terraza donde colgaba la fucsia, como un dije escarlata, detrás de su cabeza. Mr Wortley salió por la ventana en pantuflas amarillas, acarreando el *Times* y extendiendo su mano muy cordialmente.

—Adiós —dijo Jacob—. Adiós —repitió él—. Adiós —dijo él una vez más. Charlotte Wilding levantó la ventana de su cuarto y gritó—: ¡Adiós, Mr Jacob!

—¡Mr Flanders! —gritó Mr Clutterbuck, tratando de salir de su silla de colmena—. ¡Jacob Flanders!

—Demasiado tarde, Joseph —dijo Mrs Durrant.

—No para posar para mí —dijo Miss Eliot, plantando su trípode sobre el césped.

Chapter five

"I rather think," said Jacob, taking his pipe from his mouth, "it's in Virgil," and pushing back his chair, he went to the window.

The rashest drivers in the world are, certainly, the drivers of post- office vans. Swinging down Lamb's Conduit Street, the scarlet van rounded the corner by the pillar box in such a way as to graze the kerb and make the little girl who was standing on tiptoe to post a letter look up, half frightened, half curious. She paused with her hand in the mouth of the box; then dropped her letter and ran away. It is seldom only that we see a child on tiptoe with pity—more often a dim discomfort, a grain of sand in the shoe which it's scarcely worth while to remove—that's our feeling, and so—Jacob turned to the bookcase.

Long ago great people lived here, and coming back from Court past midnight stood, huddling their satin skirts, under the carved door-posts while the footman roused himself from his mattress on the floor, hurriedly fastened the lower buttons of his waistcoat, and let them in. The bitter eighteenth-century rain rushed down the kennel. Southampton Row, however, is chiefly remarkable nowadays for the fact that you will always find a man there trying to sell a tortoise to a tailor. "Showing off the tweed, sir; what the gentry wants is something singular to catch the eye, sir—and clean in their habits, sir!" So they display their tortoises.

At Mudie's corner in Oxford Street all the red and blue beads had run together on the string. The motor omnibuses were

Capítulo cinco

—Yo pienso más bien —dijo Jacob, sacando la pipa de su boca— que está en Virgilio... —Y empujando la silla hacia atrás, fue a la ventana.

Los conductores más imprudentes en el mundo son, ciertamente, los conductores de camionetas del correo. Rodando abajo Lamb's Conduit Street, la camioneta escarlata dio vuelta a la esquina al lado del pilar del buzón de tal manera que rasguñó el bordillo y provocó que la pequeña niña que estaba de puntillas enviando una carta mire hacia arriba, medio asustada, medio curiosa. Ella se detuvo brevemente con su mano en la boca del buzón; luego dejó caer su carta y se alejó corriendo. Es solo raramente que vemos con compasión a un niño de puntillas... lo más corriente es un malestar oscuro, un grano de arena en el zapato que apenas si vale la pena remover... eso es lo que uno siente... y así Jacob tornó hacia la biblioteca.

Hace mucho tiempo grandes personajes vivían aquí, y volviendo de Court después de la medianoche esperaban de pie, recogiendo sus faldas de satén, bajo el abrigo de los postes esculpidos de la puerta, mientras el lacayo se levantaba del colchón sobre el piso, asegurando apresurado los botones inferiores de su chaleco, y dejándolos entrar. La lluvia amarga del siglo XVIII inundaba la caseta del perro. Sin embargo, en estos días Southampton Row es notable sobre todo por el hecho que uno va a encontrar siempre un hombre intentando vender una tortuga a un sastre: —¡Le da valor al tweed, sir; lo que quiere la gente bien es algo singular que llame la atención, sir... y de costumbres limpias, sir! —Así exhibían sus tortugas en los escaparates.

En la esquina de la biblioteca Mudie's, en Oxford Street, todas las cuentas rojas y azules se habían reunido en un solo hilo. Los

locked. Mr. Spalding going to the city looked at Mr. Charles Budgeon bound for Shepherd's Bush. The proximity of the omnibuses gave the outside passengers an opportunity to stare into each other's faces. Yet few took advantage of it. Each had his own business to think of. Each had his past shut in him like the leaves of a book known to him by heart; and his friends could only read the title, James Spalding, or Charles Budgeon, and the passengers going the opposite way could read nothing at all—save "a man with a red moustache," "a young man in grey smoking a pipe." The October sunlight rested upon all these men and women sitting immobile; and little Johnnie Sturgeon took the chance to swing down the staircase, carrying his large mysterious parcel, and so dodging a zigzag course between the wheels he reached the pavement, started to whistle a tune and was soon out of sight—for ever. The omnibuses jerked on, and every single person felt relief at being a little nearer to his journey's end, though some cajoled themselves past the immediate engagement by promise of indulgence beyond—steak and kidney pudding, drink or a game of dominoes in the smoky corner of a city restaurant. Oh yes, human life is very tolerable on the top of an omnibus in Holborn, when the policeman holds up his arm and the sun beats on your back, and if there is such a thing as a shell secreted by man to fit man himself here we find it, on the banks of the Thames, where the great streets join and St. Paul's Cathedral, like the volute on the top of the snail shell, finishes it off. Jacob, getting off his omnibus, loitered up the steps, consulted his watch, and finally made up his mind to go in. ... Does it need an effort? Yes. These changes of mood wear us out.

Dim it is, haunted by ghosts of white marble, to whom the or-

ómnibus a motor estaban bloqueados. Mr Spalding, que estaba yendo a la City, miró a Mr Charles Budgeon que se dirigía a Shepherd's Bush. La cercanía de los ómnibus daba a los pasajeros sentados en las ventanillas la oportunidad de mirarse cara a cara los unos a los otros. Y sin embargo solo unos pocos aprovecharon la ocasión. Cada uno tenía su asunto en el que pensar. Cada uno tenía su pasado cerrado en él como las hojas de un libro sabido de memoria; y los amigos solo podían leer el título, James Spalding o Charles Budgeon y los pasajeros yendo en la dirección contraria no podían leer nada, salvo «un hombre con el bigote pelirrojo», «un hombre en esmoquin gris fumando una pipa». El sol de octubre se posaba sobre todos estos hombres y mujeres sentados, inmóviles; y el pequeño Johnnie Sturgeon aprovechó la oportunidad para rodar por las escaleras, llevando su gran y misterioso paquete, y así, esquivando las ruedas en zigzag, llegó a la acera, comenzó a silbar una melodía y pronto se escapó de la vista... para siempre. Los ómnibus dieron unas sacudidas y cada persona sintió alivio al estar un poco más cerca del fin del viaje, aunque algunos se engatusaron a sí mismos a cumplir con el compromiso más inmediato con la promesa de la indulgencia que venía más tarde, el pastel de carne y riñones, tomar algo o jugar al dominó en un rincón lleno de humo de un restaurante de la ciudad. Oh sí, la vida humana es muy tolerable en la imperial de un ómnibus en Holborn, cuando el policía mantiene su brazo levantado y el sol pega en la espalda y si existe algo como una concha secretada por el hombre que le quepa perfectamente a sí mismo la hemos encontrado aquí, a orillas del Támesis, donde las grandes calles se juntan y la catedral de St Paul, como la voluta en la cima de una concha de caracol, la remata. Jacob, bajando del ómnibus, subió la escalera merodeando, miró su reloj, y finalmente se decidió y entró... ¿Se requiere un esfuerzo? Sí. Estos cambios de humor nos desgastan.

El interior es sombrío, frecuentado por fantasmas de mármol

gan for ever chaunts. If a boot creaks, it's awful; then the order; the discipline. The verger with his rod has life ironed out beneath him. Sweet and holy are the angelic choristers. And for ever round the marble shoulders, in and out of the folded fingers, go the thin high sounds of voice and organ. For ever requiem—repose. Tired with scrubbing the steps of the Prudential Society's office, which she did year in year out, Mrs. Lidgett took her seat beneath the great Duke's tomb, folded her hands, and half closed her eyes. A magnificent place for an old woman to rest in, by the very side of the great Duke's bones, whose victories mean nothing to her, whose name she knows not, though she never fails to greet the little angels opposite, as she passes out, wishing the like on her own tomb, for the leathern curtain of the heart has flapped wide, and out steal on tiptoe thoughts of rest, sweet melodies. ... Old Spicer, jute merchant, thought nothing of the kind though. Strangely enough he'd never been in St. Paul's these fifty years, though his office windows looked on the churchyard. "So that's all? Well, a gloomy old place. ... Where's Nelson's tomb? No time now—come again—a coin to leave in the box. ... Rain or fine is it? Well, if it would only make up its mind!" Idly the children stray in—the verger dissuades them—and another and another ... man, woman, man, woman, boy ... casting their eyes up, pursing their lips, the same shadow brushing the same faces; the leathern curtain of the heart flaps wide.

Nothing could appear more certain from the steps of St. Paul's than that each person is miraculously provided with coat, skirt, and boots; an income; an object. Only Jacob, carrying in his hand Finlay's Byzantine Empire, which he had bought in Ludgate Hill, looked a little different; for in his hand he carried a book, which book he would at nine-thirty precisely, by his own fire-

blanco, a quienes el órgano les dirige su salmodia por siempre. Es horrible si una bota cruje; luego el orden; la disciplina. El sacristán con su vara tiene dominio sobre la vida. Los coristas angelicales son dulces y santos. Y siempre alrededor de los hombros de mármol, colándose entre los dedos doblados, van los finos sonidos de voces y órganos. Para siempre el requiem... descanso. Cansada de refregar los peldaños de la oficina de la Prudential Society, lo que hacía todo el año, Mrs Lidgett tomó asiento detrás de la tumba del duque, cruzó las manos, y entrecerró los ojos. Un lugar magnífico para que descanse una anciana, al lado mismo de los huesos del glorioso duque, cuyas victorias no significaban nada para ella, cuyo nombre ella no conocía, aunque nunca dejaba de saludar los angelitos al frente, mientras pasaba, deseando los mismos para su tumba, porque la cortina de cuero de su corazón se agita en gran manera, y salen de puntillas pensamientos de descanso, dulces melodías... Sin embargo, el viejo Spicer, comerciante del yute, no pensó nada por el estilo. Extrañamente, él no había estado nunca en St Paul en estos cincuenta años, aunque las ventanas de su oficina miraban al patio de la iglesia. «Así que ¿eso es todo? Un viejo lugar melancólico... ¿Donde está la tumba de Nelson? No hay tiempo ahora, vuelvo otra vez, una moneda para dejar en el cepillo... ¿Llueve o hace buen tiempo? ¡Bueno, si al menos se decidiera!». Los niños corretean... el sacristán los regaña... y ahora otro, y otro... hombre, mujer, hombre, mujer, muchacho... dirigiendo su mirada hacia arriba, frunciendo los labios, la misma sombra dando forma a los mismos rostros; la cortina de cuero del corazón se agita en gran manera.

Nada puede parecer más certero desde los peldaños de St Paul que cada persona está milagrosamente provista de una capa, una falda y botas; ingresos; un proyecto. Solo Jacob, llevando en su mano el *Imperio Bizantino* de Finlay, que había comprado en Ludgate Hill, parecía un poco diferente; porque en sus manos llevaba un libro, el libro que, precisamente a las nueve y media al lado

side, open and study, as no one else of all these multitudes would do. They have no houses. The streets belong to them; the shops; the churches; theirs the innumerable desks; the stretched office lights; the vans are theirs, and the railway slung high above the street. If you look closer you will see that three elderly men at a little distance from each other run spiders along the pavement as if the street were their parlour, and here, against the wall, a woman stares at nothing, boot-laces extended, which she does not ask you to buy. The posters are theirs too; and the news on them. A town destroyed; a race won. A homeless people, circling beneath the sky whose blue or white is held off by a ceiling cloth of steel filings and horse dung shredded to dust.

There, under the green shade, with his head bent over white paper, Mr. Sibley transferred figures to folios, and upon each desk you observe, like provender, a bunch of papers, the day's nutriment, slowly consumed by the industrious pen. Innumerable overcoats of the quality prescribed hung empty all day in the corridors, but as the clock struck six each was exactly filled, and the little figures, split apart into trousers or moulded into a single thickness, jerked rapidly with angular forward motion along the pavement; then dropped into darkness. Beneath the pavement, sunk in the earth, hollow drains lined with yellow light for ever conveyed them this way and that, and large letters upon enamel plates represented in the underworld the parks, squares, and circuses of the upper. "Marble Arch—Shepherd's Bush"—to the majority the Arch and the Bush are eternally white letters upon a blue ground. Only at one point—it may be Acton, Holloway, Kensal Rise, Caledonian Road—does the name mean shops where you buy things, and houses, in one of which, down to the right, where the pollard trees grow out of the paving stones, there is a square curtained window, and a bedroom.

de su hogar, abriría y estudiaría, como nadie de entre estas multitudes lo haría. No tienen casas. Las calles pertenecen a ellos; los negocios; las iglesias; suyos son los escritorios innumerables; las luces de las extensas oficinas; las camionetas son suyas, y las vías del ferrocarril suspendido a lo alto, sobre la calle. Si uno mira más de cerca verá tres ancianos, a una pequeña distancia cada uno del otro, conducen sillas volantes a lo largo de la acera como si la calle fuera su salón, y aquí, contra la pared, una mujer mira fijamente hacia la nada, exhibiendo cordones para botas, sin pedirle a uno que los compre. Los carteles son también suyos; y las noticias sobre ellos. Una ciudad destruida; una carrera ganada. Una gente sin hora, circulando entre el cielo cuyo azul o blanco es velado por un techo tejido de malla de acero y de estiércol de caballo reducido a polvo.

Allí, bajo la pantalla verde, con su cabeza inclinada sobre el papel blanco, Mr Sibley transfiere las cifras a los registros, y sobre cada escritorio uno observa, como si fueran víveres, un montón de papeles, los nutrientes del día, consumidos lentamente por la pluma industriosa. Los sobretodos innumerables de la calidad prescripta cuelgan todo el día en los corredores, pero cuando el reloj da las seis cada uno es exactamente llenado, y las pequeñas figuras, divididas en pantalones o amoldadas a un simple grosor, tironean rápidas con un movimiento angular hacia delante a lo largo de la acera; luego se pierden en la oscuridad. Bajo la acera, hundidas en la tierra, galerías vacías alineadas con luces amarillas los transportan para siempre por este u otro camino, y las grandes letras sobre las placas de esmalte representan en el mundo subterráneo los parques, plazas, y las rotondas del superior. «Marble Arch... Shepherd's Bush», para la mayoría Arch y Bush serán eternamente letras blancas sobre un fondo azul. Solo en cierto punto... puede ser Acton, Holloway, Kensal Rise, Caledonian Road... el nombre significa negocios donde se compran cosas, y casas, en una de las cuales, más allá a la derecha, donde los

Long past sunset an old blind woman sat on a camp-stool with her back to the stone wall of the Union of London and Smith's Bank, clasping a brown mongrel tight in her arms and singing out loud, not for coppers, no, from the depths of her gay wild heart—her sinful, tanned heart—for the child who fetches her is the fruit of sin, and should have been in bed, curtained, asleep, instead of hearing in the lamplight her mother's wild song, where she sits against the Bank, singing not for coppers, with her dog against her breast.

Home they went. The grey church spires received them; the hoary city, old, sinful, and majestic. One behind another, round or pointed, piercing the sky or massing themselves, like sailing ships, like granite cliffs, spires and offices, wharves and factories crowd the bank; eternally the pilgrims trudge; barges rest in mid stream heavy laden; as some believe, the city loves her prostitutes.

But few, it seems, are admitted to that degree. Of all the carriages that leave the arch of the Opera House, not one turns eastward, and when the little thief is caught in the empty market-place no one in black- and-white or rose-coloured evening dress blocks the way by pausing with a hand upon the carriage door to help or condemn—though Lady Charles, to do her justice, sighs sadly as she ascends her staircase, takes down Thomas a Kempis, and does not sleep till her mind has lost itself tunnelling into the complexity of things. "Why? Why? Why?" she sighs. On the whole it's best to walk back from the Opera House. Fatigue is the safest

árboles podados crecen en medio de las piedras de los adoquines, hay una ventana cuadrada con cortinas, y un dormitorio.

Largo tiempo después de la puesta del sol una anciana ciega se sienta en una silla plegable con su espalda dando a la pared de piedra del Union of London and Smith's Bank, estrechando un cachorro sin raza, marrón, en sus brazos y cantando en voz alta, no por unos cobres, no, sino de las profundidades de su alegre y salvaje corazón, su corazón pecador y moreno, porque el niño que viene a buscarla es el fruto del pecado, y ya debería estar en cama, con las cortinas corridas, dormido, en lugar de escuchar bajo la luz de la lámpara la canción salvaje de su madre, allí donde se sienta contra el Bank, no cantando por unos cobres, con su perro contra su pecho.

Se fueron a casa. Las agujas de la iglesia gris los recibieron; la ciudad canosa, vieja, pecadora y majestuosa. Uno tras otro, redondos o puntiagudos, perforando el cielo o concentrándose entre ellos, como barcos de vela, como acantilados de granito, las agujas y las oficinas, muelles y fábricas atestan la orilla; los peregrinos caminan eternamente; las lanchas descansan con pesadas cargas en medio de la corriente; como algunos así lo creen, la ciudad ama sus prostitutas.

Pero parece que pocas son admitidas a un punto tal. De todos los carruajes que salen del arco de la Opera ninguno dobla hacia el este, y cuando el pequeño ladrón es capturado en la plaza del mercado vacía nadie en traje de etiqueta o en vestido rosa bloquea el camino sosteniendo brevemente con la mano la puerta del carruaje para ayudar o para condenar... aunque Lady Charles, para hacerle justicia, suspira tristemente mientras asciende su escalera, toma su Tomás de Kempis, y no duerme hasta que su mente se ha perdido construyendo túneles en la complejidad de las cosas. «¿Por qué? ¿Por qué? ¿Por qué?», suspira ella. Al fin y al

sleeping draught.

The autumn season was in full swing. Tristan was twitching his rug up under his armpits twice a week; Isolde waved her scarf in miraculous sympathy with the conductor's baton. In all parts of the house were to be found pink faces and glittering breasts. When a Royal hand attached to an invisible body slipped out and withdrew the red and white bouquet reposing on the scarlet ledge, the Queen of England seemed a name worth dying for. Beauty, in its hothouse variety (which is none of the worst), flowered in box after box; and though nothing was said of profound importance, and though it is generally agreed that wit deserted beautiful lips about the time that Walpole died—at any rate when Victoria in her nightgown descended to meet her ministers, the lips (through an opera glass) remained red, adorable. Bald distinguished men with gold-headed canes strolled down the crimson avenues between the stalls, and only broke from intercourse with the boxes when the lights went down, and the conductor, first bowing to the Queen, next to the bald-headed men, swept round on his feet and raised his wand.

Then two thousand hearts in the semi-darkness remembered, anticipated, travelled dark labyrinths; and Clara Durrant said farewell to Jacob Flanders, and tasted the sweetness of death in effigy; and Mrs. Durrant, sitting behind her in the dark of the box, sighed her sharp sigh; and Mr. Wortley, shifting his position behind the Italian Ambassador's wife, thought that Brangaena was a trifle hoarse; and suspended in the gallery many feet above their heads, Edward Whittaker surreptitiously held a torch to his miniature score; and ... and ...

cabo es mejor caminar desde la Opera. La fatiga es la más segura de las bebidas soporíferas.

La estación de otoño estaba a pleno. Tristan se sacaba su manta por encima de las axilas dos veces por semana; Isolde agitaba su bufanda en milagrosa solidaridad con la batuta del director. En toda la sala se encontraban caras rosadas y pechos relucientes. Cuando una mano real unida a un cuerpo invisible se escurrió y retiró el ramo rojo y blanco que descansa en la repisa escarlata, la reina de Inglaterra parecía ser un nombre por el que valía la pena dar la vida. La belleza, en su variedad de invernadero (que no es para nada de las peores), florecía palco tras palco; y aunque nada de profunda importancia fue dicho, y aunque es generalmente aceptado que el ingenio abandona los labios hermosos, alrededor del tiempo en que Walpole murió, en todo caso en la época en que Victoria bajaba en camisón a encontrarse con los ministros, los labios (a través de los gemelos de la ópera) permanecían rojos, adorables. Los hombres calvos distinguidos con bastones con empuñadura de oro se pasearon por las avenidas carmesí entre las butacas, y solo quebraron sus conversaciones con los palcos cuando las luces disminuyeron, y el director, primero haciendo una reverencia a la reina, luego a los hombres calvos, giró sobre sus pies y levantó su batuta.

Entonces dos mil corazones en la semipenumbra recordaron, anticiparon, viajaron oscuros laberintos; y Clara Durrant dijo adiós a Jacob Flanders, y probó la dulzura de la muerte en efigie; y Mrs Durrant, sentada detrás de ella en la oscuridad del palco, suspiró con un suspiro profundo; y Mr Wortley, cambiando su puesto detrás de la esposa del embajador de Italia, pensó que Brangäne era una nimiedad ronca; y suspendido en la galería, varios pies sobre sus cabezas, Edward Whittaker subrepticiamente acercó una luz a su partitura minúscula; y... y...

In short, the observer is choked with observations. Only to prevent us from being submerged by chaos, nature and society between them have arranged a system of classification which is simplicity itself; stalls, boxes, amphitheatre, gallery. The moulds are filled nightly. There is no need to distinguish details. But the difficulty remains—one has to choose. For though I have no wish to be Queen of England or only for a moment—I would willingly sit beside her; I would hear the Prime Minister's gossip; the countess whisper, and share her memories of halls and gardens; the massive fronts of the respectable conceal after all their secret code; or why so impermeable? And then, doffing one's own headpiece, how strange to assume for a moment some one's—any one's—to be a man of valour who has ruled the Empire; to refer while Brangaena sings to the fragments of Sophocles, or see in a flash, as the shepherd pipes his tune, bridges and aqueducts. But no—we must choose. Never was there a harsher necessity! or one which entails greater pain, more certain disaster; for wherever I seat myself, I die in exile: Whittaker in his lodging-house; Lady Charles at the Manor.

A young man with a Wellington nose, who had occupied a seven-and- sixpenny seat, made his way down the stone stairs when the opera ended, as if he were still set a little apart from his fellows by the influence of the music.

At midnight Jacob Flanders heard a rap on his door.

"By Jove!" he exclaimed. "You're the very man I want!" and without more ado they discovered the lines which he had been seeking all day; only they come not in Virgil, but in Lucretius.

En resumen, el observador se ahoga con las observaciones. Solo para salvarnos de quedar sumergidos por el caos, la naturaleza y la sociedad han compuesto entre ellos un sistema de clasificación que es la simplicidad misma; butacas, palcos, anfiteatro, galería. Los moldes se llenan cada noche. No hay necesidad de registrar los detalles. Pero la dificultad permanece... uno tiene que elegir. Porque aun cuando yo no deseo ser la reina de Inglaterra, o tal vez solo por un instante..., me sentaría con gusto a su lado; escucharía los cotilleos del primer ministro; el murmuro de la condesa, y compartiría sus recuerdos de salones y jardines; las frentes masivas de la gente respetable encubren después de todo su código secreto; sino ¿para qué ser tan impermeable? Y entonces, quitándose su cabeza, qué extraño asumir que uno es por un momento otra persona, cualquiera entre ellos, ya fuera un hombre de valor que ha regido el imperio; referir, mientras Brangäne canta, los fragmentos de Sófocles, o ver en un destello, mientras el pastor toca su melodía en la flauta, puentes y acueductos. Pero no, debemos elegir. ¡Nunca ha habido una necesidad más dura!, o una que conlleve un dolor más grande, un desastre más certero; porque donde sea que me siente, muero en exilio: Whittaker en su pensión; Lady Charles en la casa señorial.

Un hombre joven con una nariz *à la* Wellington, que ocupaba un asiento de siete chelines y medio, se abría camino por las escaleras de piedra, una vez la ópera terminada, como si todavía se encontrara un poco aparte de sus compañeros debido a la influencia de la música.

A medianoche Jacob Flanders oyó un golpecito en su puerta.

—¡Diantre! —exclamó— ¡tú eres exactamente la persona que necesito! —Y sin más descubrieron las líneas que había estado buscando todo el día; solo que no eran de Virgilio sino de Lucrecio.

"Yes; that should make him sit up," said Bonamy, as Jacob stopped reading. Jacob was excited. It was the first time he had read his essay aloud.

"Damned swine!" he said, rather too extravagantly; but the praise had gone to his head. Professor Bulteel, of Leeds, had issued an edition of Wycherley without stating that he had left out, disembowelled, or indicated only by asterisks, several indecent words and some indecent phrases. An outrage, Jacob said; a breach of faith; sheer prudery; token of a lewd mind and a disgusting nature. Aristophanes and Shakespeare were cited. Modern life was repudiated. Great play was made with the professional title, and Leeds as a seat of learning was laughed to scorn. And the extraordinary thing was that these young men were perfectly right—extraordinary, because, even as Jacob copied his pages, he knew that no one would ever print them; and sure enough back they came from the Fortnightly, the Contemporary, the Nineteenth Century— when Jacob threw them into the black wooden box where he kept his mother's letters, his old flannel trousers, and a note or two with the Cornish postmark. The lid shut upon the truth.

This black wooden box, upon which his name was still legible in white paint, stood between the long windows of the sitting-room. The street ran beneath. No doubt the bedroom was behind. The furniture—three wicker chairs and a gate-legged table—came from Cambridge. These houses (Mrs. Garfit's daughter, Mrs. Whitehorn, was the landlady of this one) were built, say, a hundred and fifty years ago. The rooms are shapely, the ceilings high; over the doorway a rose, or a ram's skull, is carved in the wood. The eighteenth century has its distinction. Even the panels, painted in raspberry-coloured paint, have their distinction. ...

—Sí, eso le producirá un impacto —dijo Bonamy, cuando Jacob dejó de leer. Jacob estaba excitado. Era la primera vez que leía su ensayo en voz alta.

—¡Qué cabrón! —dijo, de manera un poco demasiado extravagante; pero el elogio le había subido a la cabeza. El profesor Bulteel, de Leeds, había publicado una edición de Wycherley sin indicar que había dejado fuera, eviscerado, o indicado solo con asteriscos, muchas palabras indecentes y algunas frases indecentes. Un ultraje, dijo Jacob; un abuso a la fe; pura mojigatería; símbolo de una mente lasciva y una naturaleza repugnante. Aristófanes y Shakespeare fueron citados. La vida moderna fue repudiada. Grandes burlas se hicieron al título profesional, y Leeds como un sitio de aprendizaje fue objeto de burla. Y la cosa extraordinaria era que estos jóvenes estaban perfectamente en lo correcto, extraordinariamente, porque, aun cuando Jacob hizo copias de sus páginas, sabía que nadie iba a imprimirlas; y con seguridad volvieron desde el *Fortnightly*, el *Contemporary*, el *Nineteenth Century*... hasta que Jacob las tiró al arcón de madera negra donde guardaba las cartas de su madre, sus viejos pantalones de franela, y una nota o dos con los matasellos de Cornualles. La tapa se cerró sobre la verdad.

Este arcón de madera negra, sobre el cual su nombre era aún legible en pintura blanca, estaba posado a lo largo de las dos ventanas de la sala de estar. La calle pasaba por debajo. Sin dudas el dormitorio estaba por detrás. Los muebles, tres sillas de mimbre y una mesa de alas abatibles, venían de Cambridge. Estas casas (la hija de Mrs Garfit, Mrs Whitehorn, era la dueña de esta) fueron construidas, digamos, hace unos ciento cincuenta años. Los cuartos son bien proporcionados, los techos altos; sobre el umbral, una rosa o el cráneo de un carnero están tallados en la madera. El siglo XVIII tiene su distinción. Incluso los paneles, pintados con tinta color frambuesa, tienen su distinción...

"Distinction"—Mrs. Durrant said that Jacob Flanders was "distinguished- looking." "Extremely awkward," she said, "but so distinguished-looking." Seeing him for the first time that no doubt is the word for him. Lying back in his chair, taking his pipe from his lips, and saying to Bonamy: "About this opera now" (for they had done with indecency). "This fellow Wagner" ... distinction was one of the words to use naturally, though, from looking at him, one would have found it difficult to say which seat in the opera house was his, stalls, gallery, or dress circle. A writer? He lacked self-consciousness. A painter? There was something in the shape of his hands (he was descended on his mother's side from a family of the greatest antiquity and deepest obscurity) which indicated taste. Then his mouth—but surely, of all futile occupations this of cataloguing features is the worst. One word is sufficient. But if one cannot find it?

"I like Jacob Flanders," wrote Clara Durrant in her diary. "He is so unworldly. He gives himself no airs, and one can say what one likes to him, though he's frightening because ..." But Mr. Letts allows little space in his shilling diaries. Clara was not the one to encroach upon Wednesday. Humblest, most candid of women! "No, no, no," she sighed, standing at the greenhouse door, "don't break—don't spoil"—what? Something infinitely wonderful.

But then, this is only a young woman's language, one, too, who loves, or refrains from loving. She wished the moment to continue for ever precisely as it was that July morning. And moments don't. Now, for instance, Jacob was telling a story about some walking tour he'd taken, and the inn was called "The Foaming Pot," which, considering the landlady's name ... They shouted with laughter. The joke was indecent.

«Distinción», dijo Mrs Durrant, que Jacob Flanders tenía una «apariencia distinguida». «Extremadamente torpe», dijo ella, «pero con una apariencia tan distinguida». Viéndolo por primera vez no hay duda que es la palabra para él. Descansando en el respaldo de su silla, tomando su pipa de sus labios, y diciendo a Bonamy: «Ahora bien, sobre esta ópera» (ya habían terminado de hablar sobre la indecencia). «Este compañero Wagner» … «distinción» era una de las palabras a utilizar naturalmente, aunque, de mirarlo, uno habría encontrado difícil decir qué asiento en la ópera era el suyo, butacas, galería o gallinero. ¿Un escritor? Carecía de conciencia de sí mismo. ¿Un pintor? Había algo en la forma de sus manos (descendía por lado de su madre de una familia de la antigüedad más grande y de la oscuridad más profunda) que indicaba gusto. Y luego su boca… pero, seguramente, de todas las ocupaciones vanas esta de catalogar características es la peor. Una palabra es suficiente. ¿Pero si uno no puede encontrarla?

«Me agrada Jacob Flanders», escribió Clara Durrant en su diario. «Él es tan idealista. No se da aires de grandeza, y uno puede decirle lo que quiera, aunque él da miedo porque…». Pero Mr Letts otorga poco espacio en sus diarios de un chelín. Además, Clara no era de las que toman el espacio para los miércoles. ¡La más humilde y más ingenua de las mujeres! «No, no, no», suspiró ella, parada en la puerta del invernadero, «no rompas… no estropees» … ¿Qué? Algo infinitamente maravilloso.

Pero, en fin, este es solamente el lenguaje de una joven mujer, una, también, que ama, o se refrena de amar. Ella deseaba que el momento dure para siempre, exactamente como era, esa mañana de julio. Y los momentos no duran. Ahora, por ejemplo, Jacob contaba una historia sobre cierto paseo que había hecho, y que el mesón se llamaba «El pote espumante», el que, considerando el nombre de la dueña… Ellos estallaron de risa. La broma era indecente.

Then Julia Eliot said "the silent young man," and as she dined with Prime Ministers, no doubt she meant: "If he is going to get on in the world, he will have to find his tongue."

Timothy Durrant never made any comment at all.

The housemaid found herself very liberally rewarded.

Mr. Sopwith's opinion was as sentimental as Clara's, though far more skilfully expressed.

Betty Flanders was romantic about Archer and tender about John; she was unreasonably irritated by Jacob's clumsiness in the house.

Captain Barfoot liked him best of the boys; but as for saying why …

It seems then that men and women are equally at fault. It seems that a profound, impartial, and absolutely just opinion of our fellow-creatures is utterly unknown. Either we are men, or we are women. Either we are cold, or we are sentimental. Either we are young, or growing old. In any case life is but a procession of shadows, and God knows why it is that we embrace them so eagerly, and see them depart with such anguish, being shadows. And why, if this—and much more than this is true, why are we yet surprised in the window corner by a sudden vision that the young man in the chair is of all things in the world the most real, the most solid, the best known to us—why indeed? For the moment after we know nothing about him.

Such is the manner of our seeing. Such the conditions of our love.

«El joven silencioso», había dicho Julia Eliot, y dado que ella cenaba con los primeros ministros, sin duda quería decir: «Si él quiere ser algo en este mundo, tendrá que encontrar su lengua».

Timothy Durrant nunca hizo comentario alguno.

La criada fue recompensada muy generosamente.

La opinión de Mr Sopwith fue tan sentimental como la de Clara, aunque, de lejos, expresada con más habilidad.

Betty Flanders era romántica en lo que respecta a Archer y tierna en cuanto a John, pero se irritaba irracionalmente por la torpeza de Jacob en la casa.

Era el preferido del Capitán Barfoot entre los muchachos; pero en cuanto al por qué...

Parece entonces que los hombres y las mujeres son igualmente culpables. Parece que una opinión profunda, imparcial, y absolutamente justa de nuestras semejantes es completamente imposible. O somos hombres, o somos mujeres. O somos fríos, o somos sentimentales. O somos jóvenes, o estamos envejeciendo. En todo caso la vida no es sino una procesión de sombras, y Dios sabe por qué es que las abrazamos con tanta impaciencia, y las vemos partir con tal angustia, siendo sombras. Y ¿por qué, si esto... y mucho más que esto es verdadero, por qué nos sorprendemos en la esquina de la ventana por una visión repentina: que el joven en la silla es de todas las cosas en el mundo la más real, la más sólida, la más conocida para nosotros... por qué de hecho? Ya que al siguiente momento no sabemos nada sobre él.

Tal es la manera de nuestra visión. Tales las condiciones de nuestro amor.

("I'm twenty-two. It's nearly the end of October. Life is thoroughly pleasant, although unfortunately there are a great number of fools about. One must apply oneself to something or other—God knows what. Everything is really very jolly—except getting up in the morning and wearing a tail coat.")

"I say, Bonamy, what about Beethoven?"

("Bonamy is an amazing fellow. He knows practically everything—not more about English literature than I do—but then he's read all those Frenchmen.")

"I rather suspect you're talking rot, Bonamy. In spite of what you say, poor old Tennyson. ..."

("The truth is one ought to have been taught French. Now, I suppose, old Barfoot is talking to my mother. That's an odd affair to be sure. But I can't see Bonamy down there. Damn London!") for the market carts were lumbering down the street.

"What about a walk on Saturday?"

("What's happening on Saturday?")

Then, taking out his pocket-book, he assured himself that the night of the Durrants' party came next week.

But though all this may very well be true—so Jacob thought and spoke— so he crossed his legs—filled his pipe—sipped his whisky, and once looked at his pocket-book, rumpling his hair as he did so, there remains over something which can never be conveyed to a second person save by Jacob himself. Moreover, part of this is not Jacob but Richard Bonamy— the room; the market carts;

(«Tengo veintidós años. Estamos casi a finales de octubre. La vida es totalmente agradable, aunque desafortunadamente hay una gran cantidad de tontos sueltos. Uno debe aplicarse a lo uno o a lo otro... Dios sabe a qué. Todo es realmente muy alegre... excepto levantarse por la mañana y vestirse de frac»).

—Digo, Bonamy, ¿qué decir de Beethoven?

(«Bonamy es un compañero asombroso. Sabe prácticamente todo... no más que yo sobre literatura inglesa... pero él ha leído todos esos franceses»).

—Sospecho que estás desvariando, Bonamy. A pesar de lo que dices, pobre viejo Tennyson...

(«La verdad es que tendrían que habernos enseñado francés. Ahora mismo, supongo, el viejo Barfoot está hablando con mi madre. Eso es un asunto extraño, con seguridad. Pero no puedo imaginarme a Bonamy allá abajo. ¡Maldito Londres!»), porque los carros del mercado iban torpemente calle abajo.

—¿Qué dirías de una caminata el sábado?

(«¿Qué hay para hacer el sábado?»).

Entonces, sacando su agenda, se aseguró que la noche de la fiesta de los Durrant era la semana siguiente.

Pero aunque todo esto puede muy bien ser verdad... así pensó y habló Jacob... así cruzó las piernas... llenó su pipa... bebió a sorbos su whisky, y consultó su agenda, encrespando su cabello de la manera en que lo hacía, permanece algo que no puede transmitirse en segunda persona, solo por Jacob mismo. Además, parte de esto no es Jacob sino Richard Bonamy... el cuarto; los carros

the hour; the very moment of history. Then consider the effect of sex—how between man and woman it hangs wavy, tremulous, so that here's a valley, there's a peak, when in truth, perhaps, all's as flat as my hand. Even the exact words get the wrong accent on them. But something is always impelling one to hum vibrating, like the hawk moth, at the mouth of the cavern of mystery, endowing Jacob Flanders with all sorts of qualities he had not at all—for though, certainly, he sat talking to Bonamy, half of what he said was too dull to repeat; much unintelligible (about unknown people and Parliament); what remains is mostly a matter of guess work. Yet over him we hang vibrating.

"Yes," said Captain Barfoot, knocking out his pipe on Betty Flanders's hob, and buttoning his coat. "It doubles the work, but I don't mind that."

He was now town councillor. They looked at the night, which was the same as the London night, only a good deal more transparent. Church bells down in the town were striking eleven o'clock. The wind was off the sea. And all the bedroom windows were dark—the Pages were asleep; the Garfits were asleep; the Cranches were asleep—whereas in London at this hour they were burning Guy Fawkes on Parliament Hill.

del mercado; la hora; el momento mismo de la historia. Considere a continuación el efecto del sexo... cómo entre hombre y mujer todo queda suspendido, trémulo, de tal manera que aquí hay un valle, allí un pico, cuando en realidad, quizás, todo es completamente plano como mi mano. Incluso las palabras exactas toman un acento incorrecto en ellos. Pero algo está siempre impulsándolo a uno a zumbar vibrando, como los esfíngidos en la boca de la caverna del misterio, dotando a Jacob Flanders con toda clase de atributos que no tenía en absoluto... porque aun si, ciertamente, él se sentó a hablar con Bonamy, mitad de lo que dijo era demasiado soso como para repetirlo; mucho ininteligible (sobre gente desconocida y el parlamento); lo que permanece es sobre todo una cuestión de trabajo de conjetura. Con todo, acerca de él, vibramos en suspenso.

—Sí —dijo el capitán Barfoot, golpeando su pipa en el hornillo de la chimenea de Betty Flanders y abotonando su capa—. Implica el doble de trabajo, pero eso no me molesta.

Él era ahora concejal de la ciudad. Miraban la noche, que era igual a la noche de Londres, solo que mucho más transparente. Las campanas de las iglesias, abajo, en la ciudad, daban las once. El viento venía del mar. Y todas las ventanas del dormitorio estaban oscuras... los Page domían; los Garfit dormían; los Cranch dormían... mientras que en Londres, a esta hora, quemaban a Guy Fawkes en Parliament Hill.

Chapter six

The flames had fairly caught.

"There's St. Paul's!" some one cried.

As the wood caught the city of London was lit up for a second; on other sides of the fire there were trees. Of the faces which came out fresh and vivid as though painted in yellow and red, the most prominent was a girl's face. By a trick of the firelight she seemed to have no body. The oval of the face and hair hung beside the fire with a dark vacuum for background. As if dazed by the glare, her green-blue eyes stared at the flames. Every muscle of her face was taut. There was something tragic in her thus staring—her age between twenty and twenty-five.

A hand descending from the chequered darkness thrust on her head the conical white hat of a pierrot. Shaking her head, she still stared. A whiskered face appeared above her. They dropped two legs of a table upon the fire and a scattering of twigs and leaves. All this blazed up and showed faces far back, round, pale, smooth, bearded, some with billycock hats on; all intent; showed too St. Paul's floating on the uneven white mist, and two or three narrow, paper-white, extinguisher-shaped spires.

The flames were struggling through the wood and roaring up when, goodness knows where from, pails flung water in beautiful hollow shapes, as of polished tortoiseshell; flung again and again; until the hiss was like a swarm of bees; and all the faces went out.

Capítulo seis

Las llamas habían tomado bien.

—¡Allí se ve St Paul! —gritó alguien.

Mientras la madera tomaba, la City de Londres fue encendida por un segundo; alrededor del fuego había árboles. De las caras que emergían, frescas y vivas como pintadas de amarillo y rojo, la más prominente era la de una muchacha. Por efecto de la luz de las llamas parecía no tener cuerpo. El óvalo de la cara y el pelo colgaban junto al fuego con un vacío oscuro como fondo. Como deslumbrados por el fulgor, sus ojos verdiazules miraban fijamente las llamas. Cada músculo de su cara estaba tenso. Había algo trágico en ella, mirando fijamente así... su edad entre veinte y veinticinco años.

Una mano descendiendo de la oscuridad escabrosa le colocó sobre la cabeza el sombrero blanco y cónico de un *pierrot*. Sacudiendo su cabeza, ella miraba fijamente todavía. Una cara con bigotes apareció sobre ella. Pusieron dos patas de una mesa sobre el fuego y un manojo de ramitas y de hojas. Todo esto ardió y mostró caras más alejadas, redondas, pálidas, suaves, barbudas, algunas con sombreros hongo sobre ellas; todas absortas; e hicieron aparecer también a St Paul, flotando sobre las capas desiguales de niebla blanca, y dos o tres agujas estrechas, blancas como el papel, con forma de apagavelas.

Las llamas se abrían camino a través de la madera y rugían cuando, Dios sabe de dónde, cubos arrojaron agua en hermosas formas huecas, como caparazones de tortuga pulidos; arrojaron agua una y otra vez; hasta que el silbido parecía el de un enjambre de abejas; y todas las caras desaparecieron.

"Oh Jacob," said the girl, as they pounded up the hill in the dark, "I'm so frightfully unhappy!"

Shouts of laughter came from the others—high, low; some before, others after.

The hotel dining-room was brightly lit. A stag's head in plaster was at one end of the table; at the other some Roman bust blackened and reddened to represent Guy Fawkes, whose night it was. The diners were linked together by lengths of paper roses, so that when it came to singing "Auld Lang Syne" with their hands crossed a pink and yellow line rose and fell the entire length of the table. There was an enormous tapping of green wine-glasses. A young man stood up, and Florinda, taking one of the purplish globes that lay on the table, flung it straight at his head. It crushed to powder.

"I'm so frightfully unhappy!" she said, turning to Jacob, who sat beside her.

The table ran, as if on invisible legs, to the side of the room, and a barrel organ decorated with a red cloth and two pots of paper flowers reeled out waltz music.

Jacob could not dance. He stood against the wall smoking a pipe.

"We think," said two of the dancers, breaking off from the rest, and bowing profoundly before him, "that you are the most beautiful man we have ever seen."

So they wreathed his head with paper flowers. Then somebody brought out a white and gilt chair and made him sit on it. As

—Oh Jacob —dijo la muchacha, mientras montaban con dificultad la colina en la oscuridad—, ¡soy tan espantosamente infeliz!

Se escuchaban carcajadas que provenían de los otros… agudas, graves; algunas antes, otras después.

El comedor del hotel estaba brillantemente iluminado. La cabeza de un ciervo en yeso se encontraba en un extremo de la mesa; en el otro algún busto romano ennegrecido y enrojecido representando a Guy Fawkes, de quien era la noche. Los comensales estaban ligados por guirnaldas de rosas de papel, de modo que cuando llegó el momento de cantar «Auld Lang Syne» con sus manos cruzadas una línea rosada y amarilla subía y bajaba a lo largo de la mesa. Había un golpeteo enorme de verdes copas de vino. Un joven se puso de pie y Florinda, tomando uno de las bolas purpurinas que descansaban sobre la mesa, la arrojó derecho hacia su cabeza. Se hizo añicos.

—¡Soy tan espantosamente infeliz! —dijo ella, tornándose hacia Jacob, que estaba sentado al lado de ella.

La mesa corrió, como si estuviera montada sobre patas invisibles, al costado del cuarto, y un organillo adornado con un paño rojo y dos potes de flores desbobinaba música de vals.

Jacob no sabía bailar. Estaba parado contra la pared, fumando una pipa.

—Pensamos —dijeron dos de los bailarines, separándose del resto, e inclinándose significativamente ante él—, que usted es el hombre más hermoso que jamás hayamos visto.

Y así coronaron su cabeza con flores de papel. Entonces alguien trajo una silla blanca y dorada e hicieron que se siente sobre ella.

they passed, people hung glass grapes on his shoulders, until he looked like the figure-head of a wrecked ship. Then Florinda got upon his knee and hid her face in his waistcoat. With one hand he held her; with the other, his pipe.

"Now let us talk," said Jacob, as he walked down Haverstock Hill between four and five o'clock in the morning of November the sixth arm-in-arm with Timmy Durrant, "about something sensible."

The Greeks—yes, that was what they talked about—how when all's said and done, when one's rinsed one's mouth with every literature in the world, including Chinese and Russian (but these Slavs aren't civilized), it's the flavour of Greek that remains. Durrant quoted Aeschylus—Jacob Sophocles. It is true that no Greek could have understood or professor refrained from pointing out— Never mind; what is Greek for if not to be shouted on Haverstock Hill in the dawn? Moreover, Durrant never listened to Sophocles, nor Jacob to Aeschylus. They were boastful, triumphant; it seemed to both that they had read every book in the world; known every sin, passion, and joy. Civilizations stood round them like flowers ready for picking. Ages lapped at their feet like waves fit for sailing. And surveying all this, looming through the fog, the lamplight, the shades of London, the two young men decided in favour of Greece.

"Probably," said Jacob, "we are the only people in the world who know what the Greeks meant."

They drank coffee at a stall where the urns were burnished and little lamps burnt along the counter.

Mientras pasaba, la gente colgaba uvas de cristal sobre sus hombros, hasta que él parecía la figura de proa de una nave naufragada. Después Florinda se sentó sobre sus rodillas y escondió la cara en su chaleco. Con una mano la sostenía a ella; y con la otra, su pipa.

—Ahora hablemos —dijo Jacob, mientras caminaba hacia abajo por Haverstock Hill entre las cuatro y las cinco, en la mañana del seis de noviembre, tomado del brazo con Timmy Durrant—, sobre algo sensato.

Los griegos... sí, de eso hablaron... cómo cuando todo está dicho y hecho, cuando uno se ha enjuagado la boca con cada literatura en el mundo, incluyendo la china y la rusa (pero estos eslavos no son civilizados), es el sabor del griego el que perdura. Durrant citó a Esquilo... Jacob a Sófocles. Es verdad que ningún griego habría entendido o profesor se hubiera refrenado de precisar... No importa; ¿para qué está el griego sino para ser gritado en Haverstock Hill al amanecer? Por otra parte, Durrant nunca escuchaba a Sófocles, ni Jacob a Esquilo. Eran presumidos, triunfadores; a ambos les parecía que habían leído cada libro en el mundo; conocido cada pecado, pasión, y alegría. Las civilizaciones se tenían alrededor suyo como flores listas para ser recogidas. Las edades oleaban a sus pies como ondas hechas para navegar. Y al considerar todo esto, asomándose a través de la niebla, la luz de la lámpara, las sombras de Londres, los dos jóvenes decidieron a favor de Grecia.

—Probablemente —dijo Jacob—, somos los únicos en el mundo que saben lo que quisieron decir los griegos.

Bebieron café en un puesto donde las cafeteras estaban bruñidas y pequeñas lámparas ardían a lo largo del mostrador.

Taking Jacob for a military gentleman, the stall-keeper told him about his boy at Gibraltar, and Jacob cursed the British army and praised the Duke of Wellington. So on again they went down the hill talking about the Greeks.

A strange thing—when you come to think of it—this love of Greek, flourishing in such obscurity, distorted, discouraged, yet leaping out, all of a sudden, especially on leaving crowded rooms, or after a surfeit of print, or when the moon floats among the waves of the hills, or in hollow, sallow, fruitless London days, like a specific; a clean blade; always a miracle. Jacob knew no more Greek than served him to stumble through a play. Of ancient history he knew nothing. However, as he tramped into London it seemed to him that they were making the flagstones ring on the road to the Acropolis, and that if Socrates saw them coming he would bestir himself and say "my fine fellows," for the whole sentiment of Athens was entirely after his heart; free, venturesome, high-spirited. ... She had called him Jacob without asking his leave. She had sat upon his knee. Thus did all good women in the days of the Greeks.

At this moment there shook out into the air a wavering, quavering, doleful lamentation which seemed to lack strength to unfold itself, and yet flagged on; at the sound of which doors in back streets burst sullenly open; workmen stumped forth.

Florinda was sick.

Mrs. Durrant, sleepless as usual, scored a mark by the side of certain lines in the Inferno.

Clara slept buried in her pillows; on her dressing-table dishev-

Tomando a Jacob por un joven oficial, el encargado le contó sobre su hijo en Gibraltar, y Jacob maldijo al ejército británico y elogió al duque de Wellington. Y así, siguiendo su camino, bajaron la colina hablando de los griegos.

Cosa extraña... cuando uno se pone a pensar en ello... este amor por los griegos, próspero en tal oscuridad, distorsionado, desanimado, y sin embargo surgiendo, repentinamente, especialmente al dejar cuartos con muchedumbres, o luego de una indigestión de lectura, o cuando la luna flota entre las ondas hechas por las colinas, o en huecos, cetrinos, infructuosos días de Londres, como una medicina específica; una cuchilla limpia; siempre un milagro. Jacob no sabía más griego que el que le servía para tambalear por una pieza de teatro. No sabía nada de historia antigua. Sin embargo, mientras andaba por Londres le parecía que hacían resonar los adoquines en el camino a la Acrópolis, y que si Sócrates los viera se hubiera animado y dicho «mis estimados compañeros», porque todo el sentimiento de Atenas estaba enteramente en su corazón; libre, aventurero, fogoso... Ella lo había tuteado sin pedirle permiso. Se había sentado sobre sus rodillas. Tal como lo hacían todas las buenas mujeres en los días de los griegos.

En ese momento tembló en el aire un lamento trémulo, escalofriante, lúgubre, que parecía carecer de fuerza para revelarse, y que sin embargo continuaba a la rastra; al sonido del cual las puertas en las calles traseras se abrieron hurañas; los trabajadores se ponían pesadamente en ruta.

Florinda vomitaba.

Mrs Durrant, insomne como de costumbre, hizo una marca al lado de ciertas líneas en el *Inferno*.

Clara durmió enterrada en las almohadillas; sobre su tocador,

elled roses and a pair of long white gloves.

Still wearing the conical white hat of a pierrot, Florinda was sick.

The bedroom seemed fit for these catastrophes—cheap, mustard-coloured, half attic, half studio, curiously ornamented with silver paper stars, Welshwomen's hats, and rosaries pendent from the gas brackets. As for Florinda's story, her name had been bestowed upon her by a painter who had wished it to signify that the flower of her maidenhood was still unplucked. Be that as it may, she was without a surname, and for parents had only the photograph of a tombstone beneath which, she said, her father lay buried. Sometimes she would dwell upon the size of it, and rumour had it that Florinda's father had died from the growth of his bones which nothing could stop; just as her mother enjoyed the confidence of a Royal master, and now and again Florinda herself was a Princess, but chiefly when drunk. Thus deserted, pretty into the bargain, with tragic eyes and the lips of a child, she talked more about virginity than women mostly do; and had lost it only the night before, or cherished it beyond the heart in her breast, according to the man she talked to. But did she always talk to men? No, she had her confidante: Mother Stuart. Stuart, as the lady would point out, is the name of a Royal house; but what that signified, and what her business way, no one knew; only that Mrs. Stuart got postal orders every Monday morning, kept a parrot, believed in the transmigration of souls, and could read the future in tea leaves. Dirty lodging-house wallpaper she was behind the chastity of Florinda.

Now Florinda wept, and spent the day wandering the streets; stood at Chelsea watching the river swim past; trailed along the

rosas desaliñadas y un par de largos guantes blancos.

Todavía vistiendo su sombrero blanco y cónico de *pierrot*, Florinda vomitaba.

El dormitorio parecía adecuado para estas catástrofes... barato, de color mostaza, medio ático, medio estudio, curiosamente adornado con estrellas de papel de plata, sombreros galeses, y rosarios pendiendo de los mecheros de gas. En cuanto a la historia de Florinda, su nombre le había sido concedido por un pintor que deseaba que este signifique que la flor de su doncellez todavía estaba sin coger. Sea como fuere, ella no tenía un apellido, y por padres tenía solamente la fotografía de una piedra sepulcral debajo de la cual, decía, su padre yacía enterrado. A veces ella insistía sobre las dimensiones de la lápida, y se rumorea que el padre de Florinda había muerto del crecimiento de sus huesos, que nada podía detener; así como su madre gozaba la confianza de un protector real, y ocasionalmente Florinda misma era una princesa, pero principalmente cuando estaba ebria. Así abandonada, bonita para colmo, con ojos trágicos y los labios de un niño, ella hablaba más sobre la virginidad que la mayoría de las mujeres; y la había perdido recién la noche anterior, o la quería más que a la niña de sus ojos, según el hombre al que ella hablaba. ¿Pero hablaba siempre con los hombres? No, ella tenía su confidente: madre Stuart. Stuart, como la dama lo precisaría, es el nombre de una casa real; pero lo que eso significaba, y cuál era su negocio, nadie sabía; solo que esa Mrs Stuart recibía giros postales cada lunes por la mañana, criaba un loro, creía en la transmigración de las almas, y podía leer el futuro en las hojas de té. Como sucio papel pintado de pensión, ella estaba detrás de la castidad de Florinda.

Ahora Florinda lloraba, y pasaba el día vagando por las calles; se detenía en Chelsea y miraba pasar el río; se arrastraba a lo largo

shopping streets; opened her bag and powdered her cheeks in omnibuses; read love letters, propping them against the milk pot in the A.B.C. shop; detected glass in the sugar bowl; accused the waitress of wishing to poison her; declared that young men stared at her; and found herself towards evening slowly sauntering down Jacob's street, when it struck her that she liked that man Jacob better than dirty Jews, and sitting at his table (he was copying his essay upon the Ethics of Indecency), drew off her gloves and told him how Mother Stuart had banged her on the head with the tea-cosy.

Jacob took her word for it that she was chaste. She prattled, sitting by the fireside, of famous painters. The tomb of her father was mentioned. Wild and frail and beautiful she looked, and thus the women of the Greeks were, Jacob thought; and this was life; and himself a man and Florinda chaste.

She left with one of Shelley's poems beneath her arm. Mrs. Stuart, she said, often talked of him.

Marvellous are the innocent. To believe that the girl herself transcends all lies (for Jacob was not such a fool as to believe implicitly), to wonder enviously at the unanchored life—his own seeming petted and even cloistered in comparison—to have at hand as sovereign specifics for all disorders of the soul Adonais and the plays of Shakespeare; to figure out a comradeship all spirited on her side, protective on his, yet equal on both, for women, thought Jacob, are just the same as men—innocence such as this is marvellous enough, and perhaps not so foolish after all.

For when Florinda got home that night she first washed her head; then ate chocolate creams; then opened Shelley. True, she

de las calles comerciales; abría su bolso y empolvaba sus mejillas en los ómnibus; leía cartas de amor apoyándolas contra el pote de leche en el salón de té A.B.C.; encontraba vidrio en el tazón del azúcar; acusaba a la camarera de desear envenenarla; declaraba que unos jóvenes la miraban fijamente; y se encontraba a sí misma por la tarde lentamente paseando por la calle de Jacob, cuando se dio cuenta que le agradaba este hombre, Jacob, más que los judíos sucios, y sentándose a la mesa (él copiaba su ensayo sobre la ética de la indecencia), retiró sus guantes y le contó cómo la madre Stuart la había golpeado en la cabeza con el cubretetera.

Jacob tomó su palabra que ella era casta. Ella cotorreaba, sentándose al lado del hogar, sobre pintores famosos. La tumba de su padre fue mencionada. Salvaje y frágil y hermosa lucía ella, y así eran las mujeres de los griegos, pensó Jacob; y esto era la vida; y él mismo un hombre y Florinda casta.

Ella se fue con uno de los poemas de Shelley bajo su brazo. Mrs Stuart, ella dijo, hablaba a menudo de él.

Maravillosos son los inocentes. Creer que la muchacha misma trasciende todas las mentiras (porque Jacob no era tan tonto como para tenerle una confianza absoluta), admirar y envidiar esta vida sin ancla... su propia vida parecía consentida e incluso amurallada en comparación... teniendo a mano como soberana medicina específica para todos los desórdenes del alma Adonais y las piezas de teatro de Shakespeare; imaginar una camaradería fogosa por parte de ella, protectora por parte de él, pero igual para ambos, porque las mujeres, pensó Jacob, son exactamente como los hombres... una inocencia como esta es lo suficientemente maravillosa, y quizás no tan absurda después de todo.

Porque cuando Florinda volvió a casa aquella noche lavó primero su cabeza; luego comió chocolates rellenos; y entonces abrió

was horribly bored. What on earth was it ABOUT? She had to wager with herself that she would turn the page before she ate another. In fact she slept. But then her day had been a long one, Mother Stuart had thrown the tea-cosy;—there are formidable sights in the streets, and though Florinda was ignorant as an owl, and would never learn to read even her love letters correctly, still she had her feelings, liked some men better than others, and was entirely at the beck and call of life. Whether or not she was a virgin seems a matter of no importance whatever. Unless, indeed, it is the only thing of any importance at all.

Jacob was restless when she left him.

All night men and women seethed up and down the well-known beats. Late home-comers could see shadows against the blinds even in the most respectable suburbs. Not a square in snow or fog lacked its amorous couple. All plays turned on the same subject. Bullets went through heads in hotel bedrooms almost nightly on that account. When the body escaped mutilation, seldom did the heart go to the grave unscarred. Little else was talked of in theatres and popular novels. Yet we say it is a matter of no importance at all.

What with Shakespeare and Adonais, Mozart and Bishop Berkeley—choose whom you like—the fact is concealed and the evenings for most of us pass reputably, or with only the sort of tremor that a snake makes sliding through the grass. But then concealment by itself distracts the mind from the print and the sound. If Florinda had had a mind, she might have read with clearer eyes than we can. She and her sort have solved the question by turning it to a trifle of washing the hands nightly before going to bed, the only

Shelley. Es cierto, se aburría horriblemente. ¿*Sobre* qué diablos trataba esto? Ella tuvo que desafiarse a no comer otro antes de dar vuelta la página. De hecho, ella durmió. Sí, pero su día había sido largo, madre Stuart había lanzado el cubretetera... hay vistas formidables en las calles, y aunque Florinda era ignorante como un asno, y nunca aprendería a leer ni siquiera sus cartas de amor correctamente, ella todavía tenía sus sentimientos, le agradaban algunos hombres más que otros, y estaba enteramente sumida al llamado de la vida. Si ella era o no virgen parecía una cuestión sin importancia. A menos que, de hecho, sea absolutamente lo único que tenga importancia.

Jacob estaba agitado cuando ella lo dejó.

Toda la noche un hormigueo de hombres y mujeres transitaban, en los dos sentidos, los caminos bien conocidos. Aquellos que volvían tarde a casa podían ver sombras contra las persianas incluso en los suburbios más respetables. No había una plaza en la nieve o en la niebla que careciera su pareja de enamorados. Todas las piezas de teatro tornaban alrededor del mismo tema. Las balas atravesaban cabezas en dormitorios de hotel casi cada noche a causa de eso. Cuando el cuerpo escapaba la mutilación, raramente llegaba el corazón al sepulcro sin cicatrices. De poco más se hablaba en los teatros y las novelas populares. Con todo decimos que es una cuestión absolutamente sin importancia.

Entre Shakespeare y *Adonais*, Mozart y obispo Berkeley... uno puede elegir a quién más le guste... el hecho se encubre y las tardes para la mayor parte de nosotros pasa de manera respetable, o solo con la clase de temblor que hace una serpiente deslizándose a través de la hierba. Pero en ese caso el encubrimiento por sí mismo distrae la mente de la lectura y de la escucha. Si Florinda hubiera tenido cabeza, ella podría haber leído con ojos más claros que los nuestros. Ella y su clase han solucionado la cuestión

difficulty being whether you prefer your water hot or cold, which being settled, the mind can go about its business unassailed.

But it did occur to Jacob, half-way through dinner, to wonder whether she had a mind.

They sat at a little table in the restaurant.

Florinda leant the points of her elbows on the table and held her chin in the cup of her hands. Her cloak had slipped behind her. Gold and white with bright beads on her she emerged, her face flowering from her body, innocent, scarcely tinted, the eyes gazing frankly about her, or slowly settling on Jacob and resting there. She talked:

"You know that big black box the Australian left in my room ever so long ago? ... I do think furs make a woman look old. ... That's Bechstein come in now. ... I was wondering what you looked like when you were a little boy, Jacob." She nibbled her roll and looked at him.

"Jacob. You're like one of those statues. ... I think there are lovely things in the British Museum, don't you? Lots of lovely things ..." she spoke dreamily. The room was filling; the heat increasing. Talk in a restaurant is dazed sleep-walkers' talk, so many things to look at—so much noise—other people talking. Can one overhear? Oh, but they mustn't overhear US.

"That's like Ellen Nagle—that girl ..." and so on.

tornándola en una bagatela como lavarse las manos cada noche antes de irse a dormir, la única dificultad siendo si uno prefiere el agua caliente o fría, estando esto decidido, la mente puede seguir con sus asuntos sin temor.

Pero se le ocurrió a Jacob, a mitad de la cena, preguntarse si ella tenía cabeza.

Se sentaron en una pequeña mesa en el restaurante.

Florinda apoyó las puntas de sus codos sobre la mesa y sostuvo su barbilla en el hueco de sus manos. Su capa se había deslizado detrás de ella. En oro y blanco emergía, con perlas brillantes sobre ella, su rostro floreciendo desde su cuerpo, inocente, a penas con color, los ojos mirando francamente alrededor de ella, o posándose lentamente en Jacob y descansando allí. Ella habló:

—¿Sabes de esa gran caja negra que la australiana dejó en mi cuarto hace tanto tiempo?... Pienso que las pieles hacen que una mujer parezca vieja... Ese es Bechstein, el que está entrando... Me preguntaba como eras de niño, Jacob. —Ella mordisqueó su pan y lo miraba.

—Jacob. Tú eres como una de esas estatuas... Pienso que hay cosas encantadoras en el British Museum, ¿no? Muchas cosas encantadoras... —Ella hablaba como en un sueño. El salón se estaba llenando; el calor aumentando. La conversación en un restaurante es el hablar de los sonámbulos deslumbrados, tantas cosas para mirar... tanto ruido... otra gente hablando. ¿Puede uno oír por casualidad? Oh, pero ellos no van a oírnos por casualidad a *nosotros*.

—Ella es como Ellen Nagle... esa muchacha —y así sucesivamente.

"I'm awfully happy since I've known you, Jacob. You're such a GOOD man."

The room got fuller and fuller; talk louder; knives more clattering.

"Well, you see what makes her say things like that is ..."

She stopped. So did every one.

"To-morrow ... Sunday ... a beastly ... you tell me ... go then!" Crash! And out she swept.

It was at the table next them that the voice spun higher and higher. Suddenly the woman dashed the plates to the floor. The man was left there. Everybody stared. Then—"Well, poor chap, we mustn't sit staring. What a go! Did you hear what she said? By God, he looks a fool! Didn't come up to the scratch, I suppose. All the mustard on the tablecloth. The waiters laughing."

Jacob observed Florinda. In her face there seemed to him something horribly brainless—as she sat staring.

Out she swept, the black woman with the dancing feather in her hat.

Yet she had to go somewhere. The night is not a tumultuous black ocean in which you sink or sail as a star. As a matter of fact it was a wet November night. The lamps of Soho made large greasy spots of light upon the pavement. The by-streets were dark enough to shelter man or woman leaning against the doorways. One detached herself as Jacob and Florinda approached.

—Soy terriblemente feliz desde que te he conocido, Jacob. Tú eres un hombre tan *bueno.*

El salón estaba más y más lleno; la charla más ruidosa; los cuchillos más estrepitosos.

—Bien, tú ves lo que le hace decir cosas así a ella...

Ella se detuvo. Así lo hizo cada uno.

—¡Mañana... domingo... un abominable... tú dices que... vete entonces! —¡Cataplum! Y ella salió con rapidez.

Fue en la mesa próxima a la de ellos que la voz se hacía cada vez más y más aguda. Repentinamente la mujer estrelló los platos por el piso. El hombre fue dejado allí. Todos miraron fijamente. Entonces: —Bueno, pobre tipo, no debemos mirarlo fijamente. ¡Qué historia! ¿Escuchaste lo que ella dijo? ¡Por Dios, él parece un tonto! No daba la talla, supongo. Toda la mostaza en el mantel. Los camareros se ríen.

Jacob observaba a Florinda. A él le parecía que en el rostro de ella había algo horriblemente descerebrado... mientras ella miraba fijamente.

Salió con rapidez, la mujer negra con la pluma danzando en su sombrero.

Con todo ella tenía que ir a alguna parte. La noche no es un tumultuoso océano negro en el cual uno se hunde o navega como una estrella. De hecho era una noche húmeda de noviembre. Las lámparas del Soho dejaban grasientos puntos de luz sobre el pavimento. Las calles laterales estaban lo suficientemente oscuras como para abrigar hombre o mujer recostándose contra los um-

"She's dropped her glove," said Florinda.

Jacob, pressing forward, gave it her.

Effusively she thanked him; retraced her steps; dropped her glove again. But why? For whom?

Meanwhile, where had the other woman got to? And the man?

The street lamps do not carry far enough to tell us. The voices, angry, lustful, despairing, passionate, were scarcely more than the voices of caged beasts at night. Only they are not caged, nor beasts. Stop a man; ask him the way; he'll tell it you; but one's afraid to ask him the way. What does one fear?—the human eye. At once the pavement narrows, the chasm deepens. There! They've melted into it—both man and woman. Further on, blatantly advertising its meritorious solidity, a boarding- house exhibits behind uncurtained windows its testimony to the soundness of London. There they sit, plainly illuminated, dressed like ladies and gentlemen, in bamboo chairs. The widows of business men prove laboriously that they are related to judges. The wives of coal merchants instantly retort that their fathers kept coachmen. A servant brings coffee, and the crochet basket has to be moved. And so on again into the dark, passing a girl here for sale, or there an old woman with only matches to offer, passing the crowd from the Tube station, the women with veiled hair, passing at length no one but shut doors, carved door- posts, and a solitary policeman, Jacob, with Florinda on his arm, reached his room and, lighting the lamp, said nothing at all.

encendiendo la lámpara, no dice absolutamente nada.

—No me agradas cuando pones esa cara —dijo Florinda.

El problema es insoluble. El cuerpo es uncido a un cerebro. La belleza va mano a mano con la estupidez. Allí se sentó ella mirando fijamente el fuego tal como había mirado fijamente el pote de mostaza quebrado. A pesar de defender la indecencia, Jacob dudaba si le agradaba cuando esta es cruda. Quería violentamente volver a la sociedad masculina, los cuartos amurallados, y las obras de los clásicos; y estaba listo para responder con cólera a quienquiera que haya dado esta forma a la vida.

Entonces Florinda le puso su mano sobre la rodilla.

Después de todo, no era su culpa. Pero el pensamiento lo entristecía. No son las catástrofes, los asesinatos, las muertes, las enfermedades, que nos envejecen y matan; es la forma en que la gente mira y ríe, y suben corriendo los peldaños de los ómnibus.

Cualquier excusa, sin embargo, sirve a una mujer estúpida. Él le dijo que le dolía la cabeza.

Pero cuando ella lo miró, muda, conjeturando a medias, entendiendo a medias, disculpándose quizás, de todos modos diciendo como él había dicho, «no es mi culpa», erguida y hermosa en cuerpo, su rostro como una almeja dentro de su concha, supo él entonces que los claustros y las obras clásicas no son de uso alguno. El problema es insoluble.

Chapter seven

About this time a firm of merchants having dealings with the East put on the market little paper flowers which opened on touching water. As it was the custom also to use finger-bowls at the end of dinner, the new discovery was found of excellent service. In these sheltered lakes the little coloured flowers swam and slid; surmounted smooth slippery waves, and sometimes foundered and lay like pebbles on the glass floor. Their fortunes were watched by eyes intent and lovely. It is surely a great discovery that leads to the union of hearts and foundation of homes. The paper flowers did no less.

It must not be thought, though, that they ousted the flowers of nature. Roses, lilies, carnations in particular, looked over the rims of vases and surveyed the bright lives and swift dooms of their artificial relations. Mr. Stuart Ormond made this very observation; and charming it was thought; and Kitty Craster married him on the strength of it six months later. But real flowers can never be dispensed with. If they could, human life would be a different affair altogether. For flowers fade; chrysanthemums are the worst; perfect over night; yellow and jaded next morning—not fit to be seen. On the whole, though the price is sinful, carnations pay best;—it's a question, however, whether it's wise to have them wired. Some shops advise it. Certainly it's the only way to keep them at a dance; but whether it is necessary at dinner parties, unless the rooms are very hot, remains in dispute. Old Mrs. Temple used to recommend an ivy leaf—just one—dropped into the bowl. She said it kept the water pure for days and days. But there is some reason to think that old Mrs. Temple was mistaken.

Capítulo siete

Alrededor de esta época una firma de comerciantes que tenían negocios en oriente habían introducido en el mercado pequeñas flores de papel que se abrían al tocar el agua. Como era costumbre también utilizar aguamaniles al terminar la cena, el nuevo descubrimiento proveía una excelente utilidad. En estos lagos protegidos las pequeñas flores coloreadas nadaban y resbalaban; superaban suaves olas resbalosas, y a veces se hundían y yacían como guijarros en el piso de cristal. Sus fortunas eran miradas por ojos atentos y encantadores. Sin dudas es un gran descubrimiento algo que conduce a la unión de los corazones y a la fundación de hogares. Las flores de papel no hacían nada menos que eso.

No debe ser pensado, sin embargo, que estas reemplazaron las flores naturales. Rosas, lirios y claveles, particularmente, miraban sobre los bordes de los jarrones y examinaban las vidas brillantes y las rápidas ruinas de sus pares artificiales. Mr Stuart Ormond hizo esta misma observación; y fue encontrada encantadora; y por la fuerza de este argumento Kitty Craster se casó con él seis meses más tarde. Pero las flores verdaderas no pueden nunca desecharse. Si se pudiera, la vida humana sería un asunto completamente diferente. Porque las flores se marchitan; los crisantemos son los peores; perfectos por la noche; amarillentos y usados la mañana próxima... ineptos para ser vistos. En conjunto, aunque el precio es un pecado, los claveles valen lo que se paga... resta una cuestión, sin embargo, si es sabio atarlos con alambre. Algunas tiendas así lo aconsejan. Es ciertamente la única manera de fijarlos al danzar; pero en cuanto a si son necesarios en cenas de gala, a no ser que los salones sean muy calurosos, es discutible. La vieja Mrs Temple recomendaba una hoja de hiedra, apenas una, en el jarrón. Decía que mantenía el agua pura por días y días. Pero hay cierta razón para pensar que la vieja Mrs Temple

The little cards, however, with names engraved on them, are a more serious problem than the flowers. More horses' legs have been worn out, more coachmen's lives consumed, more hours of sound afternoon time vainly lavished than served to win us the battle of Waterloo, and pay for it into the bargain. The little demons are the source of as many reprieves, calamities, and anxieties as the battle itself. Sometimes Mrs. Bonham has just gone out; at others she is at home. But, even if the cards should be superseded, which seems unlikely, there are unruly powers blowing life into storms, disordering sedulous mornings, and uprooting the stability of the afternoon—dressmakers, that is to say, and confectioners' shops. Six yards of silk will cover one body; but if you have to devise six hundred shapes for it, and twice as many colours?—in the middle of which there is the urgent question of the pudding with tufts of green cream and battlements of almond paste. It has not arrived.

The flamingo hours fluttered softly through the sky. But regularly they dipped their wings in pitch black; Notting Hill, for instance, or the purlieus of Clerkenwell. No wonder that Italian remained a hidden art, and the piano always played the same sonata. In order to buy one pair of elastic stockings for Mrs. Page, widow, aged sixty-three, in receipt of five shillings out-door relief, and help from her only son employed in Messrs. Mackie's dye-works, suffering in winter with his chest, letters must be written, columns filled up in the same round, simple hand that wrote in Mr. Letts's diary how the weather was fine, the children demons, and Jacob Flanders unworldly. Clara Durrant procured the stockings, played the sonata, filled the vases, fetched the pudding, left the cards, and when the great invention of paper flowers to swim in finger-bowls was discovered, was one of those who most marvelled at their brief lives.

se equivocaba.

Las pequeñas tarjetas, sin embargo, con los nombres grabados en ellas, son un problema más serio que las flores. Más piernas de caballos se han desgastado, más vidas de cocheros, más horas apacibles de la tarde han sido prodigadas en vano que servido a ganar la batalla de Waterloo, y para colmo pagar por ello. Estos pequeños demonios son la fuente de tantos aplazamientos, calamidades y ansiedades como la batalla misma. A veces Mrs Bonham acaba de salir; a veces recibe. Pero, aun si las tarjetas fueran reemplazadas, lo que parece inverosímil, hay fuerzas ingobernables que atizan las tormentas, desordenando diligentes mañanas, y desarraigando la estabilidad de la tarde... nombremos las modistas y las confiterías. Seis yardas de seda cubrirán un cuerpo; pero ¿tiene uno que idear seiscientas formas para esto, y dos veces esa cantidad de colores?... en medio de todo lo cual está la cuestión urgente del pudín con penachos de crema verde y almenas de pasta de almendras. Todavía no ha llegado.

Las horas, flamencos rosados, aleteaban suavemente a través del cielo. Pero a intervalos regulares sumergían sus alas en el negro más completo; Notting Hill, por ejemplo, o los alrededores de Clerkenwell. No hay de qué asombrarse si el italiano seguía siendo un arte oculto, y el piano toca siempre la misma sonata. Para comprar un par de medias de elástico para Mrs Page, viuda, sesenta y tres años, recibiendo una ayuda para indigentes de cinco chelines, y la ayuda de su hijo único empleado en la tintorería de Messrs Mackie, sufriendo en invierno de su pecho, cartas deben ser escritas, columnas llenadas con la misma escritura redonda, simple, que escribió en el diario de Mr Letts que el tiempo estaba bien, los niños hechos unos demonios, y Jacob Flanders ajeno al mundo. Clara Durrant procuró las medias, tocó la sonata, llenó los jarrones, trajo el pudín, dejó las tarjetas, y cuando la gran invención de las flores de papel nadando en los aguamaniles fue

Nor were there wanting poets to celebrate the theme. Edwin Mallett, for example, wrote his verses ending:

And read their doom in Chloe's eyes,

which caused Clara to blush at the first reading, and to laugh at the second, saying that it was just like him to call her Chloe when her name was Clara. Ridiculous young man! But when, between ten and eleven on a rainy morning, Edwin Mallett laid his life at her feet she ran out of the room and hid herself in her bedroom, and Timothy below could not get on with his work all that morning on account of her sobs.

"Which is the result of enjoying yourself," said Mrs. Durrant severely, surveying the dance programme all scored with the same initials, or rather they were different ones this time—R.B. instead of E.M.; Richard Bonamy it was now, the young man with the Wellington nose.

"But I could never marry a man with a nose like that," said Clara.

"Nonsense," said Mrs. Durrant.

"But I am too severe," she thought to herself. For Clara, losing all vivacity, tore up her dance programme and threw it in the fender.

Such were the very serious consequences of the invention of paper flowers to swim in bowls.

descubierta, fue una de las que más se asombraba de sus breves vidas.

Tampoco faltaban poetas para celebrar el tema. Edwin Mallett, por ejemplo, escribió un poema terminando con los versos:

Y leyó su ruina en los ojos de Chloe,

lo que hizo a Clara ruborizarse en la primera lectura, y reír en la segunda, diciendo que era muy propio de él llamarla Chloe cuando su nombre era Clara. ¡Un joven ridículo! Pero cuando, entre las diez y las once de una mañana lluviosa, Edwin Mallett puso la vida a sus pies ella corrió fuera del salón y se escondió en su dormitorio, y Timothy, debajo, no pudo concentrarse en su trabajo durante toda la mañana a causa de sus sollozos.

—Esto es lo que sucede cuando uno se divierte —dijo Mrs Durrant seriamente, examinando el carné de danza marcado completamente con las mismas iniciales, o esta vez eran diferentes... R.B. en vez de E.M.; Richard Bonamy esta vez, el joven con la nariz *à la* Wellington.

—Pero yo no podría casarme nunca con un hombre con una nariz como esa —dijo Clara.

—Pamplinas —dijo Mrs Durrant.

«Pero soy demasiada severa», pensó para sí misma. Porque Clara, perdiendo todo su ánimo, rasgó su carné de danza y lo lanzó a la chimenea.

Tales eran las serias consecuencias de la invención de flores de papel que nadaban en los aguamaniles.

"Please," said Julia Eliot, taking up her position by the curtain almost opposite the door, "don't introduce me. I like to look on. The amusing thing," she went on, addressing Mr. Salvin, who, owing to his lameness, was accommodated with a chair, "the amusing thing about a party is to watch the people—coming and going, coming and going."

"Last time we met," said Mr. Salvin, "was at the Farquhars. Poor lady! She has much to put up with."

"Doesn't she look charming?" exclaimed Miss Eliot, as Clara Durrant passed them.

"And which of them ...?" asked Mr. Salvin, dropping his voice and speaking in quizzical tones.

"There are so many ..." Miss Eliot replied. Three young men stood at the doorway looking about for their hostess.

"You don't remember Elizabeth as I do," said Mr. Salvin, "dancing Highland reels at Banchorie. Clara lacks her mother's spirit. Clara is a little pale."

"What different people one sees here!" said Miss Eliot.

"Happily we are not governed by the evening papers," said Mr. Salvin.

"I never read them," said Miss Eliot. "I know nothing about politics," she added.

"The piano is in tune," said Clara, passing them, "but we may have to ask some one to move it for us."

—Por favor —dijo Julia Eliot, instalándose en su lugar cerca de la cortina, frente a la puerta—, no me presente. Solo quiero mirar. Es lo más divertido —y así continuó, dirigiéndose a Mr Salvin, que, debido a su cojera, estaba acomodando su silla—, lo divertido en una fiesta es observar a la gente... yendo y viniendo, yendo y viniendo.

—La última vez que nos vimos —dijo Mr Salvin—, fue en lo de los Farquhar. ¡Pobre mujer! Tiene que soportar tanto.

—¿No luce encantadora? —exclamó Miss Eliot, mientras Clara Durrant pasaba delante de ellos.

—¿Y cuál de ellos...? —preguntó Mr Salvin, dejando caer su voz y hablando con un tono burlón.

—Hay tantos... —replicó Miss Eliot. Había tres jóvenes parados en el umbral buscando su anfitriona con la mirada.

—Usted no recuerda a Elizabeth como yo —dijo Mr Salvin—, bailando danzas escocesas en Banchorie. Clara carece del espíritu de su madre. Clara es un poco insulsa.

—¡Qué gente tan diversa uno ve aquí! —dijo Miss Eliot.

—Afortunadamente nosotros no estamos gobernados por periódicos vespertinos —dijo Mr Salvin.

—Nunca los leí —dijo Miss Eliot—. No sé nada sobre política —agregó.

—El piano está afinado —dijo Clara al pasar—, pero tenemos que pedir a alguien que lo acomode para nosotros.

"Are they going to dance?" asked Mr. Salvin.

"Nobody shall disturb you," said Mrs. Durrant peremptorily as she passed.

"Julia Eliot. It IS Julia Eliot!" said old Lady Hibbert, holding out both her hands. "And Mr. Salvin. What is going to happen to us, Mr. Salvin? With all my experience of English politics—My dear, I was thinking of your father last night—one of my oldest friends, Mr. Salvin. Never tell me that girls often are incapable of love! I had all Shakespeare by heart before I was in my teens, Mr. Salvin!"

"You don't say so," said Mr. Salvin.

"But I do," said Lady Hibbert.

"Oh, Mr. Salvin, I'm so sorry. ..."

"I will remove myself if you'll kindly lend me a hand," said Mr. Salvin.

"You shall sit by my mother," said Clara. "Everybody seems to come in here. ... Mr. Calthorp, let me introduce you to Miss Edwards."

"Are you going away for Christmas?" said Mr. Calthorp.

"If my brother gets his leave," said Miss Edwards.

"What regiment is he in?" said Mr. Calthorp.

"The Twentieth Hussars," said Miss Edwards.

—¿Van a bailar? —preguntó Mr Salvin.

—Nadie los molestará —dijo Mrs Durrant en tono perentorio al pasar.

—Julia Eliot. ¡*Es* Julia Eliot! —dijo la vieja Lady Hibbert, sosteniendo sus brazos abiertos—. Y Mr Salvin. ¿Qué va a sucedernos, Mr Salvin? Con toda mi experiencia en política inglesa... mi estimado, pensaba en su padre ayer por la noche... uno de mis más viejos amigos, Mr Salvin. ¡Nunca me diga que las jovencitas son a menudo incapaces de amar! ¡Yo sabía todo Shakespeare de memoria antes de ser adolescente, Mr Salvin!

—¡Bueno, vamos! —dijo Mr Salvin.

—¡Pero es cierto! —dijo Lady Hibbert.

—Oh, Mr Salvin, lo siento tanto...

—Me iré de aquí si usted me ayuda amablemente —dijo Mr Salvin.

—Usted debería sentarse al lado de mi madre —dijo Clara—. Parece que todo el mundo viene aquí... Mr Calthorp, déjeme presentarle a Miss Edwards.

—¿Se va de viaje para Navidad? —dijo Mr Calthorp.

—Si mi hermano consigue la venia —dijo Miss Edwards.

—¿En qué regimiento está? —dijo Mr Calthorp.

—El Vigésimo de Húsares —dijo Miss Edwards.

"Perhaps he knows my brother?" said Mr. Calthorp.

"I am afraid I did not catch your name," said Miss Edwards.

"Calthorp," said Mr. Calthorp.

"But what proof was there that the marriage service was actually performed?" said Mr. Crosby.

"There is no reason to doubt that Charles James Fox ..." Mr. Burley began; but here Mrs. Stretton told him that she knew his sister well; had stayed with her not six weeks ago; and thought the house charming, but bleak in winter.

"Going about as girls do nowadays—" said Mrs. Forster.

Mr. Bowley looked round him, and catching sight of Rose Shaw moved towards her, threw out his hands, and exclaimed: "Well!"

"Nothing!" she replied. "Nothing at all—though I left them alone the entire afternoon on purpose."

"Dear me, dear me," said Mr. Bowley. "I will ask Jimmy to breakfast."

"But who could resist her?" cried Rose Shaw. "Dearest Clara—I know we mustn't try to stop you..."

"You and Mr. Bowley are talking dreadful gossip, I know," said Clara.

—¿Conoce él tal vez a mi hermano? —dijo Mr Calthorp.

—Temo que no he comprendido bien su nombre —dijo Miss Edwards.

—Calthorp —dijo Mr Calthorp.

—¿Pero qué prueba había confirmando que el matrimonio se había realmente realizado? —dijo Mr Crosby.

—No hay razón para dudar que Charles James Fox... —comenzó Mr Burley; pero aquí Mrs Stretton le contó que conocía bien a su hermana; que hacía menos de seis semanas que se había alojado en su casa; y pensaba que la casa era encantadora, pero triste en invierno.

—Yendo por ahí como lo hacen las jovencitas hoy en día... —dijo Mrs Forster.

Mr Bowley miró a su alrededor, y viendo a Rose Shaw se dirigió hacia ella, extendió las manos, y exclamó: —¡Bueno!

—¡Nada! —contestó ella—. Absolutamente nada... sin embargo los dejé solos toda la tarde a propósito.

—Dios mío, Dios mío —dijo Mr Bowley—. Voy a invitar a Jimmy a desayunar.

—¿Pero quién podría resistirla? —exclamó Rose Shaw—. Querida Clara... sabemos que no debemos tratar de detenerte...

—Ya sé que Mr Bowley y usted están diciendo terribles chismes —dijo Clara.

"Life is wicked—life is detestable!" cried Rose Shaw.

"There's not much to be said for this sort of thing, is there?" said Timothy Durrant to Jacob.

"Women like it."

"Like what?" said Charlotte Wilding, coming up to them.

"Where have you come from?" said Timothy. "Dining somewhere, I suppose."

"I don't see why not," said Charlotte.

"People must go downstairs," said Clara, passing. "Take Charlotte, Timothy. How d'you do, Mr. Flanders."

"How d'you do, Mr. Flanders," said Julia Eliot, holding out her hand. "What's been happening to you?"

"Who is Silvia? what is she?

That all our swains commend her?"

sang Elsbeth Siddons.

Every one stood where they were, or sat down if a chair was empty.

"Ah," sighed Clara, who stood beside Jacob, half-way through.

—¡La vida es retorcida… la vida es detestable! —exclamó Rose Shaw.

—No hay mucho que decir sobre este tipo de cosas, ¿no es cierto? —dijo Timothy Durrant a Jacob.

—A las mujeres les gusta.

—¿Qué es lo que les gusta? —dijo Charlotte Wilding, llegándose a ellos.

—¿De dónde has salido? —dijo Timothy—. Cenando en alguna parte, supongo.

—No veo porqué no —dijo Charlotte.

—Hay que descender al salón —dijo Clara al pasar—. Toma a Charlotte, Timothy. ¿Cómo está usted, Mr. Flanders?

—¿Cómo está usted, Mr. Flanders? —dijo Julia Eliot, tomando su mano. ¿Cómo va su vida?

—*¿Quién es Silvia? ¿Cómo es ella,*

Que todos los prados la elogian?

—cantó Elsbeth Siddons.

Cada uno se detuvo donde estaba, o se sentó si había una silla vacía.

—Ah —suspiró Clara, que estaba parada junto a Jacob, a medio camino.

"Then to Silvia let us sing, That Silvia is excelling; She excels each mortal thing Upon the dull earth dwelling. To her let us garlands bring,"

sang Elsbeth Siddons.

"Ah!" Clara exclaimed out loud, and clapped her gloved hands; and Jacob clapped his bare ones; and then she moved forward and directed people to come in from the doorway.

"You are living in London?" asked Miss Julia Eliot.

"Yes," said Jacob.

"In rooms?"

'Yes."

"There is Mr. Clutterbuck. You always see Mr. Clutterbuck here. He is not very happy at home, I am afraid. They say that Mrs. Clutterbuck ..." she dropped her voice. "That's why he stays with the Durrants. Were you there when they acted Mr. Wortley's play? Oh, no, of course not—at the last moment, did you hear—you had to go to join your mother, I remember, at Harrogate—At the last moment, as I was saying, just as everything was ready, the clothes finished and everything—Now Elsbeth is going to sing again. Clara is playing her accompaniment or turning over for Mr. Carter, I think. No, Mr. Carter is playing by himself—This is BACH," she whispered, as Mr. Carter played the first bars.

"Are you fond of music?" said Mr. Durrant.

—Cantemos entonces para Silvia, Porque Silvia sobresale; / Por encima de todo ser mortal que mora sobre la tierra. / Llevémosle las guirnaldas.

—cantó Elsbeth Siddons.

—¡Ah! —exclamó Clara y aplaudió con sus manos enguantadas; y Jacob aplaudió con sus manos desnudas; y entonces ella se adelantó y le dijo a la gente en el umbral que pase.

—¿Vive usted en Londres? —preguntó Julia Eliot.

—Sí —dijo Jacob.

—¿En un apartamento de alquiler?

—Sí.

—Allí está Mr Clutterbuck. Uno siempre ve a Mr Clutterbuck por aquí. Me temo que él no es muy feliz en su casa. Dicen que Mrs Clutterbuck... —ella bajó la voz—. Esa es la razón por la cual se hospeda con los Durrant. ¿Estaba usted cuando representaron la pieza de Mr Wortley? Oh, no, por supuesto que no... a último momento, no sé si usted se enteró... usted tuvo que ir a reunirse con su madre, ahora que recuerdo, en Harrogate... a último momento, como decía, cuando todo estaba listo, habían acabado de confeccionar las ropas y todo... Ahora Elsbeth va a cantar de nuevo. Clara está tocando el acompañamiento o dando vuelta las páginas de la partitura para Mr Carter, creo. No, Mr Carter está tocando solo... Ese es *Bach* —susurró ella, cuando Mr Carter tocó los primeros compases.

—¿Ama usted la música? —dijo Mrs Durrant.

"Yes. I like hearing it," said Jacob. "I know nothing about it."

"Very few people do that," said Mrs. Durrant. "I daresay you were never taught. Why is that, Sir Jasper?—Sir Jasper Bigham—Mr. Flanders. Why is nobody taught anything that they ought to know, Sir Jasper?" She left them standing against the wall.

Neither of the gentlemen said anything for three minutes, though Jacob shifted perhaps five inches to the left, and then as many to the right. Then Jacob grunted, and suddenly crossed the room.

"Will you come and have something to eat?" he said to Clara Durrant.

"Yes, an ice. Quickly. Now," she said.

Downstairs they went.

But half-way down they met Mr. and Mrs. Gresham, Herbert Turner, Sylvia Rashleigh, and a friend, whom they had dared to bring, from America, "knowing that Mrs. Durrant—wishing to show Mr. Pilcher.—Mr. Pilcher from New York—This is Miss Durrant."

"Whom I have heard so much of," said Mr. Pilcher, bowing low.

So Clara left him.

—Sí. Me agrada escucharla —dijo Jacob—. Pero no sé nada sobre ella.

—Hay poca gente así —dijo Mrs Durrant—. Tal vez nunca le enseñaron. ¿Por qué es así, Sir Jasper?... Sir Jasper Bigham... Mr Flanders. ¿Por qué es que nadie enseña nada de lo que tiene que ser enseñado, Sir Jasper? —Ella los dejó parados contra la pared.

Ninguno de los caballeros dijo nada por tres minutos, aunque Jacob se desplazó cinco pulgadas a la izquierda, y luego la misma distancia a la derecha. Entonces Jacob gruñó, y cruzó repentinamente la sala.

—¿Quiere venir y comer algo? —dijo él a Clara Durrant.

—Sí, un helado. Rápido. Ahora —dijo ella.

Fueron hacia abajo.

Pero a mitad de camino se encontraron con Mr y Mrs Gresham, Herbert Turner, Sylvia Rashleigh, y un amigo, que se atrevieron a traer, de América: —sabiendo que Mrs Durrant... quería mostrar a Mr Pilcher... Mr Pilcher de New York... He aquí Miss Durrant.

—De quién he escuchado tanto hablar —dijo Mr Pilcher, haciendo una profunda reverencia.

Y así lo dejó Clara.

Chapter eight

About half-past nine Jacob left the house, his door slamming, other doors slamming, buying his paper, mounting his omnibus, or, weather permitting, walking his road as other people do. Head bent down, a desk, a telephone, books bound in green leather, electric light.... "Fresh coals, sir?" ... "Your tea, sir."... Talk about football, the Hotspurs, the Harlequins; six-thirty Star brought in by the office boy; the rooks of Gray's Inn passing overhead; branches in the fog thin and brittle; and through the roar of traffic now and again a voice shouting: "Verdict—verdict—winner—winner," while letters accumulate in a basket, Jacob signs them, and each evening finds him, as he takes his coat down, with some muscle of the brain new stretched.

Then, sometimes a game of chess; or pictures in Bond Street, or a long way home to take the air with Bonamy on his arm, meditatively marching, head thrown back, the world a spectacle, the early moon above the steeples coming in for praise, the sea-gulls flying high, Nelson on his column surveying the horizon, and the world our ship.

Meanwhile, poor Betty Flanders's letter, having caught the second post, lay on the hall table—poor Betty Flanders writing her son's name, Jacob Alan Flanders, Esq., as mothers do, and the ink pale, profuse, suggesting how mothers down at Scarborough scribble over the fire with their feet on the fender, when tea's cleared away, and can never, never say, whatever it may be—probably this—Don't go with bad women, do be a good boy; wear your thick shirts; and come back, come back, come back to me.

Capítulo ocho

Alrededor de las nueve y media Jacob deja la casa, su puerta cerrándose de golpe, otras puertas cerrándose de golpe, comprando él su periódico, montando su ómnibus, o, si el tiempo lo permite, haciendo su camino a pie como otra gente lo hace. La cabeza encorvada, un escritorio, un teléfono, libros encuadernados en cuero verde, luz eléctrica... «¿Más carbón, sir?»... «Su té, sir»... Conversaciones sobre fútbol, los Hotspurs, los Harlequins; la *Star* de las seis y media traída por el cadete; los grajos del Gray's Inn pasando por encima; ramas en la niebla, pequeñas y frágiles; y con el rugido del tráfico ocasionalmente una voz gritando: «Veredicto... veredicto... ganador... ganador», mientras las cartas se acumulan en una cesta, Jacob las firma, y cada tarde lo encuentra, cuando toma su sobretodo, con un nervio de su cerebro nuevamente extendido.

Y luego, a veces una partida de ajedrez; o cuadros en Bond Street, o una larga caminata a casa para tomar aire tomado del brazo con Bonamy, caminando meditativos, la cabeza hacia atrás, el mundo un espectáculo, la luna temprana sobre los campanarios saliendo en busca de alabanza, las gaviotas volando alto, Nelson en su columna examinando el horizonte, y el mundo nuestra nave.

Mientras tanto, la carta de la pobre Betty Flanders, habiendo sido repartida con la segunda partida del correo, descansaba sobre la mesa del salón... pobre Betty Flanders, escribiendo el nombre de su hijo, Jacob Alan Flanders, Esq., como lo hacen las madres, y la tinta pálida, profusa, sugiriendo la manera en que las madres allá en Scarborough garabatean junto al fuego, con sus pies en el guardafuego, luego que han retirado la vajilla del té, y nunca puede, nunca dice, cualquier cosa que haya que decir... probablemente esto... no estés con las mujeres de mala vida,

But she said nothing of the kind. "Do you remember old Miss Wargrave, who used to be so kind when you had the whooping-cough?" she wrote; "she's dead at last, poor thing. They would like it if you wrote. Ellen came over and we spent a nice day shopping. Old Mouse gets very stiff, and we have to walk him up the smallest hill. Rebecca, at last, after I don't know how long, went into Mr. Adamson's. Three teeth, he says, must come out. Such mild weather for the time of year, the little buds actually on the pear trees. And Mrs. Jarvis tells me—"Mrs. Flanders liked Mrs. Jarvis, always said of her that she was too good for such a quiet place, and, though she never listened to her discontent and told her at the end of it (looking up, sucking her thread, or taking off her spectacles) that a little peat wrapped round the iris roots keeps them from the frost, and Parrot's great white sale is Tuesday next, "do remember,"—Mrs. Flanders knew precisely how Mrs. Jarvis felt; and how interesting her letters were, about Mrs. Jarvis, could one read them year in, year out—the unpublished works of women, written by the fireside in pale profusion, dried by the flame, for the blotting-paper's worn to holes and the nib cleft and clotted. Then Captain Barfoot. Him she called "the Captain," spoke of frankly, yet never without reserve. The Captain was enquiring for her about Garfit's acre; advised chickens; could promise profit; or had the sciatica; or Mrs. Barfoot had been indoors for weeks; or the Captain says things look bad, politics that is, for as Jacob knew, the Captain would sometimes talk, as the evening waned, about Ireland or India; and then Mrs. Flanders would fall musing about Morty, her brother, lost all these years—had the natives got him, was his ship sunk—would the Admiralty tell her?—the Captain knocking his pipe out, as Jacob knew, rising to go, stiffly stretching to pick up Mrs. Flanders's wool which had rolled beneath the chair. Talk of the chicken farm came back and back, the

sé un buen muchacho; usa las camisas gruesas; y vuelve, vuelve, vuelve a mí.

Pero ella no dijo nada por el estilo. «¿Recuerdas a la vieja Miss Wargrave, que fue tan buena cuando tuviste la tos ferina?...», escribió ella; «ha muerto al fin, la pobre. Ellos apreciarían si les escribes. Ellen pasó por aquí y tuvimos un buen día de compras. El viejo Mouse está todo anquilosado y hay que ayudarlo a subir la más pequeña colina. Rebecca, al final, después de no sé cuánto tiempo, fue a consultar a Mr Adamson. Hay que extraerle tres dientes, dijo él. Un tiempo tan templado para esta época del año, se ven pequeños brotes en los perales. Y Mrs Jarvis me dice...». A Mrs Flanders le agradaba Mrs Jarvis, siempre decía que ella era demasiado buena para un lugar tan tranquilo como ese, y, aunque ella nunca escuchaba su descontento y al final le decía (mirando para arriba, chupando el hilo, o sacando sus gafas) que una poca turba alrededor de las raíces de los lirios los preserva de la helada, y que la gran venta de saldos de blanco en Parrot's es el martes próximo, «no se olvide»... Mrs Flanders sabía exactamente cómo se sentía Mrs Jarvis; y sus cartas eran tan interesantes, sobre Mrs Jarvis, si uno pudiera leerlas año tras año... los trabajos inéditos de las mujeres, escritos al lado de la chimenea con anémica profusión, secadas al calor de las llamas, porque el papel secante se gastó y tenía agujeros y la pluma ya está agrietada y atascada. Luego sobre el capitán Barfoot. Ella lo llamaba «el capitán», hablaba francamente sobre él, pero nunca sin cierta reserva. El capitán estaba averiguando acerca del terreno de Garfit para ella; aconsejaba pollos; podía garantizar que produciría ganancia; o tenía ciática; o que Mrs Barfoot había estado dentro de la casa por semanas; o el capitán decía que las cosas se veían mal, en política es decir, porque como Jacob sabía, el capitán hablaría a veces, al caer la tarde, sobre Irlanda o India; y entonces Mrs Flanders comenzaría a lamentarse pensando en Morty, su hermano, perdido todos estos años... ¿lo capturaron los nativos, se hundió su bar-

women, even at fifty, impulsive at heart, sketching on the cloudy future flocks of Leghorns, Cochin Chinas, Orpingtons; like Jacob in the blur of her outline; but powerful as he was; fresh and vigorous, running about the house, scolding Rebecca.

The letter lay upon the hall table; Florinda coming in that night took it up with her, put it on the table as she kissed Jacob, and Jacob seeing the hand, left it there under the lamp, between the biscuit-tin and the tobacco-box. They shut the bedroom door behind them.

The sitting-room neither knew nor cared. The door was shut; and to suppose that wood, when it creaks, transmits anything save that rats are busy and wood dry is childish. These old houses are only brick and wood, soaked in human sweat, grained with human dirt. But if the pale blue envelope lying by the biscuit-box had the feelings of a mother, the heart was torn by the little creak, the sudden stir. Behind the door was the obscene thing, the alarming presence, and terror would come over her as at death, or the birth of a child. Better, perhaps, burst in and face it than sit in the antechamber listening to the little creak, the sudden stir, for her heart was swollen, and pain threaded it. My son, my son— such would be her cry, uttered to hide her vision of him stretched with Florinda, inexcusable, irrational, in a woman with three children living at Scarborough. And the fault lay with Florinda. Indeed, when the door opened and the couple came out, Mrs. Flanders would have flounced upon her—only it was Jacob who came first, in his dressing-gown, amiable, authoritative, beautifully healthy, like a baby after an airing, with an eye clear as running water. Flo-

co... le contarían a ella en el Almirantazgo?... el capitán golpeando su pipa, como Jacob sabía, levantándose para irse, agachándose con dificultad para alcanzar el ovillo de lana, que había rodado debajo de la silla, a Mrs Flanders. La charla sobre la granja de pollos volvía y volvía, las mujeres, incluso a los cincuenta, impulsivas en el corazón, esbozando en las brumas del futuro las parvadas de Leghorns, Cochinchinas, Orpingtons; como a Jacob, en el contorno de la silueta; pero tan robusta como él; fresca y vigorosa, manteniendo la casa, regañando a Rebecca.

La carta descansaba sobre la mesa del vestíbulo; Florinda vino esa noche y la tomó con ella, la puso sobre la mesa mientras besaba a Jacob, y Jacob, viendo la escritura, la puso bajo la lámpara, entre la lata de galletas y la caja del tabaco. Cerraron la puerta del dormitorio detrás de ellos.

La sala de estar ni lo supo ni se preocupó. La puerta fue cerrada; y suponer que la madera, cuando cruje, comunica algo excepto que las ratas están ocupadas y la madera está seca es pueril. Estas viejas casas son solamente ladrillo y madera, empapadas en sudor humano, lijadas con suciedad humana. Pero si el sobre azul claro descansando al lado de la caja de galletas tuviera los sentimientos de una madre, el corazón se rasgaría por los pequeños crujidos, el súbito revuelo. Detrás de la puerta estaba la cosa obscena, la presencia alarmante, y el terror vendría encima de ella como la muerte, o el parto de un niño. Es mejor, quizás, irrumpir y hacerle frente que quedarse sentada en la antecámara escuchando el pequeño crujido, el súbito revuelo, porque tenía el corazón pesado, y el dolor la taladraba. Mi hijo, mi hijo... tal sería su grito, pronunciado para ocultar la visión de él acostado con Florinda, imperdonable, irracional, para una mujer con tres niños viviendo en Scarborough. Y la falta yace en Florinda. De hecho, cuando la puerta se abrió y la pareja salió, Mrs Flanders se hubiera abalanzado sobre ella... solo que era Jacob el que salió primero, en

rinda followed, lazily stretching; yawning a little; arranging her hair at the looking-glass—while Jacob read his mother's letter.

Let us consider letters—how they come at breakfast, and at night, with their yellow stamps and their green stamps, immortalized by the postmark—for to see one's own envelope on another's table is to realize how soon deeds sever and become alien. Then at last the power of the mind to quit the body is manifest, and perhaps we fear or hate or wish annihilated this phantom of ourselves, lying on the table. Still, there are letters that merely say how dinner's at seven; others ordering coal; making appointments. The hand in them is scarcely perceptible, let alone the voice or the scowl. Ah, but when the post knocks and the letter comes always the miracle seems repeated—speech attempted. Venerable are letters, infinitely brave, forlorn, and lost.

Life would split asunder without them. "Come to tea, come to dinner, what's the truth of the story? have you heard the news? life in the capital is gay; the Russian dancers...." These are our stays and props. These lace our days together and make of life a perfect globe. And yet, and yet ... when we go to dinner, when pressing finger-tips we hope to meet somewhere soon, a doubt insinuates itself; is this the way to spend our days? the rare, the limited, so soon dealt out to us—drinking tea? dining out? And the notes accumulate. And the telephones ring. And everywhere we go wires and tubes surround us to carry the voices that try to penetrate before the last card is dealt and the days are over. "Try to penetrate," for as we lift the cup, shake the hand, express the

su bata, afable, con autoridad, maravillosamente sano, como un bebé después de tomar aire, los ojos claros como agua corriente. Florinda le siguió, estirándose perezosamente; bostezando un poco; arreglando su cabello en el espejo... mientras Jacob leía la carta de su madre.

Consideremos las cartas... cómo llegan a la hora del desayuno, y por la noche, con sus estampillas amarillas y sus estampillas verdes, inmortalizadas por los matasellos... porque ver su propio sobre en la mesa de otra persona es darse cuenta qué tan rápido nuestros hechos se separan de nosotros y se hacen extraños. Entonces, al final, el poder de la mente para dejar el cuerpo se hace manifiesto, y tal vez tememos u odiamos o deseamos aniquilado este fantasma de nosotros mismos, descansando sobre la mesa. No obstante, hay cartas que dicen simplemente que la cena es a las siete; otras ordenando carbón; concertando citas. La caligrafía en ellas es apenas perceptible, mucho menos la voz o el ceño fruncido. Ah, pero cuando golpean a la puerta por el correo y la carta llega siempre, el milagro parece repetirse... el intento de un discurso. Venerables son las cartas, infinitamente valientes, desesperadas, y perdidas.

La vida se haría añicos sin ellas. «Venga a tomar el té, venga a cenar, ¿cuál es la verdad de la historia? ¿Ha oído las noticias? La vida en la capital es alegre; los bailarines rusos...». Son ellas las que nos sostienen y nos mantienen. Ellas enlazan nuestros días y hacen de la vida una esfera perfecta. Y sin embargo, y sin embargo ... cuando vamos a cenar, cuando presionamos las yemas de los dedos esperando que nos veamos pronto en alguna parte, una duda se insinúa; ¿es esta la forma de pasar nuestros días? ¿Los días raros, limitados, repartidos tan pronto a nosotros... tomando el té? ¿Cenando fuera? Y las notas se acumulan. Y los teléfonos suenan. Y por todas partes que vamos cables y tubos nos rodean para llevar las voces que intentan penetrar antes de que se re-

hope, something whispers, Is this all? Can I never know, share, be certain? Am I doomed all my days to write letters, send voices, which fall upon the tea-table, fade upon the passage, making appointments, while life dwindles, to come and dine? Yet letters are venerable; and the telephone valiant, for the journey is a lonely one, and if bound together by notes and telephones we went in company, perhaps—who knows?—we might talk by the way.

Well, people have tried. Byron wrote letters. So did Cowper. For centuries the writing-desk has contained sheets fit precisely for the communications of friends. Masters of language, poets of long ages, have turned from the sheet that endures to the sheet that perishes, pushing aside the tea-tray, drawing close to the fire (for letters are written when the dark presses round a bright red cave), and addressed themselves to the task of reaching, touching, penetrating the individual heart. Were it possible! But words have been used too often; touched and turned, and left exposed to the dust of the street. The words we seek hang close to the tree. We come at dawn and find them sweet beneath the leaf.

Mrs. Flanders wrote letters; Mrs. Jarvis wrote them; Mrs. Durrant too; Mother Stuart actually scented her pages, thereby adding a flavour which the English language fails to provide; Jacob had written in his day long letters about art, morality, and politics to young men at college. Clara Durrant's letters were those of a child. Florinda—the impediment between Florinda and her pen was something impassable. Fancy a butterfly, gnat, or other winged insect, attached to a twig which, clogged with mud, it rolls across a page. Her spelling was abominable. Her sentiments

parta la última carta y los días se acaben. «Intentan penetrar», porque cuando levantamos la taza, damos la mano, expresamos esperanza, algo susurra: ¿Eso es todo? ¿Puedo saber alguna vez, compartir, estar seguro? ¿Estoy condenado todos mis días a escribir cartas, a enviar voces, que caen bajo la mesa del té, se desvanecen al pasar, a concertar citas, mientras la vida merma, a venir y a cenar? Con todo las cartas son venerables; y el teléfono valiente, porque el viaje es solitario, y si amarrados juntos por las notas y los teléfonos vamos en compañía, tal vez... ¿quién sabe?... podemos hablar al hacernos camino.

Bueno, la gente lo ha intentado. Byron escribió cartas. Y así también lo hizo Cowper. Durante siglos el escritorio ha contenido hojas concebidas precisamente para las comunicaciones entre amigos. Maestros del lenguaje, poetas de tiempos antiguos, se han tornado de la hoja que sobrevive a la hoja que perece, haciendo a un lado la bandeja del té, acercándose al fuego (porque las cartas de escriben cuando la oscuridad circunda una caverna de rojo brillante) y se consagran a la tarea de alcanzar, tocar, penetrar el corazón individual. ¡Si tan solo fuera posible! Pero las palabras se han usado demasiado a menudo; tocado y retornado, y se las ha expuesto al polvo de la calle. Las palabras que buscamos cuelgan cerca del árbol. Venimos al amanecer y las encontramos dulces bajo las hojas.

Mrs Flanders escribía cartas; Mrs Jarvis las escribía; Mrs Durrant también; la madre Stuart, de hecho, perfumaba sus páginas, añadiendo por lo tanto una fragancia que el lenguaje inglés no puede proveer; Jacob escribió en su momento largas cartas sobre arte, moral y política a jóvenes en la universidad. Las cartas de Clara Durrant eran las de una niña. Florinda... la barrera entre Florinda y su pluma era algo infranqueable. Imagine una mariposa, un mosquito u otro insecto alado, sujeto a una ramita que, obstruida con lodo, rueda alrededor de una página. Su orto-

infantile. And for some reason when she wrote she declared her belief in God. Then there were crosses—tear stains; and the hand itself rambling and redeemed only by the fact—which always did redeem Florinda—by the fact that she cared. Yes, whether it was for chocolate creams, hot baths, the shape of her face in the looking-glass, Florinda could no more pretend a feeling than swallow whisky. Incontinent was her rejection. Great men are truthful, and these little prostitutes, staring in the fire, taking out a powder-puff, decorating lips at an inch of looking-glass, have (so Jacob thought) an inviolable fidelity.

Then he saw her turning up Greek Street upon another man's arm.

The light from the arc lamp drenched him from head to toe. He stood for a minute motionless beneath it. Shadows chequered the street. Other figures, single and together, poured out, wavered across, and obliterated Florinda and the man.

The light drenched Jacob from head to toe. You could see the pattern on his trousers; the old thorns on his stick; his shoe laces; bare hands; and face.

It was as if a stone were ground to dust; as if white sparks flew from a livid whetstone, which was his spine; as if the switchback railway, having swooped to the depths, fell, fell, fell. This was in his face.

Whether we know what was in his mind is another question. Granted ten years' seniority and a difference of sex, fear of him

grafía era abominable. Sus sentimientos infantiles. Y por alguna razón cuando escribía declaraba su creencia en Dios. Luego estaban las tachaduras... las manchas de lágrimas; y la mano misma deambulando, redimida solo por el hecho... que siempre redimió a Florinda... por el hecho que le importaba. Sí, aunque fuera sobre chocolates rellenos, baños calientes, la forma de su cara en el espejo, Florinda no podía fingir un sentimiento tanto como beber whisky. Su rechazo era incontinente. Los grandes hombres son honrados, y estas pequeñas prostitutas, mirando fijamente al fuego, tomando un aplicador de polvo, decorando sus labios en un espejo de bolsillo, tienen (así pensaba Jacob) una fidelidad inviolable.

Entonces la vio doblando por Greek Street tomada del brazo de otro hombre.

La luz desde la lámpara de arco lo inundaba de la cabeza a los pies. Estuvo parado, sin moverse por un minuto, debajo de ella. Las sombras cuadricularon la calle. Otras figuras, solas o en pareja, desbordaron y atravesaron en desorden, y obliteraron a Florinda y el hombre.

La luz inundaba a Jacob de la cabeza a los pies. Uno podría ver el patrón de sus pantalones; las nudos en la madera de su bastón; los cordones de sus zapatos; las manos desnudas; y el rostro.

Era como si una piedra estuviera siendo reducida a polvo; como si chispas blancas volaran de una piedra de afilar lívida, que era su espina dorsal; como si el tren de las montañas rusas, habiéndose precipitado a las profundidades, cayera, cayera, cayera. Esto se veía en su rostro.

Ahora bien, que sepamos lo que estaba en su mente es otra cuestión. Considerando diez años mayor que él y una diferencia

comes first; this is swallowed up by a desire to help—overwhelming sense, reason, and the time of night; anger would follow close on that—with Florinda, with destiny; and then up would bubble an irresponsible optimism. "Surely there's enough light in the street at this moment to drown all our cares in gold!" Ah, what's the use of saying it? Even while you speak and look over your shoulder towards Shaftesbury Avenue, destiny is chipping a dent in him. He has turned to go. As for following him back to his rooms, no—that we won't do.

Yet that, of course, is precisely what one does. He let himself in and shut the door, though it was only striking ten on one of the city clocks. No one can go to bed at ten. Nobody was thinking of going to bed. It was January and dismal, but Mrs. Wagg stood on her doorstep, as if expecting something to happen. A barrel-organ played like an obscene nightingale beneath wet leaves. Children ran across the road. Here and there one could see brown panelling inside the hall door.... The march that the mind keeps beneath the windows of others is queer enough. Now distracted by brown panelling; now by a fern in a pot; here improvising a few phrases to dance with the barrel-organ; again snatching a detached gaiety from a drunken man; then altogether absorbed by words the poor shout across the street at each other (so outright, so lusty)—yet all the while having for centre, for magnet, a young man alone in his room.

"Life is wicked—life is detestable," cried Rose Shaw.

The strange thing about life is that though the nature of it must have been apparent to every one for hundreds of years, no one

de sexo, el miedo por él nos viene primero; todo esto se sobrepasa con un deseo por ayudar... triunfante de sentido, razón, y la hora de la noche; la cólera le seguiría de cerca... contra Florinda, contra el destino; y entonces burbujearía un optimismo irresponsable. «¡Seguramente hay bastante luz en la calle en este momento como para ahogar todos nuestros cuidados en oro!». Ah, ¿de qué sirve decir esto? Incluso mientras uno habla y mira sobre el hombro hacia Shaftesbury Avenue, el destino está dejando una marca en él. Ha dado una vuelta para irse. En cuanto a seguirlo de nuevo a su cuarto, no... eso no lo haremos.

Y sin embargo, precisamente, eso es lo que uno hace. Él se abrió paso y cerró la puerta, aunque recién daban las diez en uno de los relojes de la ciudad. Nadie puede irse a la cama a las diez. Nadie estaba pensando en irse a la cama. Era enero y lúgubre, pero Mrs Wagg estaba parada en su umbral, como si esperara que algo sucediera. Un organillo sonaba como un ruiseñor obsceno debajo de las hojas mojadas. Los niños corrían a través de la calle. Aquí y allá uno podía ver el revestimiento de madera marrón dentro de la puerta del salón... La marcha de la mente bajo las ventanas de los otros es bastante estraña. Ora distraída por el revestimiento de madera marrón; ora por un helecho en un pote; aquí improvisando algunas frases para danzar con el organillo; robando nuevamente una alegría distante de hombre borracho; luego totalmente absorbida por las palabras que los pobres se gritaban a través de la calle uno al otro (tan descaradamente, tan vigorosamente)... con todo teniendo continuamente por centro, por imán, a un hombre joven, solo en su cuarto.

—¡La vida es retorcida... la vida es detestable! —exclamó Rose Shaw.

Lo extraño acerca de la vida es que aunque su naturaleza debe haber sido evidente para cada uno por centenares de años, nadie

has left any adequate account of it. The streets of London have their map; but our passions are uncharted. What are you going to meet if you turn this corner?

"Holborn straight ahead of you" says the policeman. Ah, but where are you going if instead of brushing past the old man with the white beard, the silver medal, and the cheap violin, you let him go on with his story, which ends in an invitation to step somewhere, to his room, presumably, off Queen's Square, and there he shows you a collection of birds' eggs and a letter from the Prince of Wales's secretary, and this (skipping the intermediate stages) brings you one winter's day to the Essex coast, where the little boat makes off to the ship, and the ship sails and you behold on the skyline the Azores; and the flamingoes rise; and there you sit on the verge of the marsh drinking rum-punch, an outcast from civilization, for you have committed a crime, are infected with yellow fever as likely as not, and—fill in the sketch as you like. As frequent as street corners in Holborn are these chasms in the continuity of our ways. Yet we keep straight on.

Rose Shaw, talking in rather an emotional manner to Mr. Bowley at Mrs. Durrant's evening party a few nights back, said that life was wicked because a man called Jimmy refused to marry a woman called (if memory serves) Helen Aitken.

Both were beautiful. Both were inanimate. The oval tea-table invariably separated them, and the plate of biscuits was all he ever gave her. He bowed; she inclined her head. They danced. He danced divinely. They sat in the alcove; never a word was said. Her pillow was wet with tears. Kind Mr. Bowley and dear Rose Shaw marvelled and deplored. Bowley had rooms in the Albany. Rose was re-born every evening precisely as the clock struck

ha dejado una explicación adecuada de ella. Las calles de Londres tienen su mapa; pero nuestras pasiones están inexploradas. ¿Con qué se encontrará uno si da vuelta a esta esquina?

«Holborn, todo derecho delante suyo», dice el policía. Ah, pero hacia dónde va usted si en vez de rozar al pasar al viejo hombre con la barba blanca, la medalla de plata y el violín barato, lo deja continuar con el relato de su historia, que termina en una invitación para ir a alguna parte, a su cuarto, probablemente, al lado de Queen's Square, y allí le muestra una colección de huevos de pájaro y una carta del secretario del Príncipe de Gales, y esto (saltando las etapas intermedias) lo lleva un día de invierno a la costa de Essex, donde el pequeño barco se dirige hacia la nave, y la nave zarpa y uno contempla las Azores en el horizonte; y los flamencos alzan vuelo; y allí se sienta a la orilla de la marisma bebiendo ponche al ron, un paria de la civilización, porque uno ha cometido un crimen, está probablemente infectado de fiebre amarilla, y... complete el bosquejo a su gusto. Tan frecuentes como las esquinas en Holborn son estos abismos en la continuidad de nuestras vías. Con todo, seguimos derecho.

Rose Shaw, hablando más bien emotivamente con Mr Bowley en la velada en lo de Mrs Durrant unas noches atrás, dijo que la vida es retorcida porque un hombre llamado Jimmy rehusó el casamiento con una mujer llamada (si la memoria no falla) Helen Aitken.

Ambos eran hermosos. Ambos estaban inertes. La mesa de té oval los separó invariablemente, y la bandeja con las galletas era todo lo que él siempre le dio. Él hizo una reverencia; ella inclinó su cabeza. Danzaron. Él danzaba divinamente. Se sentaron en la portería; nunca se dijo una palabra. La almohada de ella mojada por las lágrimas. El amable Mr Bowley y la querida Rose Shaw se maravillaron y deploraron. Bowley se alojaba en el Albany. Rose

eight. All four were civilization's triumphs, and if you persist that a command of the English language is part of our inheritance, one can only reply that beauty is almost always dumb. Male beauty in association with female beauty breeds in the onlooker a sense of fear. Often have I seen them—Helen and Jimmy—and likened them to ships adrift, and feared for my own little craft. Or again, have you ever watched fine collie dogs couchant at twenty yards' distance? As she passed him his cup there was that quiver in her flanks. Bowley saw what was up-asked Jimmy to breakfast. Helen must have confided in Rose. For my own part, I find it exceedingly difficult to interpret songs without words. And now Jimmy feeds crows in Flanders and Helen visits hospitals. Oh, life is damnable, life is wicked, as Rose Shaw said.

The lamps of London uphold the dark as upon the points of burning bayonets. The yellow canopy sinks and swells over the great four-poster. Passengers in the mail-coaches running into London in the eighteenth century looked through leafless branches and saw it flaring beneath them. The light burns behind yellow blinds and pink blinds, and above fanlights, and down in basement windows. The street market in Soho is fierce with light. Raw meat, china mugs, and silk stockings blaze in it. Raw voices wrap themselves round the flaring gas-jets. Arms akimbo, they stand on the pavement bawling—Messrs. Kettle and Wilkinson; their wives sit in the shop, furs wrapped round their necks, arms folded, eyes contemptuous. Such faces as one sees. The little man fingering the meat must have squatted before the fire in innumerable lodging-houses, and heard and seen and known so much that it seems to utter itself even volubly from dark eyes, loose lips, as he fingers the meat silently, his face sad as a poet's, and never a song sung. Shawled women carry babies with purple

renacía cada tarde precisamente cuando el reloj daba las ocho. Los cuatro eran triunfos de la civilización, y si uno persiste en la afirmación que el dominio de la lengua inglesa es parte de nuestra herencia, uno puede solamente responder que la belleza es casi siempre muda. La belleza masculina en asociación con la belleza femenina cría en el espectador un sentimiento de miedo. A menudo yo los he visto, a Helen y a Jimmy, y comparado con las naves a la deriva, y temido por mi propio pequeño barco. O, aun, ¿ha visto usted los finos perros collies recostándose a veinte yardas de distancia uno del otro? Cuando ella le pasaba su taza a él había ese estrecimiento en sus flancos. Bowley vio lo que sucedía... invitó a Jimmy a desayunar. Helen debe haber hecho la confidencia a Rose. Por mi parte, encuentro excesivamente difícil interpretar las canciones sin palabras. Y ahora Jimmy alimenta cuervos en Flandes y Helen visita hospitales. Oh, la vida es condenable, la vida es retorcida, como Rose Shaw dijo.

Las lámparas de Londres mantienen la oscuridad como si esta se sostuviera sobre las puntas de bayonetas ardientes. El dosel amarillo se hunde y se hincha sobre los cuatro grandes pilares. Los pasajeros en los coches del correo entrando a Londres en el siglo dieciocho miraban a través de las ramas deshojadas y lo veían fulgurante tras ellos. La luz ardía detrás de las persianas amarillas y las persianas rosadas, y sobre montantes de abanico, y abajo en las ventanas del sótano. El mercado callejero en Soho es intenso bajo la luz. Carne cruda, tazas de porcelana, y medias de seda resplandecen en él. Las voces ásperas se envuelven alrededor de las llamas de gas. Messrs Kettle y Wilkinson con las manos en la cintura, parados sobre la acera vociferando; sus esposas sentadas en la tienda, las pieles envolviendo sus cuellos, los brazos doblados, los ojos despectivos. Rostros tal y como uno los ve. El pequeño hombre tocando la carne debe haberse acuclillado frente al fuego en innumerables pensiones, y haber oído y visto y sabido tantas cosas que parecen decirse incluso locuazmente

eyelids; boys stand at street corners; girls look across the road—rude illustrations, pictures in a book whose pages we turn over and over as if we should at last find what we look for. Every face, every shop, bedroom window, public-house, and dark square is a picture feverishly turned—in search of what? It is the same with books. What do we seek through millions of pages? Still hopefully turning the pages— oh, here is Jacob's room.

He sat at the table reading the Globe. The pinkish sheet was spread flat before him. He propped his face in his hand, so that the skin of his cheek was wrinkled in deep folds. Terribly severe he looked, set, and defiant. (What people go through in half an hour! But nothing could save him. These events are features of our landscape. A foreigner coming to London could scarcely miss seeing St. Paul's.) He judged life. These pinkish and greenish newspapers are thin sheets of gelatine pressed nightly over the brain and heart of the world. They take the impression of the whole. Jacob cast his eye over it. A strike, a murder, football, bodies found; vociferation from all parts of England simultaneously. How miserable it is that the Globe newspaper offers nothing better to Jacob Flanders! When a child begins to read history one marvels, sorrowfully, to hear him spell out in his new voice the ancient words.

The Prime Minister's speech was reported in something over five columns. Feeling in his pocket, Jacob took out a pipe and proceeded to fill it. Five minutes, ten minutes, fifteen minutes passed. Jacob took the paper over to the fire. The Prime Minis-

desde los ojos oscuros, los labios flojos, mientras toca la carne silenciosamente, su rostro triste como el de un poeta, y nunca una canción cantada. Las mujeres en chales llevan bebés con los párpados púrpuras; jovencitos parados en las esquinas de la calle; las jovencitas mirando del otro lado de la calle... ilustraciones groseras, imágenes en un libro cuyas páginas damos vuelta una y otra vez como si debiéramos al final encontrar lo que estamos buscando. Cada rostro, cada tienda, ventana de dormitorio, bar y plaza oscura es una imagen febrilmente dada vuelta... ¿en busca de qué? Es igual con los libros. ¿Qué buscamos a través de millones de páginas? Todavía esperanzados dando vuelta a las páginas... oh, aquí está el cuarto de Jacob.

Él estaba sentado a la mesa leyendo el *Globe*. La hoja rosácea estaba extendida, lisa frente a él. Él apoyó su cara en su mano, de modo que la piel de su mejilla estaba arrugada en profundos pliegues. Parecía terriblemente severo, decidido, y desafiante. (¡Lo que la gente padece en media hora! Pero nada podía salvarlo. Estos acontecimientos son características de nuestro paisaje. Un extranjero que venía a Londres apenas podría perderse una visita a St Paul). Él juzgaba la vida. Estos periódicos rosáceos y verdosos son finas hojas de gelatina presionadas cada noche sobre el cerebro y el corazón del mundo. Toman la impresión del conjunto. Jacob echó un ojo sobre él. Una huelga, un asesinato, fútbol, cuerpos encontrados; vociferaciones de todas las partes de Inglaterra simultáneamente. ¡Qué desgracia que el periódico el *Globe* no ofrezca nada mejor a Jacob Flanders! Cuando un niño comienza a leer historia uno se maravilla, con tristeza, al oírlo pronunciar en su voz nueva las palabras antiguas.

El discurso del primer ministro estaba relatado en unas cinco columnas. Palpando en su bolsillo, Jacob sacó su pipa y procedió a llenarla. Cinco minutos, diez minutos, quince minutos pasaron. Jacob se acercó con el diario al fuego. El primer ministro proponía

ter proposed a measure for giving Home Rule to Ireland. Jacob knocked out his pipe. He was certainly thinking about Home Rule in Ireland—a very difficult matter. A very cold night.

The snow, which had been falling all night, lay at three o'clock in the afternoon over the fields and the hill. Clumps of withered grass stood out upon the hill-top; the furze bushes were black, and now and then a black shiver crossed the snow as the wind drove flurries of frozen particles before it. The sound was that of a broom sweeping—sweeping.

The stream crept along by the road unseen by any one. Sticks and leaves caught in the frozen grass. The sky was sullen grey and the trees of black iron. Uncompromising was the severity of the country. At four o'clock the snow was again falling. The day had gone out.

A window tinged yellow about two feet across alone combated the white fields and the black trees .... At six o'clock a man's figure carrying a lantern crossed the field .... A raft of twig stayed upon a stone, suddenly detached itself, and floated towards the culvert .... A load of snow slipped and fell from a fir branch .... Later there was a mournful cry .... A motor car came along the road shoving the dark before it .... The dark shut down behind it....

Spaces of complete immobility separated each of these movements. The land seemed to lie dead .... Then the old shepherd returned stiffly across the field. Stiffly and painfully the frozen earth was trodden under and gave beneath pressure like a treadmill. The worn voices of clocks repeated the fact of the hour all night long.

Jacob, too, heard them, and raked out the fire. He rose. He

una medida para conceder la Home Rule a Irlanda. Jacob golpeó su pipa para vaciarla. Reflexionaba seriamente acerca de la Home Rule en Irlanda... una cuestión muy difícil. Una noche muy fría.

La nieve, que había estado cayendo toda la noche, yacía a las tres de la tarde sobre los campos y la colina. Matas de hierba marchita se alzaban sobre la cumbre de la colina; los tojos estaban negros, y de vez en cuando un tiriteo negro cruzaba la nieve cuando el viento traía ráfagas de partículas congeladas sobre ella. El sonido era el de una escoba barriendo... barriendo.

El arroyuelo se arrastraba por el camino, sin que nadie lo vea. Palos y hojas atrapados en la hierba congelada. El cielo era de un gris huraño y los árboles de un hierro negro. La severidad del campo era inflexible. A las cuatro la nieve caía nuevamente. El día se había extinguido.

Una ventana teñida de amarillo, de unos dos pies de ancho, combatía solitaria los campos blancos y los árboles negros... A las seis la figura de un hombre llevando una linterna cruzó el campo... Una balsa de ramas permanecía sobre una piedra, se separó repentinamente y flotó hacia la alcantarilla... Una carga de nieve se deslizó y cayó desde una rama de abeto... Más tarde hubo un grito lúgubre.... Un automóvil vino a lo largo del camino empujando la oscuridad delante de él... La oscuridad se cerró detrás de él...

Espacios de completa inmovilidad separaban cada uno de estos movimientos. La tierra parecía yacer muerta... Entonces el viejo pastor volvió con su paso tieso a través del campo. Tiesa y dolorosa la tierra congelada fue hollada por debajo y cedía bajo la presión como una calandria. Las voces gastadas de los relojes repitieron la realidad de la hora a lo largo de toda la noche.

Jacob, también, los oyó y rastrilló las brasas dispersando el fue-

stretched himself. He went to bed.

go. Se levantó. Se estiró. Se fue a la cama.

Chapter nine

The Countess of Rocksbier sat at the head of the table alone with Jacob. Fed upon champagne and spices for at least two centuries (four, if you count the female line), the Countess Lucy looked well fed. A discriminating nose she had for scents, prolonged, as if in quest of them; her underlip protruded a narrow red shelf; her eyes were small, with sandy tufts for eyebrows, and her jowl was heavy. Behind her (the window looked on Grosvenor Square) stood Moll Pratt on the pavement, offering violets for sale; and Mrs. Hilda Thomas, lifting her skirts, preparing to cross the road. One was from Walworth; the other from Putney. Both wore black stockings, but Mrs. Thomas was coiled in furs. The comparison was much in Lady Rocksbier's favour. Moll had more humour, but was violent; stupid too. Hilda Thomas was mealy-mouthed, all her silver frames aslant; egg-cups in the drawing-room; and the windows shrouded. Lady Rocksbier, whatever the deficiencies of her profile, had been a great rider to hounds. She used her knife with authority, tore her chicken bones, asking Jacob's pardon, with her own hands.

"Who is that driving by?" she asked Boxall, the butler.

"Lady Firtlemere's carriage, my lady," which reminded her to send a card to ask after his lordship's health. A rude old lady, Jacob thought. The wine was excellent. She called herself "an old woman"—"so kind to lunch with an old woman"—which flattered him. She talked of Joseph Chamberlain, whom she had known. She said that Jacob must come and meet— one of our celebrities. And the Lady Alice came in with three dogs on a leash, and Jackie, who ran to kiss his grandmother, while Boxall brought in a tele-

Capítulo nueve

La condesa de Rocksbier se sentó a la cabecera de la mesa, sola con Jacob. Alimentada con champán y especias durante por lo menos dos siglos (cuatro, si uno cuenta la línea femenina), la condesa Lucy parecía bien alimentada. Ella tenía una nariz discriminatoria para los olores, prolongada, como si fuera en busca de ellos; su labio inferior hacía sobresalir una estrecha cornisa roja; sus ojos eran pequeños, con penachos arenosos por cejas, y su carrillo era pesado. Detrás de ella (la ventana daba a Grosvenor Square) estaban paradas Moll Pratt en la acera, ofreciendo violetas para la venta, y Mrs Hilda Thomas, levantando su falda, preparándose para cruzar la calle. Una era de Walworth; la otra de Putney. Ambas vestían medias negras, pero Mrs Thomas estaba enrollada en pieles. La comparación favorecía a Lady Rocksbier. Moll tenía más humor, pero era violenta; estúpida también. Hilda Thomas era evasiva, todos sus marcos de plata ladeados; hueveras en el salón; y las ventanas cubiertas. Lady Rocksbier, cualesquiera sean las deficiencias de su perfil, había sido un gran jinete en la caza del zorro. Utilizaba su cuchillo con autoridad, arrancaba los huesos a su pollo, pidiendo perdón a Jacob, con sus propias manos.

—¿Quién está pasando allí? —preguntó ella a Boxall, el mayordomo.

—El carruaje de Lady Firtlemere, milady —...lo que le recordó enviar una tarjeta para preguntar por la salud de Lord Firtlemere. Una vieja señora grosera, pensó Jacob. El vino era excelente. Ella se llamaba a sí misma «una vieja mujer»...—: Tan gentil almorzar con una vieja mujer —...lo que le aduló. Ella habló de Joseph Chamberlain, a quien ella había conocido. Dijo que Jacob debía venir y conocer... una de nuestras celebridades. Y Lady Alice entró con tres perros en una correa, y Jackie, que corrió para besar a

gram, and Jacob was given a good cigar.

A few moments before a horse jumps it slows, sidles, gathers itself together, goes up like a monster wave, and pitches down on the further side. Hedges and sky swoop in a semicircle. Then as if your own body ran into the horse's body and it was your own forelegs grown with his that sprang, rushing through the air you go, the ground resilient, bodies a mass of muscles, yet you have command too, upright stillness, eyes accurately judging. Then the curves cease, changing to downright hammer strokes, which jar; and you draw up with a jolt; sitting back a little, sparkling, tingling, glazed with ice over pounding arteries, gasping: "Ah! ho! Hah!" the steam going up from the horses as they jostle together at the cross-roads, where the signpost is, and the woman in the apron stands and stares at the doorway. The man raises himself from the cabbages to stare too.

So Jacob galloped over the fields of Essex, flopped in the mud, lost the hunt, and rode by himself eating sandwiches, looking over the hedges, noticing the colours as if new scraped, cursing his luck.

He had tea at the Inn; and there they all were, slapping, stamping, saying, "After you," clipped, curt, jocose, red as the wattles of turkeys, using free speech until Mrs. Horsefield and her friend Miss Dudding appeared at the doorway with their skirts hitched up, and hair looping down. Then Tom Dudding rapped at the window with his whip. A motor car throbbed in the courtyard. Gentlemen, feeling for matches, moved out, and Jacob went into the bar with Brandy Jones to smoke with the rustics. There was old

su abuela, mientras Boxall traía un telegrama, y Jacob recibía un buen cigarro.

Momentos antes de saltar, un caballo comienza a frenar, camina de lado, vuelve a tomar el control, va hacia arriba como una onda monstruosa, y se echa abajo para el otro lado. Setos y cielo se precipitan en un semicírculo. Entonces como si el cuerpo de uno operara en el cuerpo del caballo y fueran sus propias patas delanteras crecidas con las de él las que saltan, uno arremete a través del aire, la tierra resistiendo, cuerpos una masa de músculos, con todo uno también tiene control, calma vertical, los ojos juzgando con precisión. Entonces las curvas cesan, convirtiéndose directamente en golpes de martillo, que sacuden; y uno se detiene con una sacudida; sentándose un poco detrás, rodeado de efervescencia, de cosquilleo, glaseado con hielo sobre las arterias batientes, jadeando: «¡Ah! ¡Ho! ¡Ha!», el vapor subiendo de los caballos dándose empujones en las intersecciones, donde está el poste indicador, y la mujer en delantal está parada y mira fijamente hacia el umbral. El hombre se yergue de entre las coles para mirar fijamente también.

Así galopaba Jacob sobre los campos de Essex, dejándose caer en el fango, perdiendo la caza, y continuando solo a caballo comiendo sándwiches, mirando sobre los setos, notando los colores como si recién los decaparan, maldiciendo su suerte.

Tomó el té en el mesón; y allí estaban todos, dándose palmadas, zapateando, diciendo: «después de usted», entrecortados, bruscos, jocosos, rojos como las barbas de los pavos, expresándose libremente hasta que Mrs Horsefield y su amiga Miss Dudding aparecieron en el umbral con sus faldas arremangadas, y el pelo serpenteando. Entonces Tom Dudding llamó suavemente en la ventana con su látigo. Un automóvil zumbaba en el patio. Los caballeros, buscando sus fósforos, se trasladaron fuera, y Jacob

Jevons with one eye gone, and his clothes the colour of mud, his bag over his back, and his brains laid feet down in earth among the violet roots and the nettle roots; Mary Sanders with her box of wood; and Tom sent for beer, the half-witted son of the sexton— all this within thirty miles of London.

Mrs. Papworth, of Endell Street, Covent Garden, did for Mr. Bonamy in New Square, Lincoln's Inn, and as she washed up the dinner things in the scullery she heard the young gentlemen talking in the room next door. Mr. Sanders was there again; Flanders she meant; and where an inquisitive old woman gets a name wrong, what chance is there that she will faithfully report an argument? As she held the plates under water and then dealt them on the pile beneath the hissing gas, she listened: heard Sanders speaking in a loud rather overbearing tone of voice: "good," he said, and "absolute" and "justice" and "punishment," and "the will of the majority." Then her gentleman piped up; she backed him for argument against Sanders. Yet Sanders was a fine young fellow (here all the scraps went swirling round the sink, scoured after by her purple, almost nailless hands). "Women"—she thought, and wondered what Sanders and her gentleman did in THAT line, one eyelid sinking perceptibly as she mused, for she was the mother of nine—three still-born and one deaf and dumb from birth. Putting the plates in the rack she heard once more Sanders at it again ("He don't give Bonamy a chance," she thought). "Objective something," said Bonamy; and "common ground" and something else—all very long words, she noted. "Book learning does it," she thought to herself, and, as she thrust her arms into her jacket, heard something—might be the little table by the fire—fall; and then stamp, stamp, stamp—as if they were having at each other—round the room, making the plates dance.

entró al bar con Brandy Jones para fumar con los campesinos. Estaba el viejo Jevons, con un ojo menos, y sus ropas color fango, su bolso sobre su espalda, y su cerebro sepultado bajo la tierra entre las raíces de violetas y las raíces de ortiga; Mary Sanders con su caja de madera; y Tom, a quién habían enviado por cerveza, el hijo imbécil del sacristán... todo esto a treinta millas de Londres.

Mrs Papworth, de Endell Street, Covent Garden, limpiaba la casa de Mr Bonamy en New Square, Lincoln's Inn, y mientras ella lavaba las cosas de la cena en la trascocina oyó a los jóvenes caballeros hablando en el cuarto de al lado. Mr Sanders estaba allí nuevamente; Flanders, quería decir ella; y cuando una vieja mujer inquisitiva se equivoca con un nombre, ¿qué posibilidades hay que ella reporte fielmente una discusión? Mientras sostenía los platos bajo el agua y luego se ocupaba de ellos en la pila detrás del gas sibilante, ella escuchaba, oyó a Sanders hablando fuerte en un tono más bien autoritario: «bueno», decía, y «absoluto» y «justicia» y «castigo», y la «voluntad de la mayoría». Luego su señor intervino bruscamente; ella lo apoyaba en su argumento contra Sanders. Sin embargo Sanders era un joven buen compañero (ahora todos los desechos se pusieron a remolinear alrededor del fregadero, rastreados por sus manos púrpuras, casi sin uñas). «Mujeres»... pensó, y se preguntó lo que Sanders y su señor hacían a *ese* respecto, un párpado hundiéndose perceptiblemente mientras cavilaba, porque ella era la madre de nueve niños... tres nacidos muertos y uno sordomudo de nacimiento. Poniendo los platos en el estante oyó nuevamente a Sanders que recomenzaba («no le da ni una oportunidad a Bonamy», pensó ella). Un «ente objetivo», dijo Bonamy; y «terreno común» y algo más... todas palabras muy largas, observó. «Es por haber aprendido de los libros», pensó para sí misma, y, metiendo sus brazos en su chaqueta, oyó algo caer... tal vez la mesita junto al fuego... y después ¡pum!, ¡pum!, ¡pum!... como viniéndose a las manos... alrededor del cuarto, haciendo danzar los platos.

"To-morrow's breakfast, sir," she said, opening the door; and there were Sanders and Bonamy like two bulls of Bashan driving each other up and down, making such a racket, and all them chairs in the way. They never noticed her. She felt motherly towards them. "Your breakfast, sir," she said, as they came near. And Bonamy, all his hair touzled and his tie flying, broke off, and pushed Sanders into the arm-chair, and said Mr. Sanders had smashed the coffee-pot and he was teaching Mr. Sanders—

Sure enough, the coffee-pot lay broken on the hearthrug.

"Any day this week except Thursday," wrote Miss Perry, and this was not the first invitation by any means. Were all Miss Perry's weeks blank with the exception of Thursday, and was her only desire to see her old friend's son? Time is issued to spinster ladies of wealth in long white ribbons. These they wind round and round, round and round, assisted by five female servants, a butler, a fine Mexican parrot, regular meals, Mudie's library, and friends dropping in. A little hurt she was already that Jacob had not called.

"Your mother," she said, "is one of my oldest friends."

Miss Rosseter, who was sitting by the fire, holding the Spectator between her cheek and the blaze, refused to have a fire screen, but finally accepted one. The weather was then discussed, for in deference to Parkes, who was opening little tables, graver matters were postponed. Miss Rosseter drew Jacob's attention to the beauty of the cabinet.

"So wonderfully clever in picking things up," she said. Miss Per-

—El desayuno de mañana, sir —dijo ella, abriendo la puerta; y allí estaban Sanders y Bonamy como dos toros de Basán persiguiéndose hacia arriba y hacia abajo, haciendo un tal barullo, y toda las sillas al medio. Nunca se apercibieron de ella. Ella se sentía maternal hacia ellos—. Su desayuno, sir —dijo ella cuando se acercaron. Y Bonamy, con todo su pelo enmarañado y su corbata volando, se liberó, y empujó a Sanders hacia el sillón, y dijo que Mr Sanders había roto la cafetera y que le estaba enseñando a Mr Sanders...

Y, con seguridad, la cafetera yacía rota sobre la alfombra delante de la chimenea.

—Cualquier día esta semana excepto el jueves —escribió Miss Perry, y esta no era, para nada, la primera invitación. ¿Estaban todas las semanas de Miss Perry en blanco con excepción de los jueves, y era su único deseo ver al hijo de su vieja amiga? El tiempo es otorgado a las damas solteronas adineradas en largas cintas blancas. Ellas hacen madejas de día en día, de día en día, asistidas por cinco criadas femeninas, un mayordomo, un loro mexicano fino, las comidas regulares, la biblioteca Mudie's, y los amigos pasando a verlas. Ya estaba un poco sentida que Jacob no la había visitado.

—Su madre —dijo ella—, es una de mis más viejas amigas.

Miss Rosseter, que estaba sentada junto al fuego, sosteniendo el Spectator entre su mejilla y la lumbre, rechazó una pantalla de chimenea, pero finalmente la aceptó. El tiempo fue discutido a continuación, ya que en deferencia a Parkes, que estaba abriendo las mesitas, temas más graves fueron pospuestos. Miss Rosseter atrajo la atención de Jacob hacia la belleza del gabinete.

—Tan maravillosamente lista para recoger cosas —dijo ella.

ry had found it in Yorkshire. The North of England was discussed. When Jacob spoke they both listened. Miss Perry was bethinking her of something suitable and manly to say when the door opened and Mr. Benson was announced. Now there were four people sitting in that room. Miss Perry aged 66; Miss Rosseter 42; Mr. Benson 38; and Jacob 25.

"My old friend looks as well as ever," said Mr. Benson, tapping the bars of the parrot's cage; Miss Rosseter simultaneously praised the tea; Jacob handed the wrong plates; and Miss Perry signified her desire to approach more closely. "Your brothers," she began vaguely.

"Archer and John," Jacob supplied her. Then to her pleasure she recovered Rebecca's name; and how one day "when you were all little boys, playing in the drawing-room—"

"But Miss Perry has the kettle-holder," said Miss Rosseter, and indeed Miss Perry was clasping it to her breast. (Had she, then, loved Jacob's father?)

"So clever"—"not so good as usual"—"I thought it most unfair," said Mr. Benson and Miss Rosseter, discussing the Saturday Westminster. Did they not compete regularly for prizes? Had not Mr. Benson three times won a guinea, and Miss Rosseter once ten and sixpence? Of course Everard Benson had a weak heart, but still, to win prizes, remember parrots, toady Miss Perry, despise Miss Rosseter, give tea-parties in his rooms (which were in the style of Whistler, with pretty books on tables), all this, so Jacob felt without knowing him, made him a contemptible ass. As for Miss Rosseter, she had nursed cancer, and now painted water-colours.

Miss Perry lo había encontrado en Yorkshire. La conversación se ocupó del norte de Inglaterra. Cuando Jacob hablaba ambas escuchaban. Miss Perry estaba ponderando algo conveniente y masculino para decir cuando la puerta se abrió y Mr Benson fue anunciado. Ahora había cuatro personas sentadas en ese cuarto. Miss Perry, de 66 años; Miss Rosseter, 42; Mr Benson, 38; y Jacob, 25.

—Mi viejo amigo luce tan bien como siempre —dijo Mr Benson, golpeando ligeramente los barrotes de la jaula del loro; Miss Rosseter elogió el té simultáneamente; Jacob alcanzó las platos incorrectos; y Miss Perry hizo saber su deseo de acercarse un poco más—. Sus hermanos... —comenzó ella vagamente.

—Archer y John —le facilitó Jacob. Y entonces, para su placer ella recordó el nombre de Rebecca; y cómo, un día—: Cuando ustedes eran todos pequeños muchachos, jugando en la sala...

—Pero Miss Perry tiene el agarrador de la tetera —dijo Miss Rosseter, y de hecho Miss Perry lo sujetaba cerca de su pecho. (¿Había ella, por lo tanto, amado al padre de Jacob?).

—Tan inteligente... No tan bueno como de costumbre... Lo considero de lo más injusto... —dijeron Mr Benson y Miss Rosseter, hablando del *Saturday Westminster*. ¿Acaso no habían competido regularmente por premios? ¿Mr Benson no había ganado tres veces una guinea, y Miss Rosseter una vez diez chelines y seis peniques? Por supuesto, Everard Benson tenía un corazón débil, pero aun, ganar premios, recordar loros, lamer las botas a Miss Perry, desdeñar a Miss Rosseter, invitar a tomar el té en sus salones (que estaban decorados al estilo de Whistler, con libros bonitos sobre las mesas), todo esto, y así lo percibía Jacob sin conocerlo, lo convertía en un imbécil despreciable. En cuanto a Miss Rosseter, ella había sufrido de cáncer, y ahora pintaba acuarelas.

"Running away so soon?" said Miss Perry vaguely. "At home every afternoon, if you've nothing better to do—except Thursdays."

"I've never known you desert your old ladies once," Miss Rosseter was saying, and Mr. Benson was stooping over the parrot's cage, and Miss Perry was moving towards the bell....

The fire burnt clear between two pillars of greenish marble, and on the mantelpiece there was a green clock guarded by Britannia leaning on her spear. As for pictures—a maiden in a large hat offered roses over the garden gate to a gentleman in eighteenth-century costume. A mastiff lay extended against a battered door. The lower panes of the windows were of ground glass, and the curtains, accurately looped, were of plush and green too.

Laurette and Jacob sat with their toes in the fender side by side, in two large chairs covered in green plush. Laurette's skirts were short, her legs long, thin, and transparently covered. Her fingers stroked her ankles.

"It's not exactly that I don't understand them," she was saying thoughtfully. "I must go and try again."

"What time will you be there?" said Jacob.

She shrugged her shoulders.

"To-morrow?"

No, not to-morrow.

—¿Yéndose tan pronto? —dijo vagamente Miss Perry—. En casa cada tarde, si usted no tiene nada mejor que hacer... excepto los jueves.

—Nunca he sabido que usted abandone a sus viejas damas ni una vez —decía Miss Rosseter, y Mr Benson se inclinaba sobre la jaula del loro, y Miss Perry se movía hacia la campana...

El fuego ardía vivamente entre dos pilares de mármol verdoso, y en la repisa había un reloj verde resguardado por Britannia que se apoyaba sobre su lanza. En cuanto a los cuadros... una doncella con un gran sombrero ofrecía rosas sobre la puerta del jardín a un caballero en traje del siglo dieciocho. Un mastín yacía extendido contra una puerta estropeada. Los cristales inferiores de las ventanas estaban hechos de vidrio esmerilado, y las cortinas, cuidadosamente sostenidas, eran de felpa y verdes también.

Laurette y Jacob estaban sentados con sus pulgares en el guardafuego, lado a lado, en dos sillas grandes cubiertas de felpa verde. Las faldas de Laurette eran cortas, sus piernas largas, finas, y cubiertas de una materia transparente. Sus dedos acariciaban ligeramente sus tobillos.

—No es exactamente que no los entienda —decía ella cuidadosamente—. Debo ir e intentar nuevamente.

—¿A qué hora estarás allí? —dijo Jacob.

Ella se encogió de hombros.

—¿Mañana?

No, no mañana.

"This weather makes me long for the country," she said, looking over her shoulder at the back view of tall houses through the window.

"I wish you'd been with me on Saturday," said Jacob.

"I used to ride," she said. She got up gracefully, calmly. Jacob got up. She smiled at him. As she shut the door he put so many shillings on the mantelpiece.

Altogether a most reasonable conversation; a most respectable room; an intelligent girl. Only Madame herself seeing Jacob out had about her that leer, that lewdness, that quake of the surface (visible in the eyes chiefly), which threatens to spill the whole bag of ordure, with difficulty held together, over the pavement. In short, something was wrong.

Not so very long ago the workmen had gilt the final "y" in Lord Macaulay's name, and the names stretched in unbroken file round the dome of the British Museum. At a considerable depth beneath, many hundreds of the living sat at the spokes of a cartwheel copying from printed books into manuscript books; now and then rising to consult the catalogue; regaining their places stealthily, while from time to time a silent man replenished their compartments.

There was a little catastrophe. Miss Marchmont's pile overbalanced and fell into Jacob's compartment. Such things happened to Miss Marchmont. What was she seeking through millions of pages, in her old plush dress, and her wig of claret-coloured hair,

—Este tiempo me hace añorar el campo —dijo ella, mirando sobre su hombro a la parte trasera de las casas altas a través de la ventana.

—Me hubiera gustado que estuvieras conmigo el sábado —dijo Jacob.

—Yo acostumbraba montar a caballo —dijo ella. Ella se levantó con gracia, tranquilamente. Jacob se levantó. Ella le sonrió. Mientras ella cerraba la puerta él puso los tantos chelines convenidos sobre la repisa.

En conjunto una conversación muy razonable; un cuarto muy respetable; una muchacha inteligente. Solamente Madame misma, acompañando a Jacob hasta la salida, tenía esa mirada lasciva, esa lubricidad, ese temblor de la superficie (visible principalmente en los ojos), que amenaza con derramar el bolso entero de estiércol, que se tiene cerrado con dificultad, sobre la acera. En fin, algo andaba mal.

No hace mucho tiempo los obreros habían dorado la *y* final del nombre de Lord Macaulay, y los nombres se extendían en fila intacta alrededor de la bóveda del British Museum. Debajo, a una profundidad considerable, muchos centenares de entre los vivos se sentaban en los rayos de una rueda de carreta copiando de libros impresos a libros manuscritos; levantándose de vez en cuando para consultar el catálogo; recuperando sus lugares cautelosamente, mientras, de tanto en tanto, un hombre silencioso rellenaba sus compartimentos.

Se produjo una pequeña catástrofe. La pila de Miss Marchmont perdió el equilibrio y cayó en el compartimento de Jacob. Tales cosas sucedían a Miss Marchmont. ¿Qué buscaba ella a través de millones de páginas, en su viejo vestido afelpado, y su peluca de

with her gems and her chilblains? Sometimes one thing, sometimes another, to confirm her philosophy that colour is sound—or, perhaps, it has something to do with music. She could never quite say, though it was not for lack of trying. And she could not ask you back to her room, for it was "not very clean, I'm afraid," so she must catch you in the passage, or take a chair in Hyde Park to explain her philosophy. The rhythm of the soul depends on it— ("how rude the little boys are!" she would say), and Mr. Asquith's Irish policy, and Shakespeare comes in, "and Queen Alexandra most graciously once acknowledged a copy of my pamphlet," she would say, waving the little boys magnificently away. But she needs funds to publish her book, for "publishers are capitalists— publishers are cowards." And so, digging her elbow into her pile of books it fell over.

Jacob remained quite unmoved.

But Fraser, the atheist, on the other side, detesting plush, more than once accosted with leaflets, shifted irritably. He abhorred vagueness— the Christian religion, for example, and old Dean Parker's pronouncements. Dean Parker wrote books and Fraser utterly destroyed them by force of logic and left his children unbaptized—his wife did it secretly in the washing basin—but Fraser ignored her, and went on supporting blasphemers, distributing leaflets, getting up his facts in the British Museum, always in the same check suit and fiery tie, but pale, spotted, irritable. Indeed, what a work—to destroy religion!

Jacob transcribed a whole passage from Marlowe.

Miss Julia Hedge, the feminist, waited for her books. They did not come. She wetted her pen. She looked about her. Her eye was

pelo color granate, con sus gemas y sus sabañones? A veces una cosa, a veces otra, confirmar su filosofía que el color es el sonido... o, quizás, que tiene algo que ver con la música. Ella nunca podía decir exactamente, aunque eso no era porque no lo intentara. Y ella no podría preguntarle a uno, de nuevo en su cuarto, porque este estaba «no muy limpio, me temo», así que ella debía atraparlo a uno en el pasillo, o tomar una silla en Hyde Park para explicarle su filosofía. El ritmo del alma depende de esta... («¡qué groseros que son los chiquillos!», diría ella), y la política irlandesa de Mr Asquith, y siguiendo con Shakespeare, «y la reina Alexandra acusó recibo, con tanta gracia, una vez, de una copia de mi panfleto», diría ella, echando a los chiquillos con un magnífico gesto de la mano. Pero ella necesita fondos para publicar su libro, porque los «editores son capitalistas... los editores son cobardes». Y por eso, hincando su codo en su pila de libros, esta cayó.

Jacob permaneció absolutamente impasible.

Pero Fraser, el ateo, en el otro lateral, detestando la felpa, más de una vez acosado con los folletos, se desplazó con irritación. Él aborrecía la imprecisión... la religión cristiana, por ejemplo, y los dictámenes del viejo decano Parker. El decano Parker escribía libros y Fraser los destruía completamente bajo la fuerza de la lógica y no bautizaba sus hijos... su esposa lo hacía secretamente en el lavabo... pero Fraser no hacía caso de ella, y seguía apoyando blasfemos, distribuyendo folletos, buscando sus pruebas en el British Museum, siempre con el mismo traje a cuadros y la corbata ardiente, pero pálido, lleno de granos, irritable. De hecho, ¡qué trabajo... destruir la religión!

Jacob transcribió un pasaje entero de Marlowe.

Miss Julia Hedge, la feminista, esperaba sus libros. No llegaban. Ella mojó su pluma. Miró a su alrededor. Sus ojos se detuvieron

caught by the final letters in Lord Macaulay's name. And she read them all round the dome—the names of great men which remind us—"Oh damn," said Julia Hedge, "why didn't they leave room for an Eliot or a Bronte?"

Unfortunate Julia! wetting her pen in bitterness, and leaving her shoe laces untied. When her books came she applied herself to her gigantic labours, but perceived through one of the nerves of her exasperated sensibility how composedly, unconcernedly, and with every consideration the male readers applied themselves to theirs. That young man for example. What had he got to do except copy out poetry? And she must study statistics. There are more women than men. Yes; but if you let women work as men work, they'll die off much quicker. They'll become extinct. That was her argument. Death and gall and bitter dust were on her pen-tip; and as the afternoon wore on, red had worked into her cheek-bones and a light was in her eyes.

But what brought Jacob Flanders to read Marlowe in the British Museum? Youth, youth—something savage—something pedantic. For example, there is Mr. Masefield, there is Mr. Bennett. Stuff them into the flame of Marlowe and burn them to cinders. Let not a shred remain. Don't palter with the second rate. Detest your own age. Build a better one. And to set that on foot read incredibly dull essays upon Marlowe to your friends. For which purpose one most collate editions in the British Museum. One must do the thing oneself. Useless to trust to the Victorians, who disembowel, or to the living, who are mere publicists. The flesh and blood of the future depends entirely upon six young men. And as Jacob was one of them, no doubt he looked a little regal and pompous as he turned his page, and Julia Hedge disliked him naturally enough.

en las letras finales del nombre de Lord Macaulay. Y los leyó a todos alrededor de la bóveda... los nombres de los grandes hombres que nos recuerdan...: —¡Oh, maldición! —dijo Julia Hedge—, ¿por qué no dejaron lugar para una Eliot o una Bronte?

¡Desafortunada Julia, mojando su pluma en amargura, y dejando los cordones de sus zapatos desatados! Cuando sus libros llegaron se aplicó a sus gigantescas labores, pero percibiendo con uno de los nervios de su sensibilidad exasperada qué tan serenamente, despreocupadamente, y con toda consideración los lectores masculinos se aplicaban a las suyas. Aquel joven, por ejemplo. ¿Qué tiene para hacer excepto copiar poesía? Y ella debía estudiar estadísticas. Hay más mujeres que hombres. Sí; pero si uno deja a las mujeres trabajar como trabajan los hombres, ellas morirían mucho más rápidamente. Se extinguirían. Ese era su argumento. Muerte y hiel y polvo amargo había en su pluma; y como la tarde se gastaba, el rojo se le había subido a las mejillas y había una luz en sus ojos.

¿Pero qué llevó a Jacob Flanders a leer Marlowe en el British Museum? Juventud, juventud... algo salvaje... algo pedante. Por ejemplo, allí está Mr Masefield, allí está Mr Bennett. Que se los tire a la llama de Marlowe y sean quemados hasta que se conviertan en cenizas. Que no permanezca ni un fragmento. No flirtees con los de segunda clase. Detesta tu propia era. Construye una mejor. Y para poner eso en pie lee ensayos increíblemente aburridos sobre Marlowe a los amigos. Con ese propósito uno tiene que recopilar ediciones en el British Museum. Uno tiene que hacerlo por sí mismo. Es inútil confiar en los victorianos, que evisceran, o en los vivientes, que son meros publicistas. La carne y sangre del futuro depende enteramente de seis jóvenes. Y, como Jacob era uno de ellos, sin duda parecía un poco regio y pomposo mientras tornaba su página, y Julia Hedge lo encontraba naturalmente lo suficientemente desagradable.

But then a pudding-faced man pushed a note towards Jacob, and Jacob, leaning back in his chair, began an uneasy murmured conversation, and they went off together (Julia Hedge watched them), and laughed aloud (she thought) directly they were in the hall.

Nobody laughed in the reading-room. There were shirtings, murmurings, apologetic sneezes, and sudden unashamed devastating coughs. The lesson hour was almost over. Ushers were collecting exercises. Lazy children wanted to stretch. Good ones scribbled assiduously—ah, another day over and so little done! And now and then was to be heard from the whole collection of human beings a heavy sigh, after which the humiliating old man would cough shamelessly, and Miss Marchmont hinnied like a horse.

Jacob came back only in time to return his books.

The books were now replaced. A few letters of the alphabet were sprinkled round the dome. Closely stood together in a ring round the dome were Plato, Aristotle, Sophocles, and Shakespeare; the literature of Rome, Greece, China, India, Persia. One leaf of poetry was pressed flat against another leaf, one burnished letter laid smooth against another in a density of meaning, a conglomeration of loveliness.

"One does want one's tea," said Miss Marchmont, reclaiming her shabby umbrella.

Miss Marchmont wanted her tea, but could never resist a last look at the Elgin Marbles. She looked at them sideways, waving her hand and muttering a word or two of salutation which made Jacob and the other man turn round. She smiled at them amiably. It all came into her philosophy— that colour is sound, or perhaps

Pero entonces un hombre con cara gorda empujó una nota hacia Jacob, y Jacob, reclinándose en su silla, comenzó una difícil conversación de murmuros, y salieron juntos (Julia Hedge los observó), y rieron en voz alta (así lo pensó ella) en cuanto estuvieron en el salón.

Nadie reía en la sala de lectura. Había movimientos, murmuros, estornudos apologéticos, y devastadoras toses repentinas y desvergonzadas. La hora de la lección había casi terminado. Los bedeles recogían ejercicios. Los niños perezosos querían elongar. Los buenos garabateaban asiduamente... ¡ah, otro día ha pasado y tan poco se ha hecho! Y a veces se podía oír desde la entera colección de seres humanos un suspiro profundo, después del cual el humillante viejo tosería desvergonzadamente, y Miss Marchmont relincharía como un caballo.

Jacob volvió justo a tiempo para devolver sus libros.

Ahora los libros habían recuperado su lugar. Algunas letras del alfabeto estaban salpicadas alrededor de la cúpula. Codo a codo en ronda alrededor de la cúpula estaban Platón, Aristóteles, Sófocles y Shakespeare; la literatura de Roma, Grecia, China, India, Persia. Una hoja de poesía estrechamente apretada contra otra hoja, una letra bruñida dispuesta regularmente contra otra en una densidad de significado, una conglomeración de belleza.

—Uno realmente necesita su té —dijo Miss Marchmont, reclamando su paraguas andrajoso.

Miss Marchmont necesitaba su té, pero nunca podía resistirse a una última mirada a los frisos del Partenón. Ella los miraba de lado, agitando su mano y murmurando una palabra o dos, saludando, lo que hizo que Jacob y el otro hombre se dieran vuelta. Ella les sonrió amablemente. Todo encajaba así en su filosofía...

it has something to do with music. And having done her service, she hobbled off to tea. It was closing time. The public collected in the hall to receive their umbrellas.

For the most part the students wait their turn very patiently. To stand and wait while some one examines white discs is soothing. The umbrella will certainly be found. But the fact leads you on all day through Macaulay, Hobbes, Gibbon; through octavos, quartos, folios; sinks deeper and deeper through ivory pages and morocco bindings into this density of thought, this conglomeration of knowledge.

Jacob's walking-stick was like all the others; they had muddled the pigeon-holes perhaps.

There is in the British Museum an enormous mind. Consider that Plato is there cheek by jowl with Aristotle; and Shakespeare with Marlowe. This great mind is hoarded beyond the power of any single mind to possess it. Nevertheless (as they take so long finding one's walking-stick) one can't help thinking how one might come with a notebook, sit at a desk, and read it all through. A learned man is the most venerable of all—a man like Huxtable of Trinity, who writes all his letters in Greek, they say, and could have kept his end up with Bentley. And then there is science, pictures, architecture,—an enormous mind.

They pushed the walking-stick across the counter. Jacob stood beneath the porch of the British Museum. It was raining. Great Russell Street was glazed and shining—here yellow, here, outside the chemist's, red and pale blue. People scuttled quickly close to the wall; carriages rattled rather helter-skelter down the streets.

que el color es sonido, o quizás tiene algo que ver con la música. Y, habiendo terminado su homenaje, se fue cojeando a tomar el té. Era la hora de cierre. El público estaba reunido en el salón para recibir los paraguas.

La mayor parte de los estudiantes esperan su turno muy pacientemente. Estar parado y esperar mientras alguien examina las fichas blancas es reconfortante. El paraguas será seguramente encontrado. Pero este asunto lo acompaña a uno todo el día a través de Macaulay, Hobbes, Gibbon; con libros en octavo, cuarto, folio; se hunde más y más profundo a través de las páginas de marfil y encuadernaciones en tafilete en esta densidad de pensamiento, esta conglomeración de conocimiento.

El bastón de Jacob era como todos los otros; tal vez se habían equivocado de casilla.

En el British Museum hay una mente enorme. Hay que considerar que Platón está allí codo a codo con Aristóteles; y Shakespeare con Marlowe. Poseer el tesoro de esta gran mente está más allá del poder de cualquier mente singular. Sin embargo (dado que toman tanto tiempo para encontrar el bastón) uno no puede dejar de pensar en cómo uno pudo venir con un cuaderno, sentarse en un escritorio, y leer todo a lo largo de ella. Un hombre docto es el más venerable de todos... un hombre como Huxtable de Trinity, que escribe todas sus cartas en griego, dicen, y que hubiera podido estar a la altura de Bentley. Y además hay ciencia, cuadros, arquitectura... una mente enorme.

Deslizaron el bastón sobre el mostrador. Jacob estaba parado bajo el pórtico del British Museum. Llovía. Great Russell Street estaba esmaltada y brillante... aquí, amarillo; allí, fuera de la farmacia, rojo y azul pálido. La gente se escabulló rápidamente cerca de la pared; los carros repiqueteaban más bien atropelladamente

Well, but a little rain hurts nobody. Jacob walked off much as if he had been in the country; and late that night there he was sitting at his table with his pipe and his book.

The rain poured down. The British Museum stood in one solid immense mound, very pale, very sleek in the rain, not a quarter of a mile from him. The vast mind was sheeted with stone; and each compartment in the depths of it was safe and dry. The nightwatchmen, flashing their lanterns over the backs of Plato and Shakespeare, saw that on the twenty-second of February neither flame, rat, nor burglar was going to violate these treasures—poor, highly respectable men, with wives and families at Kentish Town, do their best for twenty years to protect Plato and Shakespeare, and then are buried at Highgate.

Stone lies solid over the British Museum, as bone lies cool over the visions and heat of the brain. Only here the brain is Plato's brain and Shakespeare's; the brain has made pots and statues, great bulls and little jewels, and crossed the river of death this way and that incessantly, seeking some landing, now wrapping the body well for its long sleep; now laying a penny piece on the eyes; now turning the toes scrupulously to the East. Meanwhile, Plato continues his dialogue; in spite of the rain; in spite of the cab whistles; in spite of the woman in the mews behind Great Ormond Street who has come home drunk and cries all night long, "Let me in! Let me in!"

In the street below Jacob's room voices were raised. But he read on. For after all Plato continues imperturbably. And Hamlet utters his soliloquy. And there the Elgin Marbles lie, all night long, old

descendiendo las calles. Bueno, pero un poco de lluvia no hace mal a nadie. Jacob se fue a pie como si estuviera en el campo; y esa noche, tarde, allí estaba, sentado a su mesa, con su pipa y su libro.

La lluvia caía torrencialmente. El British Museum se tenía en una sólida e inmensa loma, muy pálido, muy elegante en la lluvia, a menos de un cuarto de milla de Jacob. La vasta mente estaba cubierta de piedra; y cada compartimento en las profundidades de él estaba seguro y seco. Los vigilantes nocturnos, destellando sus linternas sobre las espaldas de Platón y Shakespeare, vieron que el veintidós de febrero ni la llama, ni la rata, ni el ladrón iba a violar estos tesoros... hombres pobres, altamente respetables, con esposas y familias en Kentish Town, dando lo mejor de sí durante veinte años para proteger a Platón y a Shakespeare, y luego ser enterrados en Highgate.

La piedra yace sólida sobre el British Museum, como los huesos yacen fríos sobre las visiones y el calor del cerebro. Solo que aquí el cerebro es el cerebro de Platón y el de Shakespeare; el cerebro ha hecho jarrones y estatuas, grandes toros y pequeñas joyas, y ha cruzado el río de la muerte de una y otra manera, incesantemente, buscando dónde aterrizar, ora envolviendo bien el cuerpo para su largo sueño; ora poniendo una moneda de un penique sobre los ojos; ora tornando escrupulosamente los dedos de los pies hacia el este. Mientras tanto, Platón continúa su diálogo; a pesar de la lluvia; a pesar de los silbidos del taxi; a pesar de la mujer en las caballerizas —detrás de Great Ormond Street—, que ha llegado a casa bebida y grita a lo largo de toda la noche: «¡Déjame entrar! ¡Déjame entrar!».

En la calle, debajo del cuarto de Jacob, se alzaron voces. Pero él siguió leyendo. Porque después de todo Platón continúa imperturbablemente. Y Hamlet pronuncia su soliloquio. Y allí yacen los

Jones's lantern sometimes recalling Ulysses, or a horse's head; or sometimes a flash of gold, or a mummy's sunk yellow cheek. Plato and Shakespeare continue; and Jacob, who was reading the Phaedrus, heard people vociferating round the lamp-post, and the woman battering at the door and crying, "Let me in!" as if a coal had dropped from the fire, or a fly, falling from the ceiling, had lain on its back, too weak to turn over.

The Phaedrus is very difficult. And so, when at length one reads straight ahead, falling into step, marching on, becoming (so it seems) momentarily part of this rolling, imperturbable energy, which has driven darkness before it since Plato walked the Acropolis, it is impossible to see to the fire.

The dialogue draws to its close. Plato's argument is done. Plato's argument is stowed away in Jacob's mind, and for five minutes Jacob's mind continues alone, onwards, into the darkness. Then, getting up, he parted the curtains, and saw, with astonishing clearness, how the Springetts opposite had gone to bed; how it rained; how the Jews and the foreign woman, at the end of the street, stood by the pillar-box, arguing.

Every time the door opened and fresh people came in, those already in the room shifted slightly; those who were standing looked over their shoulders; those who were sitting stopped in the middle of sentences. What with the light, the wine, the strumming of a guitar, something exciting happened each time the door opened. Who was coming in?

"That's Gibson."

frisos del Partenón, durante toda la noche, la linterna del viejo Jones reanimando a veces a Ulises, o la cabeza de un caballo; o a veces un destello de oro, o la mejilla amarillenta y hundida de una momia. Platón y Shakespeare continúan; y Jacob, que estaba leyendo el *Fedro*, oyó a la gente vociferando cerca de la farola, y a la mujer golpeando a la puerta y gritando, «¡Déjenme entrar!», lo oyó de la misma manera que si un carbón se hubiera deslizado del fuego, o una mosca hubiera caído del techo, tendida sobre su espalda, demasiado débil como para darse la vuelta.

El *Fedro* es muy difícil. Y así, cuando al final uno comienza a avanzar de una vez, tomando la cadencia, marchando, convirtiéndose (así parece) momentáneamente en parte de esa energía que progresa imperturbable, que ha expulsado la oscuridad delante de ella desde que Platón caminó por la Acrópolis, es imposible ocuparse del fuego.

El diálogo se acerca a su término. El razonamiento de Platón ya ha terminado. El razonaminento de Platón se ha inmiscuido en la mente de Jacob, y por cinco minutos la mente de Jacob continúa sola, hacia delante, en la oscuridad. Luego, levantándose, él abrió las cortinas, y vio, con sorprendente claridad, cómo los Springett al frente se habían ido a la cama; cómo llovía, cómo los judíos y la mujer extranjera, al final de la calle, estaban parados cerca del buzón de correos, discutiendo.

Cada vez que se abría la puerta y nueva gente entraba, aquellos que ya estaban en el cuarto cambiaban ligeramente de posición; los que estaban parados miraban sobre sus hombros; los que estaban sentados se detenían en medio de las frases. Aun con la luz, el vino, los rasgueos de una guitarra, algo excitante sucedía cada vez que se abría la puerta. ¿Quién venía?

—Ese es Gibson.

"The painter?"

"But go on with what you were saying."

They were saying something that was far, far too intimate to be said outright. But the noise of the voices served like a clapper in little Mrs. Withers's mind, scaring into the air blocks of small birds, and then they'd settle, and then she'd feel afraid, put one hand to her hair, bind both round her knees, and look up at Oliver Skelton nervously, and say:

"Promise, PROMISE, you'll tell no one." ... so considerate he was, so tender. It was her husband's character that she discussed. He was cold, she said.

Down upon them came the splendid Magdalen, brown, warm, voluminous, scarcely brushing the grass with her sandalled feet. Her hair flew; pins seemed scarcely to attach the flying silks. An actress of course, a line of light perpetually beneath her. It was only "My dear" that she said, but her voice went jodelling between Alpine passes. And down she tumbled on the floor, and sang, since there was nothing to be said, round ah's and oh's. Mangin, the poet, coming up to her, stood looking down at her, drawing at his pipe. The dancing began.

Grey-haired Mrs. Keymer asked Dick Graves to tell her who Mangin was, and said that she had seen too much of this sort of thing in Paris (Magdalen had got upon his knees; now his pipe was in her mouth) to be shocked. "Who is that?" she said, staying her glasses when they came to Jacob, for indeed he looked quiet, not indifferent, but like some one on a beach, watching.

—¿El pintor?

—Pero continúa con lo que estabas diciendo.

Estaban diciendo algo que era de lejos, de lejos, demasiado íntimo como para ser dicho directamente. Pero el ruido de las voces hacía las veces de un badajo en la mente de la pequeña Mrs Withers, ahuyentando en el aire bandadas de pajaritos, que entonces se posaron, y entonces ella sintió miedo, puso una mano sobre su cabello, apretó las dos manos contra sus rodillas, y miró a Oliver Skelton nerviosamente, diciendo:

—Prométeme, *prométeme*, que no le dirás a nadie —... él era tan considerado, tan tierno. Discutían sobre el carácter de su esposo. Él era frío, decía ella.

Cerca de ellos se abalanzó la espléndida Magdalen, bruna, tibia, voluminosa, apenas rozando la hierba con sus pies en sandalias. Su cabello volaba; parecía que los alfileres apenas podían sujetar las sedas volantes. Una actriz, por supuesto, un haz de luz perpetuo sobre ella. Ella solo decía «mi querida», pero su voz continuaba cantando la tirolesa entre pasos alpinos. Y tambaleó hacia el suelo, y cantó, dado que no había nada para decir, «¡ah!» y «¡oh!» bien redondeados. Mangin, el poeta, viniendo hacia ella, se quedó mirándola hacia abajo, sacando su pipa. Comenzaron a danzar.

La canosa Mrs Keymer le pidió a Dick Graves que le dijera quién era Mangin, y dijo que ella ya había visto demasiadas cosas semejantes en Paris (Magdalen se había puesto de rodillas; ahora la pipa de él estaba en la boca de ella) como para conmocionarse:
—¿Quién es ese? —dijo ella, suspendiendo sus lentes cuando llegaron a Jacob, porque, de hecho, él parecía silencioso, no indiferente, sino como alguien en la playa, observando.

"Oh, my dear, let me lean on you," gasped Helen Askew, hopping on one foot, for the silver cord round her ankle had worked loose. Mrs. Keymer turned and looked at the picture on the wall.

"Look at Jacob," said Helen (they were binding his eyes for some game).

And Dick Graves, being a little drunk, very faithful, and very simple-minded, told her that he thought Jacob the greatest man he had ever known. And down they sat cross-legged upon cushions and talked about Jacob, and Helen's voice trembled, for they both seemed heroes to her, and the friendship between them so much more beautiful than women's friendships. Anthony Pollett now asked her to dance, and as she danced she looked at them, over her shoulder, standing at the table, drinking together.

The magnificent world—the live, sane, vigorous world .... These words refer to the stretch of wood pavement between Hammersmith and Holborn in January between two and three in the morning. That was the ground beneath Jacob's feet. It was healthy and magnificent because one room, above a mews, somewhere near the river, contained fifty excited, talkative, friendly people. And then to stride over the pavement (there was scarcely a cab or policeman in sight) is of itself exhilarating. The long loop of Piccadilly, diamond-stitched, shows to best advantage when it is empty. A young man has nothing to fear. On the contrary, though he may not have said anything brilliant, he feels pretty confident he can hold his own. He was pleased to have met Mangin; he admired the young woman on the floor; he liked them all; he liked that sort of thing. In short, all the drums and trumpets were sounding. The street scavengers were the only people about at the moment. It is scarcely necessary to say how well-disposed Jacob felt towards them; how it pleased him to let himself in with his latch-key at his

—¡Oh querido, déjame apoyarme en ti! —boqueó Helen Askew, dando saltitos en un pie, porque la cuerda de plata alrededor de su tobillo se había aflojado. Mrs Keymer se tornó y miró hacia la pintura sobre la pared.

—Mira a Jacob —dijo Helen (estaban vendando los ojos de él para algún juego).

Y Dick Graves, un poco ebrio, muy fiel, y muy ingenuo, le dijo que pensaba que Jacob era el hombre más grandioso que había conocido. Y se sentaron en el suelo con las piernas cruzadas sobre almohadones y hablaron sobre Jacob, y la voz de Helen temblaba, porque los dos eran como héroes para ella, y la amistad de ellos era mucho más hermosa que la amistad de las mujeres. Anthony Pollett le pidió una danza, y mientras danzaba ella los miraba, sobre su hombro, parados cerca de la mesa, tomando juntos.

El mundo magnífico... el mundo viviente, sano y vigoroso... Estas palabras hacen referencia a la franja de acera de madera que va de Hammersmith a Holborn en enero entre las dos y las tres de la mañana. Era el suelo que estaba bajo los pies de Jacob. Era saludable y magnífico porque un cuarto, sobre unas caballerizas, en algún lugar cercano al río, contenía cincuenta personas excitadas, locuaces, amigables. Y luego caminar con pasos largos sobre la acera (apenas si había un taxi o un policía a la vista) es en sí mismo exhilarante. La larga curva de Piccadilly, punteada de diamantes, no está jamás tan bella como cuando está vacía. Un joven no tiene nada que temer. Al contrario, aunque él no haya dicho nada brillante, se siente bastante seguro de ocupar su lugar. Le había reconfortado haber conocido a Mangin; admiraba a la joven mujer sobre el suelo; gustaba de todos; le gustaban esa clase de cosas. En pocas palabras, todos los tambores y las trompetas sonaban. Los que hurgan en la basura eran la única gente que rondaba en ese momento. Es apenas necesario decir lo bien

own door; how he seemed to bring back with him into the empty room ten or eleven people whom he had not known when he set out; how he looked about for something to read, and found it, and never read it, and fell asleep.

Indeed, drums and trumpets is no phrase. Indeed, Piccadilly and Holborn, and the empty sitting-room and the sitting-room with fifty people in it are liable at any moment to blow music into the air. Women perhaps are more excitable than men. It is seldom that any one says anything about it, and to see the hordes crossing Waterloo Bridge to catch the non-stop to Surbiton one might think that reason impelled them. No, no. It is the drums and trumpets. Only, should you turn aside into one of those little bays on Waterloo Bridge to think the matter over, it will probably seem to you all a muddle—all a mystery.

They cross the Bridge incessantly. Sometimes in the midst of carts and omnibuses a lorry will appear with great forest trees chained to it. Then, perhaps, a mason's van with newly lettered tombstones recording how some one loved some one who is buried at Putney. Then the motor car in front jerks forward, and the tombstones pass too quick for you to read more. All the time the stream of people never ceases passing from the Surrey side to the Strand; from the Strand to the Surrey side. It seems as if the poor had gone raiding the town, and now trapesed back to their own quarters, like beetles scurrying to their holes, for that old woman fairly hobbles towards Waterloo, grasping a shiny bag, as if she had been out into the light and now made off with some scraped chicken bones to her hovel underground. On the other hand, though the wind is rough and blowing in their faces, those girls there, striding hand in hand, shouting out a song, seem to feel neither cold nor shame. They are hatless. They triumph.

dispuesto que se sentía Jacob con respecto a ellos; cómo le reconfortaba abrirse paso con su llave en su propia puerta; cómo le parecía llevar con él al cuarto vacío diez u once personas a quienes no conocía cuando había salido; cómo miró alrededor buscando algo para leer, y lo encontró, y nunca lo leyó, y se quedó dormido.

De hecho, tambores y trompetas no son solo una manera de decir. De hecho, Piccadilly y Holborn, y la vacía sala de estar y la sala de estar con cincuenta personas en ella, son susceptibles en todo momento de hacer sonar música en el aire. Las mujeres, tal vez, se excitan más que los hombres. Es raro que alguien diga algo sobre esto, y al ver las hordas cruzando Waterloo Bridge para alcanzar el tren directo a Surbiton uno puede pensar que alguna razón las compele. No, no. Son los tambores y las trompetas. Solo que, si uno tuerce el camino por una de esas pequeñas bahías de Waterloo Bridge para pensar bien el asunto, le parecerá probablemente todo un desorden… todo un misterio.

Las hordas cruzan el puente incesantemente. A veces en medio de carretas y ómnibus aparece un camión con grandes árboles forestales encadenados a él. Y luego, tal vez, la camioneta de un albañil con lápidas recién grabadas recordando cómo alguien amaba a alguien que está enterrado en Putney. Entonces el automóvil enfrente se sacude hacia delante, y las lápidas pasan demasiado rápido delante de uno como para leer más. Todo el tiempo la corriente de gente pasa sin cesar desde la costa de Surrey hacia el Strand; desde el Strand hacia la costa de Surrey. Parece como si los pobres hubieran saqueado la ciudad, y ahora se retiraran a sus propios barrios, como coleópteros apresurándose hacia sus huecos, porque aquella vieja mujer cojea claramente hacia Waterloo, tomando un bolso lustroso, como si hubiera salido a la luz y ahora robado algunos razguños de huesos de pollo para su innovada cueva. Por otra parte, aunque el viento es áspero y sopla sobre sus rostros, aquellas jóvenes allí, dando zancadas tomadas

The wind has blown up the waves. The river races beneath us, and the men standing on the barges have to lean all their weight on the tiller. A black tarpaulin is tied down over a swelling load of gold. Avalanches of coal glitter blackly. As usual, painters are slung on planks across the great riverside hotels, and the hotel windows have already points of light in them. On the other side the city is white as if with age; St. Paul's swells white above the fretted, pointed, or oblong buildings beside it. The cross alone shines rosy-gilt. But what century have we reached? Has this procession from the Surrey side to the Strand gone on for ever? That old man has been crossing the Bridge these six hundred years, with the rabble of little boys at his heels, for he is drunk, or blind with misery, and tied round with old clouts of clothing such as pilgrims might have worn. He shuffles on. No one stands still. It seems as if we marched to the sound of music; perhaps the wind and the river; perhaps these same drums and trumpets—the ecstasy and hubbub of the soul. Why, even the unhappy laugh, and the policeman, far from judging the drunk man, surveys him humorously, and the little boys scamper back again, and the clerk from Somerset House has nothing but tolerance for him, and the man who is reading half a page of Lothair at the bookstall muses charitably, with his eyes off the print, and the girl hesitates at the crossing and turns on him the bright yet vague glance of the young.

Bright yet vague. She is perhaps twenty-two. She is shabby. She crosses the road and looks at the daffodils and the red tulips in the florist's window. She hesitates, and makes off in the direction of Temple Bar. She walks fast, and yet anything distracts her. Now

de la mano, gritando una canción, no parecen sentir ni frío ni vergüenza. Con la cabeza descubierta. Ellas triunfan.

El viento ha levantado las olas. El río acelera debajo nuestro, y los hombres parados sobre las barcazas tienen que apoyar todo su peso sobre el timón. Una lona negra está atada allí abajo, sobre una abultada carga de oro. Avalanchas de carbón brillan de manera negruzca. Como de costumbre, los pintores están colgados sobre tablones a lo largo de los grandes hoteles de la costa, y las ventanas de los hoteles ya tienen algunos puntos iluminados en ellos. Del otro lado de la costa la ciudad es blanca como si hubiera envejecido; la catedral de St Paul se hincha blanca sobre los edificios erodados, puntiagudos u oblongos a su costado. Solo la cruz brilla de un oro rosado. Pero, ¿a qué siglo hemos llegado? ¿Ha continuado por siempre esta procesión desde la costa de Surrey hacia el Strand? Ese viejo hombre ha cruzado el puente durante seiscientos años, con la turba de jovencitos a sus talones, porque está ebrio, o ciego por la miseria, y atado con trapos de ropa tal como los peregrinos deben haberse vestido. Arrastra los pies. Nadie se queda quieto. Parece como si marcháramos al son de la música; tal vez el viento y el río; tal vez estos tambores y trompetas... el éxtasis y el alboroto del alma. He ahí, incluso la risa infeliz, y el policía, lejos de juzgar al hombre ebrio, lo vigila con gracia, y los jovencitos corretean de nuevo, y el empleado de Somerset House no tiene sino tolerancia hacia él, y el hombre que está leyendo media página de Lothair en el puesto de libros cavila caritativamente, con sus ojos fuera de la página impresa, y la muchacha duda en la esquina y torna hacia él la brillante y sin embargo vaga mirada de la juventud.

Brillante y sin embargo vaga. Pero ella tal vez tiene veintidós años. De pinta modesta. Cruza la calle y mira los narcisos y los tulipanes rojos en la vitrina de la florería. Duda, y huye en dirección de Temple Bar. Camina rápidamente, y sin embargo todo la

she seems to see, and now to notice nothing.

distrae. Ora parece ver algo, y ora no haber notado nada.

Chapter ten

Through the disused graveyard in the parish of St. Pancras, Fanny Elmer strayed between the white tombs which lean against the wall, crossing the grass to read a name, hurrying on when the grave-keeper approached, hurrying into the street, pausing now by a window with blue china, now quickly making up for lost time, abruptly entering a baker's shop, buying rolls, adding cakes, going on again so that any one wishing to follow must fairly trot. She was not drably shabby, though. She wore silk stockings, and silver-buckled shoes, only the red feather in her hat drooped, and the clasp of her bag was weak, for out fell a copy of Madame Tussaud's programme as she walked. She had the ankles of a stag. Her face was hidden. Of course, in this dusk, rapid movements, quick glances, and soaring hopes come naturally enough. She passed right beneath Jacob's window.

The house was flat, dark, and silent. Jacob was at home engaged upon a chess problem, the board being on a stool between his knees. One hand was fingering the hair at the back of his head. He slowly brought it forward and raised the white queen from her square; then put her down again on the same spot. He filled his pipe; ruminated; moved two pawns; advanced the white knight; then ruminated with one finger upon the bishop. Now Fanny Elmer passed beneath the window.

She was on her way to sit to Nick Bramham the painter.

She sat in a flowered Spanish shawl, holding in her hand a yellow novel.

Capítulo diez

A través del cementerio abandonado en la parroquia de St Pancras, Fanny Elmer se extravió entre las tumbas blancas que se apoyan contra la pared, cruzando la hierba para leer un nombre, apresurándose cuando el cuidador se acerca, apresurándose hacia la calle, haciendo ahora una pausa en la vitrina con porcelanas azules, ahora dándose prisa para recuperar el tiempo perdido, entrando precipitadamente en la tienda de un panadero, comprando panecillos, agregando tortas, prosiguiendo una vez más de tal manera que cualquiera queriendo seguirla debía casi trotar. No se vestía pobremente sin embargo. Ella vestía medias de seda, y zapatos con broches de plata, solo la pluma roja en su sombrero se inclinaba, y la hebilla de su bolso era débil, porque hacia fuera cayó una copia del programa de Madame Tussaud's mientras caminaba. Ella tenía los tobillos de un ciervo. Su cara estaba oculta. Por supuesto, en esta oscuridad, los movimientos rápidos, las miradas furtivas, y las esperanzas altísimas vienen bastante naturalmente. Ella pasó justo bajo la ventana de Jacob.

El inmueble no tenía relieves, era oscuro y silencioso. Jacob estaba en casa ocupado con un problema de ajedrez, el tablero sobre una banqueta entre sus rodillas. Una mano tocaba el cabello en la parte trasera de su cabeza. Él la llevó lentamente hacia delante y levantó la reina blanca de su casillero; luego la volvió a dejar en el mismo lugar. Llenó su pipa; reflexionó; movió dos peones; avanzó el caballo blanco; luego reflexionó con un dedo sobre el alfil. Ahora Fanny Elmer pasaba bajo su ventana.

Ella iba a posar para el pintor Nick Bramham.

Ella posaba con un chal español estampado de flores, sosteniendo en su mano una novela con tapa amarilla.

"A little lower, a little looser, so—better, that's right," Bramham mumbled, who was drawing her, and smoking at the same time, and was naturally speechless. His head might have been the work of a sculptor, who had squared the forehead, stretched the mouth, and left marks of his thumbs and streaks from his fingers in the clay. But the eyes had never been shut. They were rather prominent, and rather bloodshot, as if from staring and staring, and when he spoke they looked for a second disturbed, but went on staring. An unshaded electric light hung above her head.

As for the beauty of women, it is like the light on the sea, never constant to a single wave. They all have it; they all lose it. Now she is dull and thick as bacon; now transparent as a hanging glass. The fixed faces are the dull ones. Here comes Lady Venice displayed like a monument for admiration, but carved in alabaster, to be set on the mantelpiece and never dusted. A dapper brunette complete from head to foot serves only as an illustration to lie upon the drawing-room table. The women in the streets have the faces of playing cards; the outlines accurately filled in with pink or yellow, and the line drawn tightly round them. Then, at a top-floor window, leaning out, looking down, you see beauty itself; or in the corner of an omnibus; or squatted in a ditch—beauty glowing, suddenly expressive, withdrawn the moment after. No one can count on it or seize it or have it wrapped in paper. Nothing is to be won from the shops, and Heaven knows it would be better to sit at home than haunt the plate-glass windows in the hope of lifting the shining green, the glowing ruby, out of them alive. Sea glass in a saucer loses its lustre no sooner than silks do. Thus if you talk of a beautiful woman you mean only something flying fast which for a second uses the eyes, lips, or cheeks of Fanny Elmer, for example, to glow through.

—Un poco más abajo, un poco más suelta, así... mejor, correcto —balbuceó Bramham, que estaba dibujándola, y fumando al mismo tiempo, y que era taciturno por naturaleza. Su cabeza podía ser la obra de un escultor, que había ejecutado la frente más cuadrada, extendido la boca, y dejado marcas de sus pulgares y rayas de sus dedos en la arcilla. Pero los ojos no habían sido cerrados nunca. Eran más bien prominentes, y más bien sanguinolientos, como si esto fuera causado por mirar y mirar fijamente, y cuando él hablaba parecía perturbado por un segundo, pero seguía mirando fijamente. Una luz eléctrica sin pantalla colgaba sobre su cabeza.

En cuanto a la belleza de las mujeres, es como la luz en el mar, nunca constante a una sola ola. Todas la tienen; todas la pierden. Ora ella es aburrida como una gruesa rebanada de tocino, ora transparente como un cairel. Los rostros fijos son los aburridos. Aquí viene Lady Venice expuesta como un monumento para ser admirada, pero tallada en alabastro, para ser fijada a la repisa y que nunca se le limpie el polvo. Una elegante morena, completa de la cabeza a los pies, sirve solamente como una ilustración para apoyar sobre la mesa del salón. Las mujeres en las calles tienen los rostros de los naipes; los contornos repletos con exactitud, de rosa o de amarillo, y la línea dibujada firmemente alrededor de ellos. Entonces, en una ventana del último piso, inclinándose hacia fuera, mirando abajo, usted ve la belleza misma; o en la esquina de un ómnibus; o acuclillada en una zanja... la belleza brillando, repentinamente expresiva, desaparecida un momento después. Nadie puede contar con ella o atraparla o envolverla en papel. Nada puede ser ganado con las tiendas, y Dios sabe que sería mejor sentarse en casa que cazar los escaparates con la esperanza de encontrar vivo en ellas el verde brillante, el rubí resplandeciente. Pero en un platillo la cola de pescado no pierde su lustre más pronto que lo que lo hacen las sedas. Así, si uno conversa con una mujer hermosa, uno solo quiere decir algo que pase rápida-

She was not beautiful, as she sat stiffly; her underlip too prominent; her nose too large; her eyes too near together. She was a thin girl, with brilliant cheeks and dark hair, sulky just now, or stiff with sitting. When Bramham snapped his stick of charcoal she started. Bramham was out of temper. He squatted before the gas fire warming his hands. Meanwhile she looked at his drawing. He grunted. Fanny threw on a dressing-gown and boiled a kettle.

"By God, it's bad," said Bramham.

Fanny dropped on to the floor, clasped her hands round her knees, and looked at him, her beautiful eyes—yes, beauty, flying through the room, shone there for a second. Fanny's eyes seemed to question, to commiserate, to be, for a second, love itself. But she exaggerated. Bramham noticed nothing. And when the kettle boiled, up she scrambled, more like a colt or a puppy than a loving woman.

Now Jacob walked over to the window and stood with his hands in his pockets. Mr. Springett opposite came out, looked at his shop window, and went in again. The children drifted past, eyeing the pink sticks of sweetstuff. Pickford's van swung down the street. A small boy twirled from a rope. Jacob turned away. Two minutes later he opened the front door, and walked off in the direction of Holborn.

Fanny Elmer took down her cloak from the hook. Nick Bramham unpinned his drawing and rolled it under his arm. They

mente y por un segundo utilice los ojos, los labios, o las mejillas de Fanny Elmer, por ejemplo, para resplandecer a través de ellos.

Ella no era hermosa cuando se sentaba tiesa; su labio inferior demasiado prominente; su nariz demasiado grande; sus ojos demasiado juntos. Era una muchacha delgada, con las mejillas brillantes y el pelo oscuro, malhumorada en este momento, o agarrotada de tanto posar. Cuando Bramham rompió su bastón de carbonilla ella se sobresaltó. Bramham estaba fuera de sí. Él se acuclilló delante de la estufa de gas para calentarse las manos. Mientras tanto ella miraba su dibujo. Él gruñió. Fanny tiró una bata sobre sus espaldas y puso una pava a hervir.

—Por Dios, que es malo —dijo Bramham.

Fanny se dejó caer al piso, abrazó sus rodillas con sus manos, y lo miraba, sus ojos hermosos... sí, la belleza, volando a través del cuarto, brilló allí por un segundo. Los ojos de Fanny parecían preguntar, conmiscerarse, ser, por un segundo, el amor mismo. Pero ella exageraba. Bramham no notó nada. Y cuando la pava hirvió, se levantó espantada, más como un potro o un perrito que una mujer amorosa.

Entonces Jacob caminó hacia la ventana y se quedó parado con sus manos en sus bolsillos. Mr Springett salió de enfrente, miró el escaparate de su tienda, y volvió a entrar. Los niños pasaron vagabundeando, echando un vistazo a los palillos rosados de los dulces. La camioneta de Pickford osciló calle abajo. Un muchacho pequeño giraba sobre sí, alrededor de una cuerda. Jacob se dio vuelta. Dos minutos más tarde él abrió la puerta delantera, y se alejó andando en dirección de Holborn.

Fanny Elmer tomó su capa del gancho. Nick Bramham quitó los alfileres de su dibujo y lo enrolló bajo su brazo. Apagaron las

turned out the lights and set off down the street, holding on their way through all the people, motor cars, omnibuses, carts, until they reached Leicester Square, five minutes before Jacob reached it, for his way was slightly longer, and he had been stopped by a block in Holborn waiting to see the King drive by, so that Nick and Fanny were already leaning over the barrier in the promenade at the Empire when Jacob pushed through the swing doors and took his place beside them.

"Hullo, never noticed you," said Nick, five minutes later.

"Bloody rot," said Jacob.

"Miss Elmer," said Nick.

Jacob took his pipe out of his mouth very awkwardly.

Very awkward he was. And when they sat upon a plush sofa and let the smoke go up between them and the stage, and heard far off the high- pitched voices and the jolly orchestra breaking in opportunely he was still awkward, only Fanny thought: "What a beautiful voice!" She thought how little he said yet how firm it was. She thought how young men are dignified and aloof, and how unconscious they are, and how quietly one might sit beside Jacob and look at him. And how childlike he would be, come in tired of an evening, she thought, and how majestic; a little overbearing perhaps; "But I wouldn't give way," she thought. He got up and leant over the barrier. The smoke hung about him.

And for ever the beauty of young men seems to be set in smoke, however lustily they chase footballs, or drive cricket balls, dance, run, or stride along roads. Possibly they are soon to lose it. Possibly they look into the eyes of faraway heroes, and take their sta-

luces y se dirigieron calle abajo, siguiendo su camino a través de toda la gente, los automóviles, los ómnibus, los carros, hasta que alcanzaron Leicester Square, cinco minutos antes que Jacob alcanzara el mismo lugar, porque su camino era un poco más largo, y se había quedado bloqueado en Holborn por la gente esperando para ver pasar al rey, de modo que Nick y Fanny ya estaban inclinándose sobre la baranda en la rambla del Empire cuando Jacob empujó las puertas batientes y ocupó su lugar al lado de ellos.

—Hola, no me había dado cuenta que estabas allí —dijo Nick, cinco minutos más tarde.

—¡Qué va! —dijo Jacob.

—Miss Elmer —dijo Nick.

Jacob sacó la pipa de su boca muy torpemente.

Él era muy torpe. Y cuando se sentaron sobre un sofá de felpa y dejaron ir el humo hacia arriba, entre ellos y el escenario, y oyeron a lo lejos las voces agudas y la alegre orquesta irrumpiendo oportunamente, seguía siendo torpe, solo Fanny pensaba: «¡Qué voz hermosa!». Ella pensó en lo poco que decía pero en lo firme que era. Ella pensó en cómo los jóvenes son dignos y distantes, y que no están conscientes de ello, y cómo uno puede sentarse tranquilamente al lado de Jacob y mirarlo. Y lo infantil que puede ser, llegando cansado una tarde, pensó ella, y tan majestuoso; un poco autoritario quizás; «pero yo no cedería», pensó ella. Él se levantó y se inclinó sobre la baranda. El humo flotaba sobre él.

Y la belleza de los hombres jóvenes parece estar para siempre fijada en humo, por más animados que corran tras las pelotas de fútbol, o guíen las pelotas de cricket, dancen, corran, o den zancadas a lo largo de los caminos. Posiblemente van a perderla pronto.

tion among us half contemptuously, she thought (vibrating like a fiddle-string, to be played on and snapped). Anyhow, they love silence, and speak beautifully, each word falling like a disc new cut, not a hubble-bubble of small smooth coins such as girls use; and they move decidedly, as if they knew how long to stay and when to go—oh, but Mr. Flanders was only gone to get a programme.

"The dancers come right at the end," he said, coming back to them.

And isn't it pleasant, Fanny went on thinking, how young men bring out lots of silver coins from their trouser pockets, and look at them, instead of having just so many in a purse?

Then there she was herself, whirling across the stage in white flounces, and the music was the dance and fling of her own soul, and the whole machinery, rock and gear of the world was spun smoothly into those swift eddies and falls, she felt, as she stood rigid leaning over the barrier two feet from Jacob Flanders.

Her screwed-up black glove dropped to the floor. When Jacob gave it her, she started angrily. For never was there a more irrational passion. And Jacob was afraid of her for a moment—so violent, so dangerous is it when young women stand rigid; grasp the barrier; fall in love.

It was the middle of February. The roofs of Hampstead Garden Suburb lay in a tremulous haze. It was too hot to walk. A dog barked, barked, barked down in the hollow. The liquid shadows

Posiblemente miran a los ojos a los héroes lejanos, y toman su estancia entre nosotros medio despectivamente, pensó ella (vibrando como la cuerda de un violín, que se frota y se rompe). De todos modos, aman el silencio, y hablan maravillosamente, cada palabra cayendo como una ficha nueva, no un cotorreo de pequeñas monedas gastadas como las que usan las muchachas; y se mueven decididamente, como si supieran cuánto tiempo quedarse y cuándo partir... oh, pero Mr Flanders se había ido solamente a buscar un programa.

—Los bailarines llegan justo al final —dijo él, volviendo hacia ellos.

¿Y no es agradable, Fanny siguió pensando, cómo los hombres jóvenes sacan montones de monedas de plata de los bolsillos de sus pantalones, y las miran, en vez de tener unas cuantas en un monedero?

Y luego, allí mismo estaba ella, girando a través del escenario vestida con volantes blancos, y la música era la danza y el impulso de su propia alma, y toda la maquinaria, la roca y el engranaje enteros del mundo giraban suavemente en esos rápidos remolinos y caídas, así lo sintió ella, mientras estaba de pie, rígida, inclinándose sobre la baranda a dos pasos de Jacob Flanders.

El guante negro de ella, estrujado, cayó al piso. Cuando Jacob se lo dio, ella tuvo un sobresalto de cólera. Porque nunca hubo una pasión más irracional. Y Jacob se asustó de ella por un momento... tan violento, tan peligroso es cuando las jovencitas están de pie, rígidas; se aferran de la baranda; se enamoran.

Era mediados de febrero. Las azoteas de Hampstead Garden Suburb descansaban en una trémula niebla. Hacía demasiado calor como para caminar. Un perro ladraba, ladraba, ladraba, deba-

went over the plain.

The body after long illness is languid, passive, receptive of sweetness, but too weak to contain it. The tears well and fall as the dog barks in the hollow, the children skim after hoops, the country darkens and brightens. Beyond a veil it seems. Ah, but draw the veil thicker lest I faint with sweetness, Fanny Elmer sighed, as she sat on a bench in Judges Walk looking at Hampstead Garden Suburb. But the dog went on barking. The motor cars hooted on the road. She heard a far-away rush and humming. Agitation was at her heart. Up she got and walked. The grass was freshly green; the sun hot. All round the pond children were stooping to launch little boats; or were drawn back screaming by their nurses.

At mid-day young women walk out into the air. All the men are busy in the town. They stand by the edge of the blue pond. The fresh wind scatters the children's voices all about. My children, thought Fanny Elmer. The women stand round the pond, beating off great prancing shaggy dogs. Gently the baby is rocked in the perambulator. The eyes of all the nurses, mothers, and wandering women are a little glazed, absorbed. They gently nod instead of answering when the little boys tug at their skirts, begging them to move on.

And Fanny moved, hearing some cry—a workman's whistle perhaps—high in mid-air. Now, among the trees, it was the thrush trilling out into the warm air a flutter of jubilation, but fear seemed to spur him, Fanny thought; as if he too were anxious with such joy at his heart—as if he were watched as he sang, and pressed by

jo, en la hondonada. Las líquidas sombras recubrieron la planicie.

Después de una larga enfermedad el cuerpo está lánguido, pasivo, receptivo a la dulzura, pero demasiado débil como para contenerla. Las lágrimas manan y caen mientras el perro ladra en la hondonada, los niños rozan el suelo en pos de sus aros, el campo se oscurece y se ilumina. Parece que estuviera detrás de un velo. «¡Ah!, pero corre un velo aún más espeso para que no me desmaye por la dulzura», suspiró Fanny Elmer, mientras se sentaba en un banco en Judges Walk mirando hacia Hampstead Garden Suburb. Pero el perro continuó ladrando. Los automóviles ulularon en la ruta. Ella oyó a lo lejos un ajetreo y un ruido sordo. Su corazón estaba agitado. Se puso de pie y caminó. La hierba era nueva y verde; el sol quemante. Alrededor de todo el estanque los niños se inclinaban para botar los pequeños barcos; o bien gritaban cuando sus niñeras los retiraban.

Al mediodía las mujeres jóvenes caminan al aire fresco. Todos los hombres están ocupados en la ciudad. Se quedan paradas al borde del estanque azul. El viento fresco dispersa las voces de los niños todo en derredor. «Mis niños», pensó Fanny Elmer. Las mujeres están paradas alrededor del estanque, cazando grandes perros hirsutos, que dan brincos. El bebé es mecido suavemente en el cochecito. Los ojos de todas las enfermeras, de las madres y de las mujeres paseándose están un poco vidriados, absortas. Asientan suavemente con la cabeza en vez de contestar cuando los pequeños muchachos tiran de sus faldas, pidiéndoles que continúen.

Y Fanny se movió, oyendo un cierto grito... el silbido de un trabajador, quizás... alto en medio del aire. Ahora entre los árboles, era el tordo trinando en el aire caliente un alboroto de júbilo; pero parecía que era el miedo que lo estimulaba, pensó Fanny; como si él también estuviera angustiado con tanta alegría en su corazón...

tumult to sing. There! Restless, he flew to the next tree. She heard his song more faintly. Beyond it was the humming of the wheels and the wind rushing.

She spent tenpence on lunch.

"Dear, miss, she's left her umbrella," grumbled the mottled woman in the glass box near the door at the Express Dairy Company's shop.

"Perhaps I'll catch her," answered Milly Edwards, the waitress with the pale plaits of hair; and she dashed through the door.

"No good," she said, coming back a moment later with Fanny's cheap umbrella. She put her hand to her plaits.

"Oh, that door!" grumbled the cashier.

Her hands were cased in black mittens, and the finger-tips that drew in the paper slips were swollen as sausages.

"Pie and greens for one. Large coffee and crumpets. Eggs on toast. Two fruit cakes."

Thus the sharp voices of the waitresses snapped. The lunchers heard their orders repeated with approval; saw the next table served with anticipation. Their own eggs on toast were at last delivered. Their eyes strayed no more.

Damp cubes of pastry fell into mouths opened like triangular bags.

como si lo miraran mientras cantaba, y estuviera presionado a cantar por el tumulto. ¡Allí! Agitado, voló al árbol siguiente. Ella oyó su canción más débilmente. Más allá estaba el zumbido de las ruedas y del viento levantándose.

Ella gastó diez peniques en el almuerzo.

—¡Vaya!, señorita, ella se ha dejado su paraguas —se quejó la mujer con la piel moteada en el escaparate cerca de la puerta del restaurant de Express Dairy Company.

—Tal vez pueda alcanzarla —contestó Milly Edwards, la camarera con trenzas de pelo pálido; y se apresuró al pasar la puerta.

—No se pudo hacer nada —dijo ella, volviendo después de un momento con el paraguas barato de Fanny. Ella puso su mano sobre las trenzas.

—¡Oh, esa puerta! —se quejó la cajera.

Sus manos estaban ensartadas en mitones negros, y las yemas de los dedos que tomaban los comprobantes estaban hinchadas como salchichas.

—Una tarta con verduras para uno. Café grande y *crumpets*. Huevos en tostada. Dos porciones de bizcocho de frutas.

Así chasqueaban las voces agudas de las camareras. Los comensales oyeron con aprobación sus órdenes repetidas; viendo con esperanza la siguiente mesa servida. Sus propios huevos en tostada al fin les fueron servidos. Sus ojos ya no vagaban más.

Cubos húmedos de pasteles caían en bocas abiertas como bolsas triangulares.

Nelly Jenkinson, the typist, crumbled her cake indifferently enough. Every time the door opened she looked up. What did she expect to see?

The coal merchant read the Telegraph without stopping, missed the saucer, and, feeling abstractedly, put the cup down on the table-cloth.

"Did you ever hear the like of that for impertinence?" Mrs. Parsons wound up, brushing the crumbs from her furs.

"Hot milk and scone for one. Pot of tea. Roll and butter," cried the waitresses.

The door opened and shut.

Such is the life of the elderly.

It is curious, lying in a boat, to watch the waves. Here are three coming regularly one after another, all much of a size. Then, hurrying after them comes a fourth, very large and menacing; it lifts the boat; on it goes; somehow merges without accomplishing anything; flattens itself out with the rest.

What can be more violent than the fling of boughs in a gale, the tree yielding itself all up the trunk, to the very tip of the branch, streaming and shuddering the way the wind blows, yet never flying in dishevelment away? The corn squirms and abases itself as if preparing to tug itself free from the roots, and yet is tied down.

Why, from the very windows, even in the dusk, you see a swelling run through the street, an aspiration, as with arms out-

Nelly Jenkinson, la mecanógrafa, desmenuzaba su torta de manera bastante indiferente. Cada vez que la puerta se abría ella levantaba la mirada. ¿Qué esperaba ver?

El comerciante de carbón leía el *Telegraph* sin pausa, erró al platillo y, tanteando abstraído, apoyó la taza sobre el mantel.

—¿Has oído alguna vez una tal impertinencia? —concluyó Mrs Parsons, cepillando las migajas de sus pieles.

—Leche caliente y un *scone* para uno. Un pote de té. Un bollo de pan con mantequilla —gritaron las camareras.

La puerta se abría y se cerraba.

Tal es la vida de los ancianos.

Es curioso, recostado en un barco, mirar las olas. Aquí hay tres que vienen regularmente una tras otra, todas más o menos del mismo tamaño. Entonces, apresurándose detrás de ellas, viene una cuarta, muy grande y amenazadora; levanta el barco; continúa; de alguna manera se fusiona sin haber logrado gran cosa; se aplana con el resto.

¿Qué puede ser más violento que el lío de ramas en un temporal, el árbol cediendo todo por encima del tronco, hasta la punta misma del ramaje, ondeando y estremeciéndose hacia donde sopla el viento, y sin embargo nunca volando en desorden? El maíz se retuerce y se rebaja como si se preparara para arrancarse, libre de las raíces, y sin embargo está atado por debajo.

Porque, desde las ventanas mismas, incluso en el crepúsculo, usted ve un raudal corriendo a lo largo de la calle, una aspiración,

stretched, eyes desiring, mouths agape. And then we peaceably subside. For if the exaltation lasted we should be blown like foam into the air. The stars would shine through us. We should go down the gale in salt drops—as sometimes happens. For the impetuous spirits will have none of this cradling. Never any swaying or aimlessly lolling for them. Never any making believe, or lying cosily, or genially supposing that one is much like another, fire warm, wine pleasant, extravagance a sin.

"People are so nice, once you know them."

"I couldn't think ill of her. One must remember—" But Nick perhaps, or Fanny Elmer, believing implicitly in the truth of the moment, fling off, sting the cheek, are gone like sharp hail.

"Oh," said Fanny, bursting into the studio three-quarters of an hour late because she had been hanging about the neighbourhood of the Foundling Hospital merely for the chance of seeing Jacob walk down the street, take out his latch-key, and open the door, "I'm afraid I'm late"; upon which Nick said nothing and Fanny grew defiant.

"I'll never come again!" she cried at length.

"Don't, then," Nick replied, and off she ran without so much as good-night.

How exquisite it was—that dress in Evelina's shop off Shaftesbury Avenue! It was four o'clock on a fine day early in April, and was Fanny the one to spend four o'clock on a fine day indoors? Other girls in that very street sat over ledgers, or drew long

como si tuviera los brazos abiertos, los ojos deseando, boquiabierto. Y entonces nos desplomamos pacíficamente. Porque si la exaltación durara seríamos soplados como espuma en el aire. Las estrellas brillarían a través de nosotros. Nos iríamos con el temporal como gotas de agua salada... como a veces nos sucede. Porque los espíritus impetuosos no tienen nada que acunar. Nunca una sacudida o un apoltronarse sin sentido para ellos. Nunca haciendo creer, o mintiendo por complacencia, o suponiendo amablemente que uno es tan bueno como otro, que el fuego es caliente, el vino agradable, la extravagancia un pecado.

—La gente es tan agradable una vez que uno la conoce.

—No podría pensar nada malo de ella. Uno debe recordar... —Pero Nick quizás, o Fanny Elmer, creyendo implícitamente en la verdad del momento, se lanza, le arden las mejillas, arremete como el granizo.

—¡Oh! —dijo Fanny, irrumpiendo en el estudio tres cuartos de hora en retraso porque había estado paseándose por el barrio del Foundling Hospital simplemente para tener la oportunidad de ver a Jacob calle abajo, sacar la llave y abrir la puerta...— me temo que estoy con retraso —a lo que Nick no respondió nada y Fanny se puso insolente.

—¡No voy a venir nunca más! —gritó ella, finalmente.

—No lo hagas, entonces —respondió Nick, y ella se fue corriendo sin siquiera desear las buenas noches.

¡Qué exquisitez... ese vestido en la tienda Evelina's en Shaftesbury Avenue! Eran las cuatro de la tarde de un día agradable, a principios de abril, y ¿era Fanny la que iba a pasar las cuatro de la tarde, de un día agradable, dentro de la casa? Otras muchachas en

threads wearily between silk and gauze; or, festooned with ribbons in Swan and Edgars, rapidly added up pence and farthings on the back of the bill and twisted the yard and three-quarters in tissue paper and asked "Your pleasure?" of the next comer.

In Evelina's shop off Shaftesbury Avenue the parts of a woman were shown separate. In the left hand was her skirt. Twining round a pole in the middle was a feather boa. Ranged like the heads of malefactors on Temple Bar were hats—emerald and white, lightly wreathed or drooping beneath deep-dyed feathers. And on the carpet were her feet—pointed gold, or patent leather slashed with scarlet.

Feasted upon by the eyes of women, the clothes by four o'clock were flyblown like sugar cakes in a baker's window. Fanny eyed them too. But coming along Gerrard Street was a tall man in a shabby coat. A shadow fell across Evelina's window—Jacob's shadow, though it was not Jacob. And Fanny turned and walked along Gerrard Street and wished that she had read books. Nick never read books, never talked of Ireland, or the House of Lords; and as for his finger-nails! She would learn Latin and read Virgil. She had been a great reader. She had read Scott; she had read Dumas. At the Slade no one read. But no one knew Fanny at the Slade, or guessed how empty it seemed to her; the passion for ear-rings, for dances, for Tonks and Steer—when it was only the French who could paint, Jacob said. For the moderns were futile; painting the least respectable of the arts; and why read anything but Marlowe and Shakespeare, Jacob said, and Fielding if you must read novels?

la misma calle estaban reclinadas sobre libros mayores, o daban largas puntadas, cansinas entre la seda y la gasa; o, engalanadas con cintas en Swan and Edgars, rápidamente sumando peniques y cuartos de peniques en la parte posterior del tique y retorciendo la yarda y tres cuartos en papel tisú y preguntando «¿qué desea?» al cliente siguiente.

En la tienda Evelina's en Shaftesbury Avenue las partes de una mujer se mostraban por separado. En la mano izquierda estaba su falda. Trenzada alrededor de un poste, en el centro, había una boa de plumas. Alineados como las cabezas de los malhechores en Temple Bar estaban los sombreros... color esmeralda y blanco, coronados por una violeta ligera o inclinándose bajo el peso de plumas profusamente teñidas. Y sobre la alfombra estaban sus pies... zapatos con punta dorada, o de cuero barnizado rayado con escarlata.

Comidas por los ojos de las mujeres, las vestimentas, a eso de las cuatro, estaban llenas de cresas como las tortas de azúcar en la vitrina de un panadero. Fanny también les echó un ojo. Pero viniendo a lo largo de Gerrard Street había un hombre alto con una capa desgastada. Una sombra cayó a través del escaparate de Evelina's... la sombra de Jacob, aunque no era Jacob. Y Fanny se dio vuelta y caminó a lo largo de Gerrard Street y deseó haber leído libros. Nick nunca leía libros, nunca hablaba de Irlanda, o de la Cámara de los Lores; ¡y, en cuanto a sus uñas! Ella aprendería latín y leería Virgilio. Ella había sido una gran lectora. Había leído Scott; había leído Dumas. En la Slade nadie leía. Pero nadie conocía a Fanny en la Slade, o se imaginaba lo vacío que le parecía a ella; la pasión por los pendientes, por las danzas, por Tonks y Steer... cuando solo los franceses saben pintar, decía Jacob. Porque los modernos eran vanos; pintar, el menos respetable de los artes; ¿y por qué leer algo más que Marlowe y Shakespeare, Jacob decía, y Fielding si uno debe leer novelas?

"Fielding," said Fanny, when the man in Charing Cross Road asked her what book she wanted.

She bought Tom Jones.

At ten o'clock in the morning, in a room which she shared with a school teacher, Fanny Elmer read Tom Jones—that mystic book. For this dull stuff (Fanny thought) about people with odd names is what Jacob likes. Good people like it. Dowdy women who don't mind how they cross their legs read Tom Jones—a mystic book; for there is something, Fanny thought, about books which if I had been educated I could have liked— much better than ear-rings and flowers, she sighed, thinking of the corridors at the Slade and the fancy-dress dance next week. She had nothing to wear.

They are real, thought Fanny Elmer, setting her feet on the mantelpiece. Some people are. Nick perhaps, only he was so stupid. And women never— except Miss Sargent, but she went off at lunch-time and gave herself airs. There they sat quietly of a night reading, she thought. Not going to music-halls; not looking in at shop windows; not wearing each other's clothes, like Robertson who had worn her shawl, and she had worn his waistcoat, which Jacob could only do very awkwardly; for he liked Tom Jones.

There it lay on her lap, in double columns, price three and sixpence; the mystic book in which Henry Fielding ever so many years ago rebuked Fanny Elmer for feasting on scarlet, in perfect prose, Jacob said. For he never read modern novels. He liked Tom Jones.

"I do like Tom Jones," said Fanny, at five-thirty that same day early in April when Jacob took out his pipe in the arm-chair op-

—Fielding —dijo Fanny, cuando el vendedor en Charing Cross Road le preguntó qué libro deseaba.

Ella compró *Tom Jones*.

A las diez de la mañana, en un cuarto que ella compartía con una maestra, Fanny Elmer leía *Tom Jones*... ese libro místico. Pero esta cosa sosa (pensó Fanny) sobre gente con nombres extraños es lo que le gusta a Jacob. Le gusta a la gente bien. Las mujeres mal vestidas, a quienes no les importa cómo cruzan sus piernas, leen *Tom Jones*... un libro místico; porque hay algo, pensó Fanny, en los libros que si me hubieran educado me habrían gustado... mucho más que los pendientes y las flores, suspiró ella, pensando en los pasillos de la Slade y el baile de disfraces de la semana próxima. Ella no tenía nada para ponerse.

Son auténticas, pensó Fanny Elmer, posando sus pies en la repisa. Algunas personas lo son. Nick tal vez, solo que él es tan estúpido. Y las mujeres nunca... excepto Miss Sargent, pero ella se iba a la hora del almuerzo y se daba grandes aires. Se sientan silenciosos por la noche leyendo, pensó ella. Sin ir a los music-halls; sin mirar las vitrinas de los negocios; sin vestir unos las ropas de los otros, como Robertson que se había vestido con el chal de ella, y ella se había vestido con su chaleco, lo que Jacob hubiera hecho muy torpemente; porque a él le gustaba *Tom Jones*.

Allí yacía en su regazo, en columnas dobles, con un precio de tres chelines y medio; el libro místico en el cual Henry Fielding hace tantos pero tantos años regañaba a Fanny Elmer por disfrutar el escarlata, en perfecta prosa, decía Jacob. Porque él no leía nunca novelas modernas. A él le gustaba *Tom Jones*.

—Me gusta *Tom Jones* —dijo Fanny a las cinco y media ese mismo día de principios de abril cuando Jacob sacaba su pipa, en el

posite.

Alas, women lie! But not Clara Durrant. A flawless mind; a candid nature; a virgin chained to a rock (somewhere off Lowndes Square) eternally pouring out tea for old men in white waistcoats, blue-eyed, looking you straight in the face, playing Bach. Of all women, Jacob honoured her most. But to sit at a table with bread and butter, with dowagers in velvet, and never say more to Clara Durrant than Benson said to the parrot when old Miss Perry poured out tea, was an insufferable outrage upon the liberties and decencies of human nature—or words to that effect. For Jacob said nothing. Only he glared at the fire. Fanny laid down Tom Jones.

She stitched or knitted.

"What's that?" asked Jacob.

"For the dance at the Slade."

And she fetched her head-dress; her trousers; her shoes with red tassels. What should she wear?

"I shall be in Paris," said Jacob.

And what is the point of fancy-dress dances? thought Fanny. You meet the same people; you wear the same clothes; Mangin gets drunk; Florinda sits on his knee. She flirts outrageously—with Nick Bramham just now.

"In Paris?" said Fanny.

"On my way to Greece," he replied.

sillón, frente a ella.

¡Ay, las mujeres mienten! Pero no Clara Durrant. Una mente sin defectos; una naturaleza sincera; una virgen encadenada a una roca (en alguna parte cerca de Lowndes Square) sirviendo eternamente el té a hombres viejos en chalecos blancos, de ojos azules, mirando directamente a la cara, tocando Bach. De todas las mujeres, era la que Jacob más honraba. Pero sentarse en una mesa con pan y mantequilla, con viudas en terciopelo, y nunca decir a Clara Durrant más que lo que Benson dijo al loro cuando la vieja Miss Perry servía el té era un ultraje insufrible a las libertades y al decoro de la naturaleza humana... o palabras a tal efecto. Porque Jacob no dijo nada. Solamente miró intensamente al fuego. Fanny hizo *Tom Jones* a un lado.

Ella cosía o tejía.

—¿Qué es eso? —preguntó Jacob.

—Para la danza de la Slade.

Y ella fue a buscar su turbante; sus pantalones; sus zapatos con borlas rojas. ¿Qué debía ponerse?

—Yo estaré en París —dijo Jacob.

«¿Y cuál es el sentido de los bailes de disfraces?», pensó Fanny. Uno se encuentra con la misma gente; se viste con las mismas ropas; Mangin se emborracha; Florinda se sienta en sus rodillas. Ella flirtea descaradamente... con Nick Bramham ahora mismo.

—¿En París? —dijo Fanny.

—De camino a Grecia —respondió él.

For, he said, there is nothing so detestable as London in May.

He would forget her.

A sparrow flew past the window trailing a straw—a straw from a stack stood by a barn in a farmyard. The old brown spaniel snuffs at the base for a rat. Already the upper branches of the elm trees are blotted with nests. The chestnuts have flirted their fans. And the butterflies are flaunting across the rides in the Forest. Perhaps the Purple Emperor is feasting, as Morris says, upon a mass of putrid carrion at the base of an oak tree.

Fanny thought it all came from Tom Jones. He could go alone with a book in his pocket and watch the badgers. He would take a train at eight- thirty and walk all night. He saw fire-flies, and brought back glow- worms in pill-boxes. He would hunt with the New Forest Staghounds. It all came from Tom Jones; and he would go to Greece with a book in his pocket and forget her.

She fetched her hand-glass. There was her face. And suppose one wreathed Jacob in a turban? There was his face. She lit the lamp. But as the daylight came through the window only half was lit up by the lamp. And though he looked terrible and magnificent and would chuck the Forest, he said, and come to the Slade, and be a Turkish knight or a Roman emperor (and he let her blacken his lips and clenched his teeth and scowled in the glass), still—there lay Tom Jones.

Porque, dijo él, no hay nada tan detestable como Londres en mayo.

Él iba a olvidarla.

Un gorrión pasó volando por la ventana llevando una pajilla... una pajilla de un montón junto a un granero en una granja. El viejo spaniel marrón olisquea el suelo buscando una rata. Los ramas superiores de los olmos ya están salpicadas de nidos. Los nogales han desplegado sus abanicos. Y las mariposas hacen alarde alrededor de los paseos en el bosque. Quizás la tornasolada se da un banquete, como dice Morris, sobre una masa de carroña putrefacta en la base de un roble.

Fanny pensó que todo venía de *Tom Jones*. Él era capaz de irse solo con un libro en su bolsillo y mirar los tejones. Tomaría un tren a las ocho y media y caminaría toda la noche. Observaría las luciérnagas, y traería de vuelta gusanos fosforescentes en pastilleros. Iría a cazar con los New Forest Staghounds. Todo venía de *Tom Jones*; y él iría a Grecia con un libro en su bolsillo y la olvidaría.

Ella fue a buscar su espejo de mano. Allí estaba el rostro de ella. ¿Y si suponemos que enrollamos un turbante alrededor de la cabeza de Jacob? Allí estaba el rostro de él. Ella encendió la lámpara. Pero como la luz diurna venía a través de la ventana, solamente un lado fue iluminado por la lámpara. Y aunque él se veía terrible y magnífico y estuviera dispuesto a abandonar la cacería, así dijo él, y venir a la Slade, y ser un caballero turco o un emperador romano (y él se dejó ennegrecer sus labios y contrajo la mandíbula y frunció el seño en el espejo), aun... allí yacía *Tom Jones*.

Chapter eleven

"Archer," said Mrs. Flanders with that tenderness which mothers so often display towards their eldest sons, "will be at Gibraltar to-morrow."

The post for which she was waiting (strolling up Dods Hill while the random church bells swung a hymn tune about her head, the clock striking four straight through the circling notes; the glass purpling under a storm-cloud; and the two dozen houses of the village cowering, infinitely humble, in company under a leaf of shadow), the post, with all its variety of messages, envelopes addressed in bold hands, in slanting hands, stamped now with English stamps, again with Colonial stamps, or sometimes hastily dabbed with a yellow bar, the post was about to scatter a myriad messages over the world. Whether we gain or not by this habit of profuse communication it is not for us to say. But that letter-writing is practised mendaciously nowadays, particularly by young men travelling in foreign parts, seems likely enough.

For example, take this scene.

Here was Jacob Flanders gone abroad and staying to break his journey in Paris. (Old Miss Birkbeck, his mother's cousin, had died last June and left him a hundred pounds.)

"You needn't repeat the whole damned thing over again, Cruttendon," said Mallinson, the little bald painter who was sitting at a marble table, splashed with coffee and ringed with wine, talking very fast, and undoubtedly more than a little drunk.

Capítulo once

—Archer —dijo Mrs Flanders con esa ternura que las madres manifiestan tan a menudo por sus hijos mayores—, estará en Gibraltar mañana.

El correo que ella esperaba (paseando por Dods Hill mientras que las campanas de la iglesia repicaban al azar la melodía de un himno sobre su cabeza, el reloj dando las cuatro a través de las notas que lo rodean; la hierba tomando un color púrpura bajo una nube de tormenta; y las dos docenas de casas de la aldea encogiéndose de miedo, infinitamente humildes, reunidas bajo una misma hoja de sombra), el correo, con toda su variedad de mensajes, los sobres dirigidos con letras toscas, con letras inclinadas, a veces franqueados con sellos ingleses, a veces con sellos coloniales, o de vez en cuando matasellados rápidamente con una barra amarilla; el correo estaba a punto de dispersar innumerables mensajes por todo el mundo. Si nos beneficiamos o no con este hábito de profusa comunicación no nos toca a nosotros decirlo. Pero que el género epistolar es practicado de manera mendaz en nuestros días, particularmente por hombres jóvenes viajando a lugares en el extranjero, es algo que parece bastante probable.

Por ejemplo, considere esta escena.

Aquí estaba Jacob Flanders que se había ido al extranjero y que se detenía, para hacer una pausa en su viaje, en París. (La vieja Miss Birkbeck, prima de su madre, había muerto el pasado mes de junio y le había dejado cien libras).

—No necesitas repetir la maldita cosa otra vez, Cruttendon —dijo Mallinson, el pequeño pintor calvo que estaba sentado a una mesa de mármol, salpicada con café y marcada con anillos por el vino, hablando muy rápidamente, e indudablemente más que un

"Well, Flanders, finished writing to your lady?" said Cruttendon, as Jacob came and took his seat beside them, holding in his hand an envelope addressed to Mrs. Flanders, near Scarborough, England.

"Do you uphold Velasquez?" said Cruttendon.

"By God, he does," said Mallinson.

"He always gets like this," said Cruttendon irritably.

Jacob looked at Mallinson with excessive composure.

"I'll tell you the three greatest things that were ever written in the whole of literature," Cruttendon burst out. "'Hang there like fruit my soul.'" he began. ...

"Don't listen to a man who don't like Velasquez," said Mallinson.

"Adolphe, don't give Mr. Mallinson any more wine," said Cruttendon.

"Fair play, fair play," said Jacob judicially. "Let a man get drunk if he likes. That's Shakespeare, Cruttendon. I'm with you there. Shakespeare had more guts than all these damned frogs put together. 'Hang there like fruit my soul,'" he began quoting, in a musical rhetorical voice, flourishing his wine-glass. "The devil damn you black, you cream-faced loon!" he exclaimed as the wine washed over the rim.

poco ebrio.

—Bien, Flanders, ¿has terminado de escribir a tu señora? —dijo Cruttendon cuando Jacob llegó para tomar asiento al lado de ellos, sosteniendo en su mano un sobre dirigido a Mrs Flanders, cerca de Scarborough, Inglaterra.

—¿Tú estimas a Velázquez? —dijo Cruttendon.

—¡Claro que lo hace! —dijo Mallinson.

—Él siempre termina poniéndose así —dijo Cruttendon irritado.

Jacob miró a Mallinson con una calma excesiva.

—Te diré las tres cosas más grandes que han sido escritas en toda la literatura —estalló Cruttendon—. «Queda allí pendiente, como un fruto mi alma...» —comenzó...

—No escuches a un hombre que no aprecia Velázquez —dijo Mallinson.

—Adolphe, no le des más vino a Mr Mallinson —dijo Cruttendon.

—Juego limpio, juego limpio —dijo Jacob juiciosamente—. Deja a un hombre emborracharse si lo desea. Eso es Shakespeare, Cruttendon. Estoy de acuerdo contigo en eso. Shakespeare tiene más instinto que todos esos malditos comilones de ranas juntos. «Queda allí pendiente, como fruto mi alma» —empezó a citar nuevamente, con voz musical y retórica, blandiendo su copa de vino—. ¡Qué el diablo te ennegrezca, canalla con cara encremada! —exclamó cuando el vino se derramó por el borde.

"'Hang there like fruit my soul,'" Cruttendon and Jacob both began again at the same moment, and both burst out laughing.

"Curse these flies," said Mallinson, flicking at his bald head. "What do they take me for?"

"Something sweet-smelling," said Cruttendon.

"Shut up, Cruttendon," said Jacob. "The fellow has no manners," he explained to Mallinson very politely. "Wants to cut people off their drink. Look here. I want grilled bone. What's the French for grilled bone? Grilled bone, Adolphe. Now you juggins, don't you understand?"

"And I'll tell you, Flanders, the second most beautiful thing in the whole of literature," said Cruttendon, bringing his feet down on to the floor, and leaning right across the table, so that his face almost touched Jacob's face.

"'Hey diddle diddle, the cat and the fiddle,'" Mallinson interrupted, strumming his fingers on the table. "The most exquisitely beautiful thing in the whole of literature. ... Cruttendon is a very good fellow," he remarked confidentially. "But he's a bit of a fool." And he jerked his head forward.

Well, not a word of this was ever told to Mrs. Flanders; nor what happened when they paid the bill and left the restaurant, and walked along the Boulevard Raspaille.

Then here is another scrap of conversation; the time about eleven in the morning; the scene a studio; and the day Sunday.

"I tell you, Flanders," said Cruttendon, "I'd as soon have one of

—«Queda allí pendiendo, como fruto mi alma» —Cruttendon y Jacob recomenzaron los dos al mismo tiempo, y ambos explotaron de risa.

—Malditas sean estas moscas —dijo Mallinson, dando un golpecito en su cabeza calva—. ¿Por quién me toman?

—Por alguien fragante —dijo Cruttendon.

—Cállate Cruttendon —dijo Jacob—. Este caballero no tiene maneras —explicó a Mallinson muy educadamente—. Quiere impedir que la gente beba. Mira aquí. Yo quisiera chuleta asada. ¿Cómo se dice chuleta asada en francés? Chuleta asada, Adolphe. ¿Qué pasa, bobo, no entiendes?

—Y te diré, Flanders, la segunda cosa más bella que se ha escrito en toda la literatura —dijo Cruttendon, poniendo sus pies en el suelo e inclinándose sobre toda la mesa, de manera que su rostro casi tocaba el de Jacob.

—Tirintintín, el gato y el violín —interrumpió Mallinson, tamborileando con sus dedos sobre la mesa—. La más ex-qui-si-ta-mente bella cosa en toda la literatura... Cruttendon es un muy buen compañero —comentó confidencialmente—, pero es un poco tonto. —Y empujó la cabeza hacia delante.

Bueno, ni una palabra de esto fue dicha a Mrs Flanders; ni de lo que pasó cuando pagaron la cuenta y dejaron el restaurante, y caminaron a lo largo del Boulevard Raspail.

Y he aquí otro extracto de conversación; la hora, alrededor de las once de la mañana; la escena, un estudio; el día, domingo.

—Te lo digo, Flanders —dijo Cruttendon— yo preferiría tener

Mallinson's little pictures as a Chardin. And when I say that ..." he squeezed the tail of an emaciated tube ... "Chardin was a great swell. ... He sells 'em to pay his dinner now. But wait till the dealers get hold of him. A great swell—oh, a very great swell."

"It's an awfully pleasant life," said Jacob, "messing away up here. Still, it's a stupid art, Cruttendon." He wandered off across the room. "There's this man, Pierre Louys now." He took up a book.

"Now my good sir, are you going to settle down?" said Cruttendon.

"That's a solid piece of work," said Jacob, standing a canvas on a chair.

"Oh, that I did ages ago," said Cruttendon, looking over his shoulder.

"You're a pretty competent painter in my opinion," said Jacob after a time.

"Now if you'd like to see what I'm after at the present moment," said Cruttendon, putting a canvas before Jacob. "There. That's it. That's more like it. That's ..." he squirmed his thumb in a circle round a lamp globe painted white.

"A pretty solid piece of work," said Jacob, straddling his legs in front of it. "But what I wish you'd explain ..."

Miss Jinny Carslake, pale, freckled, morbid, came into the room.

uno de esos pequeños cuadros de Mallinson que un Chardin. Y cuando yo digo eso... —estrujó la cola de un tubo raquítico— Chardin fue un gran hombre... Él los vende para pagar su cena hoy en día. Pero espera hasta que los marchantes de arte lo agarren. Un gran hombre... oh, un muy gran hombre.

—Es una vida extremadamente placentera —dijo Jacob— pasar el tiempo tramando algo. Pero es un arte estúpido, Cruttendon. —Él paseaba a través del cuarto—. Ahora está este tipo, Pierre Louÿs. —Tomó un libro.

—Ahora, mi buen señor, ¿se va a quedar en un sitio? —dijo Cruttendon.

—Este es un trabajo serio —dijo Jacob, colocando un lienzo sobre una silla.

—Oh, ese lo hice hace años —dijo Cruttendon, mirando sobre su hombro.

—En mi opinión eres un pintor extremadamente competente —dijo Jacob después de un momento.

—Ahora, si quieres ver lo que estoy tratando de hacer en este momento —dijo Cruttendon, poniendo un lienzo delante de Jacob—. Aquí. Ahí está. Es más bien así. Es... —torciendo el pulgar trazó un círculo alrededor de la bombilla pintada de blanco.

—Un trabajo extremadamente serio —dijo Jacob, extendiendo las piernas frente a él—. Pero lo que quisiera que me explicaras...

Miss Jinny Carslake, pálida, pecosa, mórbida, entró en el cuarto.

"Oh Jinny, here's a friend. Flanders. An Englishman. Wealthy. Highly connected. Go on, Flanders. ..."

Jacob said nothing.

"It's THAT—that's not right," said Jinny Carslake.

"No," said Cruttendon decidedly. "Can't be done."

He took the canvas off the chair and stood it on the floor with its back to them.

"Sit down, ladies and gentlemen. Miss Carslake comes from your part of the world, Flanders. From Devonshire. Oh, I thought you said Devonshire. Very well. She's a daughter of the church too. The black sheep of the family. Her mother writes her such letters. I say—have you one about you? It's generally Sundays they come. Sort of church-bell effect, you know."

"Have you met all the painter men?" said Jinny. "Was Mallinson drunk? If you go to his studio he'll give you one of his pictures. I say, Teddy ..."

"Half a jiff," said Cruttendon. "What's the season of the year?" He looked out of the window.

"We take a day off on Sundays, Flanders."

"Will he ..." said Jinny, looking at Jacob. "You ..."

"Yes, he'll come with us," said Cruttendon.

And then, here is Versailles. Jinny stood on the stone rim and leant over the pond, clasped by Cruttendon's arms or she would

—Oh Jinny, aquí está un amigo mío. Flanders. Un inglés. Rico. Muy bien conectado. Continúa, Flanders...

Jacob no dijo nada.

—Es *esto*... esto no está bien —dijo Jinny Carslake.

—No —dijo Cruttendon decididamente—. Es imposible hacerlo.

Sacó el lienzo de la silla y lo colocó sobre el piso con la parte trasera mirando hacia ellos.

—Tomen asiento señoras y señores. Miss Carslake viene de la misma parte del mundo que tú, Flanders. De Devonshire. Oh, creía que habías dicho Devonshire. Muy bien. Ella es una hija de la iglesia también. La oveja negra de la familia. Su madre le escribe cada carta. Dime... ¿tienes alguna contigo? Llegan normalmente los domingos. Como si fuera una campana de la iglesia, ¿sabes?

—¿Has conocido a todos los pintores? —dijo Jinny—. ¿Mallinson estaba ebrio? Si tu vas a su estudio te dará una de sus pinturas. Dime, Teddy...

—Un segundo —dijo Cruttendon—. ¿En qué estación del año estamos? —Miró por la ventana.

—El domingo nos tomamos el día, Flanders.

—¿Va a ir...? —dijo Jinny, mirando a Jacob—. ¿Usted...?

—Sí, él vendrá con nosotros —dijo Cruttendon.

Y luego, he aquí Versalles. Jinny estaba parada al borde de la piedra y se inclinaba sobre el pantano, sostenida por los brazos de

have fallen in. "There! There!" she cried. "Right up to the top!" Some sluggish, sloping-shouldered fish had floated up from the depths to nip her crumbs. "You look," she said, jumping down. And then the dazzling white water, rough and throttled, shot up into the air. The fountain spread itself. Through it came the sound of military music far away. All the water was puckered with drops. A blue air-ball gently bumped the surface. How all the nurses and children and old men and young crowded to the edge, leant over and waved their sticks! The little girl ran stretching her arms towards her air-ball, but it sank beneath the fountain.

Edward Cruttendon, Jinny Carslake, and Jacob Flanders walked in a row along the yellow gravel path; got on to the grass; so passed under the trees; and came out at the summer-house where Marie Antoinette used to drink chocolate. In went Edward and Jinny, but Jacob waited outside, sitting on the handle of his walking-stick. Out they came again.

"Well?" said Cruttendon, smiling at Jacob.

Jinny waited; Edward waited; and both looked at Jacob.

"Well?" said Jacob, smiling and pressing both hands on his stick.

"Come along," he decided; and started off. The others followed him, smiling.

And then they went to the little cafe in the by-street where people sit drinking coffee, watching the soldiers, meditatively knocking ashes into trays.

Cruttendon, que sino habría caído: —¡Allí, allí! —gritó ella—. Justo en la superficie. —Algunos peces indolentes con las espaldas borrosas habían montado de las profundidades para mordisquear las migajas—. Ahora miras tú —dijo ella, saltando abajo. Y luego la deslumbrante agua blanca, tumultuosa y comprimida, se proyectó por los aires. El chorro de agua se desplegó. A través de él, a lo lejos, vino el sonido de la música militar. Toda la superficie estaba tamizada de gotas. Una pelota azul dio un golpecito gentilmente en la superficie. ¡De qué manera todas las niñeras y los niños y los ancianos y los jóvenes se apiñaron al borde, se inclinaron y agitaron sus bastones! La pequeña muchacha corrió extendiendo sus brazos hacia la pelota, pero esta se hundió en la fuente.

Edward Cruttendon, Jinny Carslake y Jacob Flanders caminaron en fila a lo largo del camino amarillo de gravilla; continuaron por la hierba; pasaron así bajo los árboles; y desembocaron en la casa de verano donde María Antonieta acostumbraba tomar chocolate. Edward y Jinny entraron, pero Jacob esperó fuera, sentado sobre la empuñadura de su bastón. Ellos salieron.

—¿Y bien? —dijo Cruttendon, sonriendo a Jacob.

Jinny esperó; Edward esperó; y ambos miraron a Jacob.

—¿Y bien? —dijo Jacob, sonriendo y presionando su bastón con ambas manos.

—Vámonos —decidió, y tomó la ruta. Los otros lo siguieron, sonriendo.

Y entonces fueron al pequeño bar en la callejuela donde la gente se sienta a tomar café, mirando los soldados, depositando pensativa cenizas en los ceniceros.

"But he's quite different," said Jinny, folding her hands over the top of her glass. "I don't suppose you know what Ted means when he says a thing like that," she said, looking at Jacob. "But I do. Sometimes I could kill myself. Sometimes he lies in bed all day long—just lies there. ... I don't want you right on the table"; she waved her hands. Swollen iridescent pigeons were waddling round their feet.

"Look at that woman's hat," said Cruttendon. "How do they come to think of it? ... No, Flanders, I don't think I could live like you. When one walks down that street opposite the British Museum—what's it called?— that's what I mean. It's all like that. Those fat women—and the man standing in the middle of the road as if he were going to have a fit ..."

"Everybody feeds them," said Jinny, waving the pigeons away. "They're stupid old things."

"Well, I don't know," said Jacob, smoking his cigarette. "There's St. Paul's."

"I mean going to an office," said Cruttendon.

"Hang it all," Jacob expostulated.

"But you don't count," said Jinny, looking at Cruttendon. "You're mad. I mean, you just think of painting."

"Yes, I know. I can't help it. I say, will King George give way about the peers?"

"He'll jolly well have to," said Jacob.

—Pero él es totalmente diferente —dijo Jinny, rodeando con las manos la parte superior de su copa—. No supongo que sepas lo que Ted quiere decir cuando dice algo así —dijo ella, mirando a Jacob—. Pero yo lo sé. Algunas veces quisiera matarme. A veces él se queda en cama durante el día entero... simplemente se queda allí... No te quiero en el medio de la mesa —ella agitó sus manos. Palomas iridiscentes con el pecho hinchado se balanceaban alrededor de sus pies.

—Mira el sombrero de esa mujer —dijo Cruttendon—. ¿Cómo se puede pensar en algo así?... No, Flanders, no creo que pudiera vivir como tú. Cuando uno camina a lo largo de esa calle, al frente del British Museum... ¿cómo se llama? Bueno, eso es lo que quiero decir. Son todas así. Esas mujeres gordas y ese hombre en medio de la calle como si fuera a tener un ataque...

—Todo el mundo les da de comer —dijo Jinny, ahuyentando las palomas con la mano—. Son unas pobres bestias estúpidas.

—Bueno, no sé —dijo Jacob, fumando su cigarrillo—. Está St Paul.

—Ir a una oficina, quiero decir —dijo Cruttendon.

—Maldita sea —protestó Jacob.

—Pero tú no cuentas —dijo Jinny, mirando a Cruttendon—. Tú estás loco. Quiero decir, tú solo piensas en la pintura.

—Sí, ya lo sé. No hay nada que pueda hacer. A propósito, ¿es que acaso el rey va a ceder con esa cuestión de los lores?

—Él está condenado a hacerlo —dijo Jacob.

"There!" said Jinny. "He really knows."

"You see, I would if I could," said Cruttendon, "but I simply can't."

"I THINK I could," said Jinny. "Only, it's all the people one dislikes who do it. At home, I mean. They talk of nothing else. Even people like my mother."

"Now if I came and lived here—-" said Jacob. "What's my share, Cruttendon? Oh, very well. Have it your own way. Those silly birds, directly one wants them—they've flown away."

And finally under the arc lamps in the Gare des Invalides, with one of those queer movements which are so slight yet so definite, which may wound or pass unnoticed but generally inflict a good deal of discomfort, Jinny and Cruttendon drew together; Jacob stood apart. They had to separate. Something must be said. Nothing was said. A man wheeled a trolley past Jacob's legs so near that he almost grazed them. When Jacob recovered his balance the other two were turning away, though Jinny looked over her shoulder, and Cruttendon, waving his hand, disappeared like the very great genius that he was.

No—Mrs. Flanders was told none of this, though Jacob felt, it is safe to say, that nothing in the world was of greater importance; and as for Cruttendon and Jinny, he thought them the most remarkable people he had ever met—being of course unable to foresee how it fell out in the course of time that Cruttendon took to painting orchards; had therefore to live in Kent; and must, one would think, see through apple blossom by this time, since his wife, for whose sake he did it, eloped with a novelist; but no; Cruttendon still paints orchards, savagely, in solitude. Then Jinny

—¡Ahí está! —dijo Jinny—. Él realmente está al tanto.

—Yo también lo estaría si pudiera —dijo Cruttendon—, pero simplemente no puedo.

—Yo *creo* que podría —dijo Jinny—. Es solo que está toda esa gente que a uno le disgusta y que lo hacen. En mi entorno, quiero decir. No hablan de otra cosa. Incluso gente como mi madre.

—Ahora bien, si yo vengo y vivo aquí... —dijo Jacob—. ¿Cuánto es lo que debo, Cruttendon? Ah, muy bien. Es como quieras. Estos pájaros estúpidos, cuando uno los desea... se han volado.

Y finalmente bajo las lámparas de la Gare des Invalides, con uno de esos extraños movimientos que son tan insignificantes y sin embargo tan precisos, que pueden herir o pasar desapercibidos pero que generalmente infligen gran malestar, Jinny y Cruttendon se aproximaron uno al otro; Jacob se mantuvo aparte. Tenían que separarse. Algo había que decir. Nada fue dicho. Un hombre empujando un carrito de equipaje pasó tan cerca de las piernas de Jacob que casi las rasguña. Cuando Jacob recuperó el equilibrio los otros dos estaban dando la vuelta, aunque Jinny miró por sobre su hombro, y Cruttendon, agitando la mano, desapareció como el gran genio que era.

No... a Mrs Flanders no le dijeron nada de esto, aunque Jacob pensaba, y uno puede decir esto sin riesgo, que nada en el mundo tenía más importancia; y, en cuanto a Cruttendon y Jinny, él pensó que eran la gente más remarcable que había conocido... estando incapacitado, por supuesto, para prever como se sentiría a lo largo del tiempo cuando a Cruttendon se le dio por pintar huertos; tuvo que mudarse a Kent; y debería, uno pensaría, ver a través de flores de manzano, dado que su esposa, por cuya causa lo hizo, huyó con un novelista; pero no; Cruttendon aún pinta

Carslake, after her affair with Lefanu the American painter, frequented Indian philosophers, and now you find her in pensions in Italy cherishing a little jeweller's box containing ordinary pebbles picked off the road. But if you look at them steadily, she says, multiplicity becomes unity, which is somehow the secret of life, though it does not prevent her from following the macaroni as it goes round the table, and sometimes, on spring nights, she makes the strangest confidences to shy young Englishmen.

Jacob had nothing to hide from his mother. It was only that he could make no sense himself of his extraordinary excitement, and as for writing it down—-

"Jacob's letters are so like him," said Mrs. Jarvis, folding the sheet.

"Indeed he seems to be having ..." said Mrs. Flanders, and paused, for she was cutting out a dress and had to straighten the pattern, "... a very gay time."

Mrs. Jarvis thought of Paris. At her back the window was open, for it was a mild night; a calm night; when the moon seemed muffled and the apple trees stood perfectly still.

"I never pity the dead," said Mrs. Jarvis, shifting the cushion at her back, and clasping her hands behind her head. Betty Flanders did not hear, for her scissors made so much noise on the table.

"They are at rest," said Mrs. Jarvis. "And we spend our days doing foolish unnecessary things without knowing why."

huertos, salvajemente, solitario. Y por otra parte, Jinny Carslake, luego de su romance con Lefanu, el pintor americano, frecuentó filósofos indios, y ahora uno la encuentra en pensiones en Italia, protegiendo un pequeño joyero conteniendo guijarros ordinarios recogidos en la carretera. Pero si uno los mira atentamente, dice ella, la multiplicidad deviene una unidad, que es de alguna manera el secreto de la vida, aunque eso no le impide seguir con la vista los macarrones cuando pasan por la mesa, y alguna vez, en noches de primavera, ella cuenta los secretos más extraños a tímidos jóvenes ingleses.

Jacob no tenía nada que ocultar a su madre. Era simplemente que él mismo no podía encontrarle el sentido a su extraordinario entusiasmo, y en cuanto a poder ponerlo por escrito...

—Las cartas de Jacob se parecen tanto a él —dijo Mrs Jarvis, doblando la hoja.

—De hecho parece que está pasando... —dijo Mrs Flanders, e hizo una pausa, porque estaba cortando un vestido y tenía que enderezar el patrón— ...un tiempo muy agradable.

Mrs Jarvis pensó en París. A sus espaldas estaba la ventana abierta, porque era una noche templada; una noche calma; donde la luna parecía velada y los manzanos se tenían perfectamente quietos.

—Los muertos nunca me dan pena —dijo Mrs Jarvis, desplazando el almohadón en sus espaldas, y cruzando las manos detrás de la cabeza. Betty Flanders no oyó, porque sus tijeras hacían mucho ruido sobre la mesa.

—Descansan en paz —dijo Mrs Jarvis—. Y nosotros malgastamos nuestros días haciendo cosas inútiles y estúpidas sin saber

Mrs. Jarvis was not liked in the village.

"You never walk at this time of night?" she asked Mrs. Flanders.

"It is certainly wonderfully mild," said Mrs. Flanders.

Yet it was years since she had opened the orchard gate and gone out on Dods Hill after dinner.

"It is perfectly dry," said Mrs. Jarvis, as they shut the orchard door and stepped on to the turf.

"I shan't go far," said Betty Flanders. "Yes, Jacob will leave Paris on Wednesday."

"Jacob was always my friend of the three," said Mrs. Jarvis.

"Now, my dear, I am going no further," said Mrs. Flanders. They had climbed the dark hill and reached the Roman camp.

The rampart rose at their feet—the smooth circle surrounding the camp or the grave. How many needles Betty Flanders had lost there; and her garnet brooch.

"It is much clearer than this sometimes," said Mrs. Jarvis, standing upon the ridge. There were no clouds, and yet there was a haze over the sea, and over the moors. The lights of Scarborough flashed, as if a woman wearing a diamond necklace turned her

por qué.

Mrs Jarvis no era querida en el pueblo.

—¿Usted nunca camina a esta hora de la noche? —le preguntó a Mrs Flanders.

—Es cierto que está maravillosamente templado —dijo Mrs Flanders.

Y sin embargo hacía años que no abría la puerta del huerto y salía por Dods Hill después de cenar.

—Está muy seco —dijo Mrs Jarvis, mientras cerraban la puerta del huerto y comenzaban a caminar sobre el césped.

—No quiero alejarme mucho —dijo Betty Flanders—. Sí, Jacob se irá de París el miércoles.

—Jacob me era siempre más amigable, de entre los tres —dijo Mrs Jarvis.

—Ahora, querida, ya no iré más lejos —dijo Mrs Flanders. Habían ascendido la oscura colina y alcanzado el campamento romano.

El terraplén se alzaba a sus pies... el círculo regular circundando el campamento o la tumba. ¡Cuántas agujas había perdido Betty Flanders allí! Y su broche de granates.

—Muchas veces está mucho más claro que esto —dijo Mrs Jarvis, parada al borde. No había nubes, y sin embargo había una niebla sobre el mar, y sobre los páramos. Las luces de Scarborough destellaban, como si una mujer luciendo un collar de diaman-

head this way and that.

"How quiet it is!" said Mrs. Jarvis.

Mrs. Flanders rubbed the turf with her toe, thinking of her garnet brooch.

Mrs. Jarvis found it difficult to think of herself to-night. It was so calm. There was no wind; nothing racing, flying, escaping. Black shadows stood still over the silver moors. The furze bushes stood perfectly still. Neither did Mrs. Jarvis think of God. There was a church behind them, of course. The church clock struck ten. Did the strokes reach the furze bush, or did the thorn tree hear them?

Mrs. Flanders was stooping down to pick up a pebble. Sometimes people do find things, Mrs. Jarvis thought, and yet in this hazy moonlight it was impossible to see anything, except bones, and little pieces of chalk.

"Jacob bought it with his own money, and then I brought Mr. Parker up to see the view, and it must have dropped—" Mrs. Flanders murmured.

Did the bones stir, or the rusty swords? Was Mrs. Flanders's twopenny- halfpenny brooch for ever part of the rich accumulation? and if all the ghosts flocked thick and rubbed shoulders with Mrs. Flanders in the circle, would she not have seemed perfectly in her place, a live English matron, growing stout?

The clock struck the quarter.

The frail waves of sound broke among the stiff gorse and the

tes volviera su cabeza de esta o aquella manera.

—¡Qué tranquilo que está! —dijo Mrs Jarvis.

Mrs Flanders frotaba el césped con la punta del pie, pensando en su broche de granates.

A Mrs Jarvis se le hacía difícil pensar en sí misma esta noche. Estaba tan calmo. No había viento; nada corriendo, flotando, escapando. Sombras negras se tenían inmóviles sobre los páramos plateados. Los tojos se tenían perfectamente quietos. Tampoco Mrs Jarvis pensó en Dios. Había una iglesia detrás de ellas, por supuesto. El reloj de la iglesia dio las diez. ¿Llegaron las campanadas hasta el tojo, o las escuchó la acacia?

Mrs Flanders se agachaba para tomar una piedra. A veces la gente encuentra cosas, pensó Mrs Jarvis, y sin embargo con esta brumosa luz de luna era imposible ver algo, excepto por los huesos, y algunas pedazos de caliza.

—Jacob lo había comprado con su propio dinero, y luego yo traje a Mr Parker para mostrarle el paisaje, y debe haber caído... —murmuraba Mrs Flanders.

¿Se movían los huesos, o las espadas oxidadas? ¿Formaba el broche de dos peniques y medio de Mrs Flanders parte para siempre de la rica acumulación? Y si todos los fantasmas acudían en manada y frotaban sus hombros con Mrs Flanders en el círculo, ¿no hubiera parecido que ella estaba perfectamente en su lugar, una matrona inglesa, haciéndose más corpulenta?

El reloj dio el cuarto de hora.

Las frágiles ondas del sonido quebraban entre los rígidos tojos

hawthorn twigs as the church clock divided time into quarters.

Motionless and broad-backed the moors received the statement "It is fifteen minutes past the hour," but made no answer, unless a bramble stirred.

Yet even in this light the legends on the tombstones could be read, brief voices saying, "I am Bertha Ruck," "I am Tom Gage." And they say which day of the year they died, and the New Testament says something for them, very proud, very emphatic, or consoling.

The moors accept all that too.

The moonlight falls like a pale page upon the church wall, and illumines the kneeling family in the niche, and the tablet set up in 1780 to the Squire of the parish who relieved the poor, and believed in God—so the measured voice goes on down the marble scroll, as though it could impose itself upon time and the open air.

Now a fox steals out from behind the gorse bushes.

Often, even at night, the church seems full of people. The pews are worn and greasy, and the cassocks in place, and the hymn-books on the ledges. It is a ship with all its crew aboard. The timbers strain to hold the dead and the living, the ploughmen, the carpenters, the fox-hunting gentlemen and the farmers smelling of mud and brandy. Their tongues join together in syllabling the sharp-cut words, which for ever slice asunder time and the broad-backed moors. Plaint and belief and elegy, despair and triumph, but for the most part good sense and jolly indifference, go trampling out of the windows any time these five hundred years.

y entre las ramitas de espinos blancos mientras el reloj de la iglesia dividía el tiempo en cuartos.

Inmóvil y con la espalda poderosa los páramos recibieron la declaración: «Han pasado quince minutos de la hora», pero no dieron respuesta, a menos que sea una zarza que se agita.

Y sin embargo aun con esta luz las leyendas de las lápidas podían leerse, voces breves diciendo: «Yo soy Bertha Ruck», «Yo soy Tom Gage». Y decían en qué día de qué año habían muerto, y el Nuevo Testamento dice algo para ellos, muy orgulloso, muy enfático, o algo consolador.

Los páramos también aceptaban eso.

La luz de luna cae como una página pálida sobre el muro de la iglesia, e ilumina la familia arrodillada en el nicho, y la placa adosada en 1780 en honor al señor de la parroquia que aliviaba al pobre, y creía en Dios... así va la voz mesurada a lo largo del rollo marmóreo, como si pudiera vencer al tiempo y al aire libre.

Ahora sale un zorro furtivamente por detrás de los arbustos de tojo.

Seguido, incluso de noche, la iglesia parece estar llena de gente. Los bancos están gastados y grasientos, y las sotanas en su lugar, y los himnarios sobre los estantes. Es una nave con toda su tripulación a bordo. Las vigas se tensan para poder sostener a los vivos y a los muertos, los labradores, los carpinteros, los caballeros cazadores de zorros y los granjeros oliendo a lodo y a brandy. Sus lenguas se reúnen silabeando las palabras cortantes, que separan para siempre al tiempo de los páramos de espalda poderosa. Queja y creencia y elegía, desesperación y triunfo, pero por la mayor parte el buen sentido y una indiferencia alegre se van por

Still, as Mrs. Jarvis said, stepping out on to the moors, "How quiet it is!" Quiet at midday, except when the hunt scatters across it; quiet in the afternoon, save for the drifting sheep; at night the moor is perfectly quiet.

A garnet brooch has dropped into its grass. A fox pads stealthily. A leaf turns on its edge. Mrs. Jarvis, who is fifty years of age, reposes in the camp in the hazy moonlight.

"... and," said Mrs. Flanders, straightening her back, "I never cared for Mr. Parker."

"Neither did I," said Mrs. Jarvis. They began to walk home.

But their voices floated for a little above the camp. The moonlight destroyed nothing. The moor accepted everything. Tom Gage cries aloud so long as his tombstone endures. The Roman skeletons are in safe keeping. Betty Flanders's darning needles are safe too and her garnet brooch. And sometimes at midday, in the sunshine, the moor seems to hoard these little treasures, like a nurse. But at midnight when no one speaks or gallops, and the thorn tree is perfectly still, it would be foolish to vex the moor with questions—what? and why?

The church clock, however, strikes twelve.

las ventanas en cualquier momento a correr por el campo desde hace quinientos años.

No obstante, como lo dijo Mrs Jarvis, comenzando a caminar sobre los páramos, «¡Qué silencioso está!». Silencioso al mediodía, excepto cuando la caza se dispersa a través de él; silencioso por la tarde, salvo por el avance a la deriva de las ovejas; por la noche el páramo es completamente silencioso.

Un broche de granates ha caído sobre la hierba. Un zorro camina lenta y furtivamente. Una hoja se recuesta sobre su costado. Mrs Jarvis, que tiene cincuenta años, reposa en el campamento en la brumosa luz de luna.

—... y además —dijo Mrs Flanders, enderezando su espalda—, nunca me importó Mr Parker.

—A mí tampoco —dijo Mrs Jarvis. Ellas comenzaron a caminar hacia la casa.

Pero sus voces flotaron por un momento sobre el campamento. La luz de luna no destruía nada. El páramo aceptaba todo. Tom Gage clama mientras su lápida perdura. Los esqueletos romanos están guardados a salvo. Las agujas para zurcir de Betty Flanders también están a salvo, y su broche de granates. Y algunas veces al mediodía, bajo la luz del sol, el páramo parece acaparar estos pequeños tesoros, como una niñera. Pero a la medianoche, cuando nadie habla o galopa, y la acacia se tiene perfectamente quieta, sería estúpido molestar al páramo con preguntas... ¿Qué? ¿Y por qué?

El reloj de la iglesia, sin embargo, da las doce.

Chapter twelve

The water fell off a ledge like lead—like a chain with thick white links. The train ran out into a steep green meadow, and Jacob saw striped tulips growing and heard a bird singing, in Italy.

A motor car full of Italian officers ran along the flat road and kept up with the train, raising dust behind it. There were trees laced together with vines—as Virgil said. Here was a station; and a tremendous leave- taking going on, with women in high yellow boots and odd pale boys in ringed socks. Virgil's bees had gone about the plains of Lombardy. It was the custom of the ancients to train vines between elms. Then at Milan there were sharp-winged hawks, of a bright brown, cutting figures over the roofs.

These Italian carriages get damnably hot with the afternoon sun on them, and the chances are that before the engine has pulled to the top of the gorge the clanking chain will have broken. Up, up, up, it goes, like a train on a scenic railway. Every peak is covered with sharp trees, and amazing white villages are crowded on ledges. There is always a white tower on the very summit, flat red-frilled roofs, and a sheer drop beneath. It is not a country in which one walks after tea. For one thing there is no grass. A whole hillside will be ruled with olive trees. Already in April the earth is clotted into dry dust between them. And there are neither stiles nor footpaths, nor lanes chequered with the shadows of leaves nor eighteenth-century inns with bow-windows, where one eats ham and eggs. Oh no, Italy is all fierceness, bareness, exposure, and black priests shuffling along the roads. It is strange, too, how you never get away from villas.

Capítulo doce

El agua caía a plomo desde una cornisa... como una cadena con espesos eslabones blancos. El tren se perdía en un empinado prado verde, y Jacob vio los veteados tulipanes creciendo y oyó un pájaro cantando, en Italia.

Un automóvil lleno de oficiales corría a lo largo de la ruta y se tenía a la misma altura que el tren, levantando polvo detrás de él. Había árboles juntos, enlazados con viñas... como Virgilio decía. Aquí había una estación; en la que ocurrían tremendas despedidas, con mujeres en altas botas amarillas y extraños muchachos pálidos en medias rayadas. Las abejas de Virgilio se han ido por las planicies de la Lombardía. Era la costumbre de los antiguos entrelazar viñas entre los olmos. Luego, en Milán, había halcones con alas afiladas, de un marrón brillante, figuras recortadas sobre los techos.

Estos vagones italianos se ponen espantosamente calientes con el sol de la tarde sobre ellos, y es muy probable que antes que el motor haya tirado hasta lo alto del desfiladero la cadena rechinante se quiebre. Arriba, arriba, arriba va, como un tren en una vía férrea de escenario. Cada pico está cubierto con árboles afilados, y asombrosos pueblos blancos se apiñan en las planicies. Siempre hay una torre blanca en la cima, techos planos fruncidos de rojo, y una escarpada caída por debajo. No es un país en el que uno camina después del té. Para empezar, no hay hierba. Una ladera completa puede estar plantada de olivos. Ya en abril la tierra se ha coagulado en polvo seco entre ellos. Y tampoco hay peldaños o caminos, o senderos cuadriculados por las sombras de las hojas, ni pensiones del siglo XVIII con ventanas salientes, donde uno come jamón y huevos. Oh no, Italia es todo furia, vacío, exposición, y sacerdotes de negro arrastrando los pies a lo largo de las rutas. Es extraño, también, que uno nunca puede escapar-

Still, to be travelling on one's own with a hundred pounds to spend is a fine affair. And if his money gave out, as it probably would, he would go on foot. He could live on bread and wine— the wine in straw bottles— for after doing Greece he was going to knock off Rome. The Roman civilization was a very inferior affair, no doubt. But Bonamy talked a lot of rot, all the same. "You ought to have been in Athens," he would say to Bonamy when he got back. "Standing on the Parthenon," he would say, or "The ruins of the Coliseum suggest some fairly sublime reflections," which he would write out at length in letters. It might turn to an essay upon civilization. A comparison between the ancients and moderns, with some pretty sharp hits at Mr. Asquith—something in the style of Gibbon.

A stout gentleman laboriously hauled himself in, dusty, baggy, slung with gold chains, and Jacob, regretting that he did not come of the Latin race, looked out of the window.

It is a strange reflection that by travelling two days and nights you are in the heart of Italy. Accidental villas among olive trees appear; and men-servants watering the cactuses. Black victorias drive in between pompous pillars with plaster shields stuck to them. It is at once momentary and astonishingly intimate—to be displayed before the eyes of a foreigner. And there is a lonely hilltop where no one ever comes, and yet it is seen by me who was lately driving down Piccadilly on an omnibus. And what I should like would be to get out among the fields, sit down and hear the grasshoppers, and take up a handful of earth— Italian earth, as this is Italian dust upon my shoes.

se de las villas.

Aun así, viajar por cuenta propia, con cien libras para gastar, es una bella aventura. Y si su dinero se agota, como probablemente sucederá, continuará a pie. Él puede vivir a pan y vino... el vino en botellas de paja... porque después de recorrer Grecia iba a regalarse Roma. La civilización romana era un asunto muy inferior, sin duda. Pero, de todos modos, Bonamy decía muchas estupideces. «Tienes que ir a Atenas», le iba a decir a Bonamy cuando volviera. «Parado en el Partenón», le diría, o «las ruinas del Coliseo sugieren algunas reflexiones bastante sublimes», las que él describiría en detalle en cartas. Podría tornarse en un ensayo sobre la civilización. Una comparación entre los antiguos y los modernos, con algunos puntos agudos contra Mr Asquith... algo en el estilo de Gibbon.

Un hombre corpulento subió trabajosamente y entró, polvoriento, holgado, con cadenas de oro colgando, y Jacob, lamentando que él mismo no descendía de la raza latina, miró hacia fuera por la ventana.

Es una reflexión extraña decir que por haber viajado dos días y dos noches uno ya está en el corazón de Italia. Las villas aparecían accidentalmente entre los olivos; y los sirvientes regando cactus. Victorias negras circulaban entre las pomposas columnas donde se habían añadido escudos de yeso. Es al mismo tiempo fugaz y sorprendentemente íntimo... estar expuesto así a los ojos de un extranjero. Y hay una cumbre de colina solitaria donde nadie viene, y sin embargo yo la percibo, yo que bajaba hace poco tiempo por Piccadilly en ómnibus. Y lo que quisiera es salir a los campos, sentarme y escuchar los saltamontes, y tomar un puñado de tierra... tierra italiana, como lo es este polvo italiano sobre mis pies.

Jacob heard them crying strange names at railway stations through the night. The train stopped and he heard frogs croaking close by, and he wrinkled back the blind cautiously and saw a vast strange marsh all white in the moonlight. The carriage was thick with cigar smoke, which floated round the globe with the green shade on it. The Italian gentleman lay snoring with his boots off and his waistcoat unbuttoned. ... And all this business of going to Greece seemed to Jacob an intolerable weariness—sitting in hotels by oneself and looking at monuments—he'd have done better to go to Cornwall with Timmy Durrant. ... "O—h," Jacob protested, as the darkness began breaking in front of him and the light showed through, but the man was reaching across him to get something—the fat Italian man in his dicky, unshaven, crumpled, obese, was opening the door and going off to have a wash.

So Jacob sat up, and saw a lean Italian sportsman with a gun walking down the road in the early morning light, and the whole idea of the Parthenon came upon him in a clap.

"By Jove!" he thought, "we must be nearly there!" and he stuck his head out of the window and got the air full in his face.

It is highly exasperating that twenty-five people of your acquaintance should be able to say straight off something very much to the point about being in Greece, while for yourself there is a stopper upon all emotions whatsoever. For after washing at the hotel at Patras, Jacob had followed the tram lines a mile or so out; and followed them a mile or so back; he had met several droves of turkeys; several strings of donkeys; had got lost in back streets; had read advertisements of corsets and of Maggi's consomme; children had trodden on his toes; the place smelt of bad cheese; and he was glad to find himself suddenly come out oppo-

Jacob los oyó gritando extraños nombres en las estaciones de tren a lo largo de la noche. El tren se detuvo y él escuchó ranas croando muy cerca, y recogió la persiana cautelosamente y vio un extraño pantano, vasto, todo blanco a la luz de luna. El vagón estaba lleno de humo de cigarros que flotaba alrededor de la bombilla luminosa con la pantalla verde. El caballero italiano yacía roncando con sus botas sacadas y su chaleco desabotonado... Y todo este asunto de ir a Grecia se le antojaba a Jacob como una fatiga intolerable... encontrarse solo, sentado en los hoteles y mirar los monumentos... hubiera sido mejor ir a Cornualles con Timmy Durrant... «Oh...», protestó Jacob, cuando la oscuridad comenzó a quebrar frente a él y la luz a penetrar, pero el hombre estaba pasando cerca de él para obtener algo... el italiano gordo en mangas de camisa, sin afeitar, arrugado, obeso, estaba abriendo la puerta y saliendo para lavarse.

Y entonces Jacob se sentó, y vio un delgado cazador italiano, con un rifle, caminando a lo largo de la ruta en la luz temprana de la mañana, y toda la idea del Partenón le volvió a la mente en un instante.

«¡Dios mío!», pensó él, «¡ya casi debemos estar llegando!», y sacó la cabeza por la ventana y recibió el aire de lleno en la cara.

Es totalmente exasperante que veinticinco personas conocidas tengan espontáneamente algo pertinente para decir sobre el hecho de encontrarse en Grecia, mientras que para uno mismo ninguna emoción se produce, cualquiera que sea. Porque después de asearse en el hotel de Patras, Jacob había seguido las vías del tranvía alrededor de una milla; y las había seguido de vuelta alrededor de una milla; había encontrado varias manadas de pavos; varias hileras de asnos; se había perdido en calles secundarias; había leído avisos de corsés y de caldos Maggi; los niños le habían pisoteado los pies; el lugar olía a queso rancio; y se sintió recon-

site his hotel. There was an old copy of the Daily Mail lying among coffee- cups; which he read. But what could he do after dinner?

No doubt we should be, on the whole, much worse off than we are without our astonishing gift for illusion. At the age of twelve or so, having given up dolls and broken our steam engines, France, but much more probably Italy, and India almost for a certainty, draws the superfluous imagination. One's aunts have been to Rome; and every one has an uncle who was last heard of—poor man—in Rangoon. He will never come back any more. But it is the governesses who start the Greek myth. Look at that for a head (they say)—nose, you see, straight as a dart, curls, eyebrows—everything appropriate to manly beauty; while his legs and arms have lines on them which indicate a perfect degree of development— the Greeks caring for the body as much as for the face. And the Greeks could paint fruit so that birds pecked at it. First you read Xenophon; then Euripides. One day—that was an occasion, by God—what people have said appears to have sense in it; "the Greek spirit"; the Greek this, that, and the other; though it is absurd, by the way, to say that any Greek comes near Shakespeare. The point is, however, that we have been brought up in an illusion.

Jacob, no doubt, thought something in this fashion, the Daily Mail crumpled in his hand; his legs extended; the very picture of boredom.

"But it's the way we're brought up," he went on.

And it all seemed to him very distasteful. Something ought to be done about it. And from being moderately depressed he became

fortado al encontrarse súbitamente al frente del hotel. Había una vieja copia del *Daily Mail* descansando entre las tazas de café; la que él leyó. ¿Pero qué podía hacer después de cenar?

No hay duda que, al fin de cuentas, estaríamos mucho peor que lo que estamos sin nuestro sorprendente don de la ilusión. Alrededor de los doce años de edad, habiendo dejado de lado las muñecas y habiendo roto nuestras locomotoras a vapor, Francia, pero más probablemente Italia, y la India casi con certeza, atraen la exuberante facultad de la imaginación. Las tías han estado en Roma; y cada uno tiene un tío que la última vez que se escuchó hablar de él, pobre hombre, estaba en Rangún. Ya nunca más vendrá. Pero es la institutriz la que comienza el mito griego. Mira esta cabeza (dicen ellas)... la nariz, ¿ves?, derecha como una flecha, rizos, cejas... todo lo apropiado a la belleza masculina; mientras que sus piernas y brazos tienen líneas en ellos que indican un grado perfecto de desarrollo... los griegos tenían tanto cuidado por el cuerpo como por el rostro. Y los griegos podían pintar las frutas de tal manera que los pájaros venían a picotearlas. Primero lees Jenofonte; luego Eurípides. Un día... lo que fue un gran evento, Díos mío... lo que la gente ha dicho parece tener sentido; «el espíritu griego»; el griego esto, aquello, y lo otro; aunque es absurdo, dicho sea de paso, decir que hay algún griego que se acerque a Shakespeare. El punto es, sin embargo, que nosotros hemos sido criados con esta ilusión.

Jacob, sin duda, pensó algo por el estilo, con el *Daily Mail* arrugado entre sus manos; sus piernas extendidas; la imagen misma del aburrimiento.

«Pero esta es la manera en la que somos criados», continuó.

Y todo le parecía muy desagradable. Algo tenía que hacerse al respecto. Y él pasó de estar moderadamente deprimido al estado

like a man about to be executed. Clara Durrant had left him at a party to talk to an American called Pilchard. And he had come all the way to Greece and left her. They wore evening-dresses, and talked nonsense—what damned nonsense—and he put out his hand for the Globe Trotter, an international magazine which is supplied free of charge to the proprietors of hotels.

In spite of its ramshackle condition modern Greece is highly advanced in the electric tramway system, so that while Jacob sat in the hotel sitting-room the trams clanked, chimed, rang, rang, rang imperiously to get the donkeys out of the way, and one old woman who refused to budge, beneath the windows. The whole of civilization was being condemned.

The waiter was quite indifferent to that too. Aristotle, a dirty man, carnivorously interested in the body of the only guest now occupying the only arm-chair, came into the room ostentatiously, put something down, put something straight, and saw that Jacob was still there.

"I shall want to be called early to-morrow," said Jacob, over his shoulder. "I am going to Olympia."

This gloom, this surrender to the dark waters which lap us about, is a modern invention. Perhaps, as Cruttendon said, we do not believe enough. Our fathers at any rate had something to demolish. So have we for the matter of that, thought Jacob, crumpling the Daily Mail in his hand. He would go into Parliament and make fine speeches—but what use are fine speeches and Parliament, once you surrender an inch to the black waters? Indeed there has never been any explanation of the ebb and flow in our veins—of happiness and unhappiness. That respectability and

de un hombre a punto de ser ejecutado. Clara Durrant lo había dejado en una fiesta para hablar con un americano llamado Pilchard. Y él había hecho todo el camino hasta Grecia y la había dejado. Ellos estaban vestidos de gala, y hablaban sinsentidos... malditos sinsentidos... y él extendió la mano para tomar el *Globe Trotter*, una revista internacional que es provista sin cargo a los propietarios de los hoteles.

A pesar de su condición desvencijada la Grecia moderna está muy avanzada en el sistema eléctrico de tranvías, tal es así que mientras Jacob se sentaba en la sala de estar del hotel los tranvías rechinaban, repicaban, sonaban, sonaban, sonaban imperiosamente para apartar los asnos del camino, y una anciana que rehúsaba moverse, justo debajo de las ventanas. La civilización entera estaba condenada.

El camarero era totalmente indiferente a eso también. Aristóteles, un hombre sucio, interesado carnívoramente en el cuerpo del único huésped que estaba ahora ocupando el único sillón, entró al cuarto ostentosamente, dejó algo, enderezó algo, y vio que Jacob estaba todavía allí.

—Necesitaría que mañana me despierten temprano —dijo Jacob, sobre su hombro—. Voy a Olimpia.

Esta melancolía, este abandono a las aguas oscuras que nos lamen, es una invención moderna. Tal vez, como Cruttendon decía, no creemos lo suficiente. Nuestros padres, en todo caso, tenían algo por demoler. Y es lo mismo para nosotros, pensó Jacob, arrugando el *Daily Mail* en su mano. Él iría al parlamento para decir bellos discursos... pero ¿de qué sirven los bellos discursos y el parlamento cuando uno se rinde una pulgada a las negras aguas? De hecho nunca ha habido una explicación al flujo y reflujo en nuestras venas... de la felicidad y la infelicidad. Ahora Jacob pen-

evening parties where one has to dress, and wretched slums at the back of Gray's Inn—something solid, immovable, and grotesque—is at the back of it, Jacob thought probable. But then there was the British Empire which was beginning to puzzle him; nor was he altogether in favour of giving Home Rule to Ireland. What did the Daily Mail say about that?

For he had grown to be a man, and was about to be immersed in things—as indeed the chambermaid, emptying his basin upstairs, fingering keys, studs, pencils, and bottles of tabloids strewn on the dressing-table, was aware.

That he had grown to be a man was a fact that Florinda knew, as she knew everything, by instinct.

And Betty Flanders even now suspected it, as she read his letter, posted at Milan, "Telling me," she complained to Mrs. Jarvis, "really nothing that I want to know"; but she brooded over it.

Fanny Elmer felt it to desperation. For he would take his stick and his hat and would walk to the window, and look perfectly absent-minded and very stern too, she thought.

"I am going," he would say, "to cadge a meal of Bonamy."

"Anyhow, I can drown myself in the Thames," Fanny cried, as she hurried past the Foundling Hospital.

"But the Daily Mail isn't to be trusted," Jacob said to himself, looking about for something else to read. And he sighed again, being indeed so profoundly gloomy that gloom must have been

saba que era probable que esa respetabilidad, las fiestas vespertinas donde uno tiene que vestirse de etiqueta, y los desdichados tugurios detrás de Gray's Inn... realidad concreta, inamovible, y grotesca... eran la causa de todo esto. Pero además estaba el Imperio Británico que comenzaba a desconcertarlo; y él no estaba totalmente a favor de dar la Home Rule a Irlanda. ¿Qué decía el *Daily Mail* sobre eso?

Porque él se había convertido en un hombre, y estaba a punto de encontrarse inmerso en los asuntos mundanos... como la sirvienta, de hecho —vaciando su palangana arriba, manipulando llaves, gemelos, lápices y frascos de comprimidos esparcidos en el tocador—, ya lo sabía.

Que él se había convertido en un hombre era un hecho que Florinda ya sabía, como lo sabía todo, por instinto.

Y Betty Flanders incluso lo sospechaba, mientras leía su carta, despachada desde Milán: —No diciéndome —se quejaba a Mrs Jarvis— nada que ya no supiera —pero ella rumiaba el contenido.

Fanny Elmer lo experimentaba hasta la desesperación. Porque él hubiera tomado su bastón y su sombrero y hubiera caminado hacia la ventana, y lucido perfectamente ausente en su mente, y muy severo también, pensó ella.

—Me voy —diría él— a hacerme invitar una comida por Bonamy.

—De todos modos, puedo tirarme al Támesis —clamó Fanny, mientras pasaba con prisa por el Foundling Hospital.

«Pero no hay que confiar en el *Daily Mail*», se dijo Jacob, buscando con la mirada algo más que leer. Y suspiró nuevamente, estando de hecho tan profundamente melancólico que la melancolía

lodged in him to cloud him at any moment, which was odd in a man who enjoyed things so, was not much given to analysis, but was horribly romantic, of course, Bonamy thought, in his rooms in Lincoln's Inn.

"He will fall in love," thought Bonamy. "Some Greek woman with a straight nose."

It was to Bonamy that Jacob wrote from Patras—to Bonamy who couldn't love a woman and never read a foolish book.

There are very few good books after all, for we can't count profuse histories, travels in mule carts to discover the sources of the Nile, or the volubility of fiction.

I like books whose virtue is all drawn together in a page or two. I like sentences that don't budge though armies cross them. I like words to be hard—such were Bonamy's views, and they won him the hostility of those whose taste is all for the fresh growths of the morning, who throw up the window, and find the poppies spread in the sun, and can't forbear a shout of jubilation at the astonishing fertility of English literature. That was not Bonamy's way at all. That his taste in literature affected his friendships, and made him silent, secretive, fastidious, and only quite at his ease with one or two young men of his own way of thinking, was the charge against him.

But then Jacob Flanders was not at all of his own way of thinking—far from it, Bonamy sighed, laying the thin sheets of notepaper on the table and falling into thought about Jacob's character, not for the first time.

misma debe haber estado alojada en él, ensombreciéndolo a todo momento, lo que era extraño en un hombre que experimentaba tanto placer por las cosas, no tenía una inclinación por el análisis, pero era terriblemente romántico, por supuesto, pensó Bonamy, en sus cuartos en Lincoln's Inn.

«Se enamorará», pensó Bonamy. «Alguna mujer griega con una nariz recta».

Es a Bonamy a quien Jacob escribió desde Patras… a Bonamy que no podía amar a las mujeres y nunca leía libros estúpidos.

Después de todo hay muy pocos buenos libros, porque uno no puede tomar en cuenta las historias dilatadas, los viajes en carretas a mula para descubrir las fuentes del Nilo, o la locuacidad de la ficción.

Me gustan los libros cuya virtud se sostiene en una página o dos. Me gustan las frases que no se desplazan incluso si ejércitos las atraviesan. Me gusta que las palabras sean duras… esas eran las opiniones de Bonamy, y le ganaron la hostilidad de aquellos cuyo gusto se inclina por los brotes nuevos de la mañana, que abren bien las ventanas, y encuentran las amapolas abriéndose al sol, y no pueden contener un grito de júbilo por la sorprendente fertilidad de la literatura inglesa. Bonamy no era para nada así. Que su gusto por la literatura afectaba sus amistades, y lo tornaba silencioso, reservado, fastidioso, y bastante cómodo solamente con uno o dos jóvenes que pensaban como él, eran las únicas cargas contra él.

Solo que Jacob Flanders no pensaba para nada como él… en absoluto, suspiró Bonamy, dejando las finas hojas de papel de cartas sobre la mesa y poniéndose a reflexionar, no por vez primera, sobre el carácter de Jacob.

The trouble was this romantic vein in him. "But mixed with the stupidity which leads him into these absurd predicaments," thought Bonamy, "there is something—something"—he sighed, for he was fonder of Jacob than of any one in the world.

Jacob went to the window and stood with his hands in his pockets. There he saw three Greeks in kilts; the masts of ships; idle or busy people of the lower classes strolling or stepping out briskly, or falling into groups and gesticulating with their hands. Their lack of concern for him was not the cause of his gloom; but some more profound conviction—it was not that he himself happened to be lonely, but that all people are.

Yet next day, as the train slowly rounded a hill on the way to Olympia, the Greek peasant women were out among the vines; the old Greek men were sitting at the stations, sipping sweet wine. And though Jacob remained gloomy he had never suspected how tremendously pleasant it is to be alone; out of England; on one's own; cut off from the whole thing. There are very sharp bare hills on the way to Olympia; and between them blue sea in triangular spaces. A little like the Cornish coast. Well now, to go walking by oneself all day—to get on to that track and follow it up between the bushes—or are they small trees?—to the top of that mountain from which one can see half the nations of antiquity—

"Yes," said Jacob, for his carriage was empty, "let's look at the map." Blame it or praise it, there is no denying the wild horse in us. To gallop intemperately; fall on the sand tired out; to feel the earth spin; to have—positively—a rush of friendship for stones and grasses, as if humanity were over, and as for men and women, let them go hang— there is no getting over the fact that this desire seizes us pretty often.

El problema era esta vena romántica en él. «Pero mezclado con estupidez, lo cual lo conduce a estos dilemas absurdos», pensó Bonamy, «hay algo... algo...», suspiró, porque él apreciaba a Jacob más que a ninguna otra persona en este mundo.

Jacob fue a la ventana y se quedó parado con las manos en sus bolsillos. Allí vio tres griegos en fustanelas; los mástiles de los navíos; gente ociosa u ocupada de clase baja paseando o apresurándose, o bien reuniéndose en grupos y gesticulando con sus manos. La falta de interés que tenían por él no era la causa de su melancolía; sino una convicción más profunda... no era el hecho que él se encontraba solo, sino que todo el mundo lo está.

Con todo al otro día, mientras el tren circundaba una colina en su camino a Olimpia, las paisanas griegas estaban fuera, entre las viñas; los viejos hombres griegos estaban sentados en las estaciones, sorbiendo vino dulce. Y aunque Jacob seguía estando melancólico, él nunca había sospechado cuán enormemente agradable es estar solo; fuera de Inglaterra; a sus anchas; apartado de todo. En el camino a Olimpia hay ásperas colinas muy agudas; y entre ellas el mar azul en espacios triangulares. Un poco como la costa de Cornualles. Y ahora, irse a caminar solo todo el día... tomar esta vía y seguirla entre los arbustos... ¿o son pequeños árboles?... hasta la cima de esa montaña desde la cual uno puede ver la mitad de las naciones de la antigüedad...

—Sí —dijo Jacob, porque su compartimento estaba vacío—, miremos en el mapa. Que uno lo condene o lo elogie, no se puede negar la existencia del caballo salvaje dentro nuestro. Galopar desmedidamente; caer exhausto en la arena; sentir que la tierra da vueltas a toda velocidad; experimentar... decididamente... un ímpetu de amor por las piedras y las hierbas, como si la humanidad se hubiera extinguido, y en cuanto a los hombres y las mujeres que se mueran... no hay manera de superar el hecho que este

The evening air slightly moved the dirty curtains in the hotel window at Olympia.

"I am full of love for every one," thought Mrs. Wentworth Williams, "— for the poor most of all—for the peasants coming back in the evening with their burdens. And everything is soft and vague and very sad. It is sad, it is sad. But everything has meaning," thought Sandra Wentworth Williams, raising her head a little and looking very beautiful, tragic, and exalted. "One must love everything."

She held in her hand a little book convenient for travelling—stories by Tchekov—as she stood, veiled, in white, in the window of the hotel at Olympia. How beautiful the evening was! and her beauty was its beauty. The tragedy of Greece was the tragedy of all high souls. The inevitable compromise. She seemed to have grasped something. She would write it down. And moving to the table where her husband sat reading she leant her chin in her hands and thought of the peasants, of suffering, of her own beauty, of the inevitable compromise, and of how she would write it down. Nor did Evan Williams say anything brutal, banal, or foolish when he shut his book and put it away to make room for the plates of soup which were now being placed before them. Only his drooping bloodhound eyes and his heavy sallow cheeks expressed his melancholy tolerance, his conviction that though forced to live with circumspection and deliberation he could never possibly achieve any of those objects which, as he knew, are the only ones worth pursuing. His consideration was flawless; his silence unbroken.

"Everything seems to mean so much," said Sandra. But with the sound of her own voice the spell was broken. She forgot the peas-

deseo nos posee bastante seguido.

El aire de la tarde movió levemente las cortinas sucias en la ventana del hotel en Olimpia.

«Estoy lleno de amor por cada uno...», pensó Mrs Wentworth Williams, «por los pobres sobre todo... por los paisanos volviendo por la tarde con sus cargas. Y todo es suave y confuso y muy triste. Es triste, es triste. Pero todo tiene un sentido», pensó Sandra Wentworth Williams, levantando su cabeza un poco y luciendo muy bella, trágica y exaltada. «Uno debe amar todo».

Ella sostenía en la mano un pequeño libro cómodo para viajar... las historias de Chéjov... parada, velada, de blanco, en la ventana del hotel en Olimpia. ¡Qué hermosa era la tarde! Y la belleza de ella era la belleza de la tarde. La tragedia de Grecia era la tragedia de todas las almas nobles. El inevitable mutuo acuerdo. Ella parecía haber comprendido algo. Lo iba a poner por escrito. Y dirigiéndose hacia la mesa, a la cual su esposo estaba sentado leyendo, ella apoyó su mentón entre sus manos y pensó en los paisanos, en el sufrimiento, en su propia belleza, en el inevitable mutuo acuerdo, y en cómo ella iba a ponerlo por escrito. Y Evan Williams no dijo nada brutal, banal, o estúpido cuando cerró su libro y lo apartó para hacer lugar para los platos de sopa que ahora estaban siendo servidos frente a ellos. Solo sus caídos ojos de sabueso y sus pesadas y cetrinas mejillas expresaban su tolerancia melancólica, su convicción que aun forzado a vivir con circunspección y deliberación él nunca podría lograr ninguno de los objetivos que, como él bien sabía, son los únicos que vale la pena perseguir. Sus reflexiones eran íntegras; su silencio, intacto.

—Todo parece tener tanto significado —dijo Sandra. Pero con el sonido de su propia voz el encanto se quebró. Ella olvidó los

ants. Only there remained with her a sense of her own beauty, and in front, luckily, there was a looking-glass.

"I am very beautiful," she thought.

She shifted her hat slightly. Her husband saw her looking in the glass; and agreed that beauty is important; it is an inheritance; one cannot ignore it. But it is a barrier; it is in fact rather a bore. So he drank his soup; and kept his eyes fixed upon the window.

"Quails," said Mrs. Wentworth Williams languidly. "And then goat, I suppose; and then..."

"Caramel custard presumably," said her husband in the same cadence, with his toothpick out already.

She laid her spoon upon her plate, and her soup was taken away half finished. Never did she do anything without dignity; for hers was the English type which is so Greek, save that villagers have touched their hats to it, the vicarage reveres it; and upper-gardeners and under- gardeners respectfully straighten their backs as she comes down the broad terrace on Sunday morning, dallying at the stone urns with the Prime Minister to pick a rose— which, perhaps, she was trying to forget, as her eye wandered round the dining-room of the inn at Olympia, seeking the window where her book lay, where a few minutes ago she had discovered something—something very profound it had been, about love and sadness and the peasants.

But it was Evan who sighed; not in despair nor indeed in rebellion. But, being the most ambitious of men and temperamentally the most sluggish, he had accomplished nothing; had the politi-

paisanos. Solo quedó con ella el sentido de su propia hermosura, y frente a ella, afortunadamente, había un espejo.

«Soy muy hermosa», pensó ella.

Ella torció ligeramente su sombrero. Su esposo la vio mirándose al espejo; y concordó en que la belleza es importante; es una herencia; uno no puede ignorarla. Pero es una barrera; es, de hecho, más bien un fastidio. Así que él tomó su sopa; y mantuvo sus ojos fijos en la ventana.

—Codornices —dijo Mrs Wentworth Williams lánguidamente—. Y luego cabrito, supongo; y luego...

—Flan —dijo su esposo, en la misma cadencia, con su mondadientes ya listo.

Ella dejó su cuchara sobre su plato, y su sopa terminada a medias fue retirada. Nunca hacía algo sin dignidad; porque a ella le agradaba el tipo inglés que es tan griego, salvo que los pueblerinos ponen la mano sobre sus sombreros, el clero la venera; y que los maestros jardineros y los ayudantes de jardineros enderezan sus espaldas respetuosamente cuando ella baja de la amplia terraza el domingo por la mañana, retrasándose en las urnas de piedra con el primer ministro para tomar una rosa... la que, tal vez, estaba tratando de olvidar, mientras sus ojos vagaban por el salón comedor del albergue en Olimpia, buscando la ventana donde yacía su libro, donde hace unos minutos ella había descubierto algo... algo que había sido muy profundo, sobre el amor y la tristeza y los paisanos.

Pero fue Evan el que suspiró; no con desesperación ni tampoco por rebelión. Pero, siendo el más ambicioso de los hombres y, en cuanto al temperamento, el más indolente, él no había logrado

cal history of England at his finger-ends, and living much in company with Chatham, Pitt, Burke, and Charles James Fox could not help contrasting himself and his age with them and theirs. "Yet there never was a time when great men are more needed," he was in the habit of saying to himself, with a sigh. Here he was picking his teeth in an inn at Olympia. He had done. But Sandra's eyes wandered.

"Those pink melons are sure to be dangerous," he said gloomily. And as he spoke the door opened and in came a young man in a grey check suit.

"Beautiful but dangerous," said Sandra, immediately talking to her husband in the presence of a third person. ("Ah, an English boy on tour," she thought to herself.)

And Evan knew all that too.

Yes, he knew all that; and he admired her. Very pleasant, he thought, to have affairs. But for himself, what with his height (Napoleon was five feet four, he remembered), his bulk, his inability to impose his own personality (and yet great men are needed more than ever now, he sighed), it was useless. He threw away his cigar, went up to Jacob and asked him, with a simple sort of sincerity which Jacob liked, whether he had come straight out from England.

"How very English!" Sandra laughed when the waiter told them next morning that the young gentleman had left at five to climb the mountain. "I am sure he asked you for a bath?" at which the waiter shook his head, and said that he would ask the manager.

nada; sabía la historia política de Inglaterra al dedillo y viviendo mucho tiempo en compañía de Chatham, Pitt, Burke y Charles James Fox no podía evitar medir la diferencia que había entre ellos y él y entre el siglo de ellos y el suyo. «Y sin embargo no ha habido un tiempo en el que los grandes hombres sean más necesarios», tenía el hábito de decirse a sí mismo, con un suspiro. Aquí estaba mondando sus dientes en un albergue en Olimpia. Él había terminado. Pero los ojos de Sandra se paseaban.

—Esos melones rosas son seguramente peligrosos —dijo él, con pesimismo. Y mientras hablaba la puerta se abrió y entró un hombre en traje gris a cuadros.

—Hermosos pero peligrosos —dijo Sandra, hablando inmediatamente con su marido cuando una tercera persona hizo acto de presencia. («Ah, un muchacho inglés de viaje», pensó para sí misma).

Y Evan sabía todo eso también.

Sí, él sabía todo eso; y la admiraba. Es muy agradable, pensó, tener aventuras. Pero en cuanto a él, entre su altura (Napoleón media cinco pies y cuatro pulgadas, recordó), su corpulencia, su inhabilidad para imponer su propia personalidad (y sin embargo los grandes hombres son más que nunca necesarios, suspiró), no valía la pena. Él desechó su cigarro, se acercó a Jacob y le preguntó, con una cierta sinceridad simple que le agradó a Jacob, si había venido directamente desde Inglaterra.

—¡Qué inglés! —rio Sandra cuando el camarero les dijo a la mañana siguiente que el joven caballero había salido a las cinco para ascender la montaña—. Estoy segura que le pidió un baño... —a lo que el camarero agitó su cabeza y dijo que le iba a preguntar al gerente.

"You do not understand," laughed Sandra. "Never mind."

Stretched on the top of the mountain, quite alone, Jacob enjoyed himself immensely. Probably he had never been so happy in the whole of his life.

But at dinner that night Mr. Williams asked him whether he would like to see the paper; then Mrs. Williams asked him (as they strolled on the terrace smoking—and how could he refuse that man's cigar?) whether he'd seen the theatre by moonlight; whether he knew Everard Sherborn; whether he read Greek and whether (Evan rose silently and went in) if he had to sacrifice one it would be the French literature or the Russian?

"And now," wrote Jacob in his letter to Bonamy, "I shall have to read her cursed book"—her Tchekov, he meant, for she had lent it him.

Though the opinion is unpopular it seems likely enough that bare places, fields too thick with stones to be ploughed, tossing sea-meadows half- way between England and America, suit us better than cities.

There is something absolute in us which despises qualification. It is this which is teased and twisted in society. People come together in a room. "So delighted," says somebody, "to meet you," and that is a lie. And then: "I enjoy the spring more than the autumn now. One does, I think, as one gets older." For women are always, always, always talking about what one feels, and if they say "as one gets older," they mean you to reply with something quite off the point.

—No lo entiende —rio Sandra—. No tiene importancia.

Tendido sobre la cima de la montaña, absolutamente solo, Jacob sentía un inmenso bienestar. Probablemente nunca había sido tan feliz en toda su vida.

Pero durante la cena, esa noche, Mr Williams le preguntó si él quería ver el periódico; a continuación Mrs Williams le preguntaba (mientras se paseaban por la terraza fumando... y ¿cómo podía rechazar el cigarro de ese hombre?) si él había visto el teatro a la luz de luna; si conocía a Everard Sherborn; si sabía leer griego y si (Evan se levantó silenciosamente y fue hacia dentro) tuviera que sacrificar una literatura, la francesa o la rusa, cuál sería.

«Y ahora», escribió Jacob en su carta a Bonamy, «voy a tener que leer su maldito libro», su Chéjov, quería decir, porque ella se lo había prestado.

Aunque muchos no sean de la misma opinión parece lo suficientemente probable que los lugares ásperos, los campos demasiado llenos de guijarros como para ser arados, las ondeantes praderas submarinas a medio camino entre Inglaterra y América, nos son más convenientes que las ciudades.

Hay algo absoluto en nosotros que desdeña las restricciones. Esto es lo que es burlado y torcido en nuestra sociedad. La gente se encuentra en un salón. «Encantado...», dice alguien, «de conocerlo», y es una mentira. Y luego: «Ahora disfruto más de la primavera que del otoño. Es lo que sucede, pienso, cuando uno va envejeciendo». Porque las mujeres están siempre, siempre, siempre hablando sobre lo que uno siente, y si ellas dicen «cuando uno va envejeciendo», lo que esperan es que uno responda con algo que no tenga ninguna relación con lo dicho.

Jacob sat himself down in the quarry where the Greeks had cut marble for the theatre. It is hot work walking up Greek hills at midday. The wild red cyclamen was out; he had seen the little tortoises hobbling from clump to clump; the air smelt strong and suddenly sweet, and the sun, striking on jagged splinters of marble, was very dazzling to the eyes. Composed, commanding, contemptuous, a little melancholy, and bored with an august kind of boredom, there he sat smoking his pipe.

Bonamy would have said that this was the sort of thing that made him uneasy—when Jacob got into the doldrums, looked like a Margate fisherman out of a job, or a British Admiral. You couldn't make him understand a thing when he was in a mood like that. One had better leave him alone. He was dull. He was apt to be grumpy.

He was up very early, looking at the statues with his Baedeker.

Sandra Wentworth Williams, ranging the world before breakfast in quest of adventure or a point of view, all in white, not so very tall perhaps, but uncommonly upright—Sandra Williams got Jacob's head exactly on a level with the head of the Hermes of Praxiteles. The comparison was all in his favour. But before she could say a single word he had gone out of the Museum and left her.

Still, a lady of fashion travels with more than one dress, and if white suits the morning hour, perhaps sandy yellow with purple spots on it, a black hat, and a volume of Balzac, suit the evening. Thus she was arranged on the terrace when Jacob came in. Very beautiful she looked. With her hands folded she mused, seemed to listen to her husband, seemed to watch the peasants coming down with brushwood on their backs, seemed to notice how the

Jacob se sentó en la cantera de la cual los griegos habían extraído el mármol para el teatro. Da calor caminar por las colinas griegas al mediodía. Los salvajes ciclamenos rojos estaban abiertos; podía ver las tortuguitas rengueando de mata en mata; el aire olía fuerte y repentinamente dulce, y el sol, golpeando sobre las afiladas astillas de mármol, deslumbraba los ojos. Calmo, imponente, despectivo, un poco melancólico, y aburrido con una clase augusta de aburrimiento, allí se sentó él a fumar su pipa.

Bonamy habría dicho que esta era la clase de cosa que lo inquietaba... cuando estaba abatido, Jacob se parecía a un pescador de Margate sin trabajo, o a un almirante británico. Era imposible hacerle comprender lo que sea cuando se encontraba en ese estado de humor. Lo mejor era dejarlo solo. Él estaba embotado. Predispuesto a gruñir.

Se había levantado muy temprano, mirando las estatuas con su guía Baedeker.

Sandra Wentworth Williams, recorriendo el mundo antes del desayuno en busca de aventura o de un buen punto de vista, toda de blanco, no tan alta tal vez, pero erguida fuera de lo común... Sandra Williams descubrió la cabeza de Jacob a la misma altura que la cabeza del Hermes de Praxíteles. La comparación lo favorecía. Pero, antes que ella pudiera decir una sola palabra, él se había ido para el museo y la había dejado.

No obstante, una dama a la moda viaja con más de un vestido, y si el blanco va bien con las horas matutinas, tal vez un amarillo arenoso con lunares púrpuras en él, un sombrero negro y un volumen de Balzac, van bien por la tarde. Así estaba ella arreglada en la terraza cuando Jacob llegó. Lucía muy bella. Cavilaba con sus manos cruzadas, parecía escuchar a su esposo, parecía mirar los paisanos descendiendo con haces de madera en sus espaldas,

hill changed from blue to black, seemed to discriminate between truth and falsehood, Jacob thought, and crossed his legs suddenly, observing the extreme shabbiness of his trousers.

"But he is very distinguished looking," Sandra decided.

And Evan Williams, lying back in his chair with the paper on his knees, envied them. The best thing he could do would be to publish, with Macmillans, his monograph upon the foreign policy of Chatham. But confound this tumid, queasy feeling—this restlessness, swelling, and heat—it was jealousy! jealousy! jealousy! which he had sworn never to feel again.

"Come with us to Corinth, Flanders," he said with more than his usual energy, stopping by Jacob's chair. He was relieved by Jacob's reply, or rather by the solid, direct, if shy manner in which he said that he would like very much to come with them to Corinth.

"Here is a fellow," thought Evan Williams, "who might do very well in politics."

"I intend to come to Greece every year so long as I live," Jacob wrote to Bonamy. "It is the only chance I can see of protecting oneself from civilization."

"Goodness knows what he means by that," Bonamy sighed. For as he never said a clumsy thing himself, these dark sayings of Jacob's made him feel apprehensive, yet somehow impressed, his own turn being all for the definite, the concrete, and the rational.

parecía notar cómo la colina cambiaba de azul a negro, parecía discriminar entre la verdad y la falsedad, pensó Jacob, cruzando sus piernas súbitamente, al darse cuenta del desaliño extremo de sus pantalones.

—Pero él parece tan distinguido —decidió Sandra.

Y Evan Williams, recostándose en su silla con el periódico sobre las rodillas, los envidió. Lo mejor que él podía lograr era publicar, en Macmillans, su monografía sobre la política exterior de Chatham. Pero maldito sea este sentimiento tumefacto y nauseabundo… esta inquietud, esta hinchazón y este calor… ¡eran celos!, ¡celos!, ¡celos!, exactamente lo que él había jurado que no iba a volver a tener.

—Venga con nosotros a Corinto, Flanders —dijo él con más energía que de costumbre, deteniéndose cerca de la silla de Jacob. Él sintió alivio por la respuesta de Jacob, o más bien por la manera sólida, directa, aunque tímida, en la cual este último dijo que con mucho gusto iría con ellos a Corinto.

«He aquí un compañero», pensó Evan Williams, «que puede tener éxito en la política».

«Tengo la intención de venir a Grecia cada año, mientras esté con vida», escribió Jacob a Bonamy. «Es la única posibilidad que veo para que uno se proteja de la civilización».

«Dios sabrá lo que quiere decir con eso», suspiró Bonamy. Porque él nunca había dicho algo torpe, esos dichos oscuros de Jacob lo inquietaban, y con todo estaba impresionado de alguna manera, con la inclinación que él tenía por lo definido, lo concreto y lo racional.

Nothing could be much simpler than what Sandra said as she descended the Acro-Corinth, keeping to the little path, while Jacob strode over rougher ground by her side. She had been left motherless at the age of four; and the Park was vast.

"One never seemed able to get out of it," she laughed. Of course there was the library, and dear Mr. Jones, and notions about things. "I used to stray into the kitchen and sit upon the butler's knees," she laughed, sadly though.

Jacob thought that if he had been there he would have saved her; for she had been exposed to great dangers, he felt, and, he thought to himself, "People wouldn't understand a woman talking as she talks."

She made little of the roughness of the hill; and wore breeches, he saw, under her short skirts.

"Women like Fanny Elmer don't," he thought. "What's-her-name Carslake didn't; yet they pretend..."

Mrs. Williams said things straight out. He was surprised by his own knowledge of the rules of behaviour; how much more can be said than one thought; how open one can be with a woman; and how little he had known himself before.

Evan joined them on the road; and as they drove along up hill and down hill (for Greece is in a state of effervescence, yet astonishingly clean-cut, a treeless land, where you see the ground between the blades, each hill cut and shaped and outlined as often as not against sparkling deep blue waters, islands white as sand

Nada podía ser mucho más simple que lo que Sandra dijo mientras descendía el Acrocorinto, siguiendo el senderito, mientras Jacob caminaba a largos pasos en un terreno más áspero a su lado. Ella había quedado huérfana de madre a los cuatro años; y su finca era vasta.

—Parecía que uno no iba a poder salir nunca —rio ella. Por supuesto estaban la biblioteca y el querido Mr Jones, y uno tenía ciertas nociones de las cosas—: Tenía la costumbre de aventurarme por la cocina y sentarme sobre las rodillas del mayordomo —rio ella, con tristeza, sin embargo.

Jacob pensó que si él hubiera estado allí la habría salvado; porque ella había estado expuesta a graves peligros, sintió él, y, pensó para sí mismo, «la gente no entendería que una mujer hable como lo hace ella».

Ella ponía poca atención en la aspereza de la colina; y él vio que ella llevaba calzones cortos bajo sus escuetas faldas.

«Las mujeres como Fanny Elmer no lo hacen», pensó él. «Esta tal Carslake no lo hacía; y sin embargo pretenden que...».

Mrs Williams decía las cosas directamente. Él estaba sorprendido de su propio conocimiento de las normas de conducta; cuánto más puede decir uno de lo que uno cree; qué tan abierto uno puede ser con una mujer; y qué tan poco él se había conocido a sí mismo hasta ahora.

Evan se unió a ellos; y mientras ellos continuaron en tren, colina arriba y colina abajo (porque Grecia está en un estado de efervescencia, y sin embargo sorprendentemente cuidada, una tierra sin árboles, donde uno ve la tierra entre la hierba, cada colina cortada y formada y delineada a menudo contra chispeantes aguas

floating on the horizon, occasional groves of palm trees standing in the valleys, which are scattered with black goats, spotted with little olive trees and sometimes have white hollows, rayed and criss-crossed, in their flanks), as they drove up hill and down he scowled in the corner of the carriage, with his paw so tightly closed that the skin was stretched between the knuckles and the little hairs stood upright. Sandra rode opposite, dominant, like a Victory prepared to fling into the air.

"Heartless!" thought Evan (which was untrue).

"Brainless!" he suspected (and that was not true either). "Still...!" He envied her.

When bedtime came the difficulty was to write to Bonamy, Jacob found. Yet he had seen Salamis, and Marathon in the distance. Poor old Bonamy! No; there was something queer about it. He could not write to Bonamy.

"I shall go to Athens all the same," he resolved, looking very set, with this hook dragging in his side.

The Williamses had already been to Athens.

Athens is still quite capable of striking a young man as the oddest combination, the most incongruous assortment. Now it is suburban; now immortal. Now cheap continental jewellery is laid upon plush trays. Now the stately woman stands naked, save for a wave of drapery above the knee. No form can he set on his sensations as he strolls, one blazing afternoon, along the Parisian boulevard and skips out of the way of the royal landau which, looking indescribably ramshackle, rattles along the pitted roadway, sa-

de azul oscuro, islas blancas como la arena flotando sobre el horizonte, bosquecillos ocasionales de palmeras levantándose en los valles, que están sembrados con cabras negras, manchados con pequeños olivos y que tienen a veces hondonadas blancas, rayadas y entrecruzadas, a sus lados), mientras continuaban colina arriba y abajo él fruncía el seño en un rincón del compartimento, con su puño cerrado tan firmemente que la piel se estiraba entre los nudillos y los vellos se mantenían erguidos. Sandra estaba sentada frente a él, dominante, como una Victoria preparada para tomar vuelo por los aires.

«¡Sin corazón!», pensó Evan (lo que no era cierto).

«¡Sin cerebro!», sospechó (y tampoco era cierto). «¡Y sin embargo...!», él la envidiaba.

Cuando llegó la hora de acostarse Jacob constató que escribirle a Bonamy era una dificultad. Y sin embargo había visto Salamina, y Maratón a la distancia. ¡Pobre viejo Bonamy! No; había algo extraño acerca de esto. Él no podía escribir a Bonamy.

«Iré a Atenas de todos modos», decidió, pareciendo muy determinado, con el arpón clavado en la carne.

Los Williams ya habían estado en Atenas.

Atenas es aún capaz de impactar a un joven como la más extraña de las combinaciones, el ensamble más incongruente. Ora es provincial; ora inmortal. Ora joyería barata continental es expuesta sobre bandejas de felpa. Ora se yerguen majestuosas mujeres desnudas, salvo por una ola de paño sobre la rodilla. A él le es imposible dar una forma a sus sensaciones mientras se pasea, una tarde ardiente, a lo largo del bulevar estilo parisino y evita un landó real que, luciendo indescriptiblemente desvencijado, repta

luted by citizens of both sexes cheaply dressed in bowler hats and continental costumes; though a shepherd in kilt, cap, and gaiters very nearly drives his herd of goats between the royal wheels; and all the time the Acropolis surges into the air, raises itself above the town, like a large immobile wave with the yellow columns of the Parthenon firmly planted upon it.

The yellow columns of the Parthenon are to be seen at all hours of the day firmly planted upon the Acropolis; though at sunset, when the ships in the Piraeus fire their guns, a bell rings, a man in uniform (the waistcoat unbuttoned) appears; and the women roll up the black stockings which they are knitting in the shadow of the columns, call to the children, and troop off down the hill back to their houses.

There they are again, the pillars, the pediment, the Temple of Victory and the Erechtheum, set on a tawny rock cleft with shadows, directly you unlatch your shutters in the morning and, leaning out, hear the clatter, the clamour, the whip cracking in the street below. There they are.

The extreme definiteness with which they stand, now a brilliant white, again yellow, and in some lights red, imposes ideas of durability, of the emergence through the earth of some spiritual energy elsewhere dissipated in elegant trifles. But this durability exists quite independently of our admiration. Although the beauty is sufficiently humane to weaken us, to stir the deep deposit of mud—memories, abandonments, regrets, sentimental devotions—the Parthenon is separate from all that; and if you consider how it has stood out all night, for centuries, you begin to connect the blaze (at midday the glare is dazzling and the frieze almost invisible) with the idea that perhaps it is beauty alone that is immortal.

a lo largo de la calzada llena de baches, saludado por ciudadanos de ambos sexos, vestidos con sombreros combados y trajes continentales baratos; aun si un pastor en fustanela, capa, y polainas conduce muy cercano su horda de cabras entre las ruedas reales; y a toda hora la Acrópolis surge en el aire, se levanta a sí misma por encima de la ciudad, como una gran onda inmóvil con las columnas amarillas del Partenón firmemente plantadas sobre ella.

Las amarillas columnas del Partenón se ven a todas horas del día firmemente plantadas sobre la Acrópolis; aunque a la puesta del sol, cuando las naves en el Pireo detonan sus cañones, una campana suena, un hombre en uniforme (con el chaleco desabotonado) aparece y las mujeres enrollan las medias negras que están tejiendo a la sombra de las columnas, llaman a los niños y descienden en tropilla la colina de retorno a sus casas.

Allí están de nuevo, los pilares, el frontón, el templo de la Victoria y el Erecteón, posados sobre una roca leonada hendida de sombras; desde el instante en que uno abre las persianas por la mañana, apoyado en su marco, se escucha el estrépito, el clamor, el látigo chasqueando debajo, en la calle. Allí están.

La extrema claridad con la que se alzan, de pronto un blanco brillante, amarillo de nuevo, rojos bajo ciertas luces, impone ideas de perdurabilidad, de la emersión a través de la tierra de alguna energía espiritual que se disipa en otras partes en elegantes nimiedades. Pero esta perdurabilidad existe totalmente independiente de nuestra admiración. Aunque la belleza es lo suficientemente humana como para enternecernos, para remover el profundo depósito de lodo... recuerdos, abandonos, lamentos, devociones sentimentales... el Partenón está separado de todo esto; y si uno considera cómo se ha alzado durante toda la noche, por siglos, uno empieza a conectar el resplandor (al mediodía el brillo es deslumbrante y el friso se vuelve casi invisible) con la idea que,

Added to this, compared with the blistered stucco, the new love songs rasped out to the strum of guitar and gramophone, and the mobile yet insignificant faces of the street, the Parthenon is really astonishing in its silent composure; which is so vigorous that, far from being decayed, the Parthenon appears, on the contrary, likely to outlast the entire world.

"And the Greeks, like sensible men, never bothered to finish the backs of their statues," said Jacob, shading his eyes and observing that the side of the figure which is turned away from view is left in the rough.

He noted the slight irregularity in the line of the steps which "the artistic sense of the Greeks preferred to mathematical accuracy," he read in his guide-book.

He stood on the exact spot where the great statue of Athena used to stand, and identified the more famous landmarks of the scene beneath.

In short he was accurate and diligent; but profoundly morose. Moreover he was pestered by guides. This was on Monday.

But on Wednesday he wrote a telegram to Bonamy, telling him to come at once. And then he crumpled it in his hand and threw it in the gutter.

"For one thing he wouldn't come," he thought. "And then I daresay this sort of thing wears off." "This sort of thing" being that uneasy, painful feeling, something like selfishness—one wishes almost that the thing would stop—it is getting more and more be-

tal vez, es solo la belleza la que es inmortal.

Sumado a esto, comparado con el estuco agrietado, las nuevas canciones de amor chirriadas desde el rasgueo de guitarras y gramófonos, y los móviles pero insignificantes rostros de la calle, el Partenón es realmente sorprendente en su silenciosa calma; esta es tan rotunda que, lejos de ser decadente, el Partenón parece, por el contrario, probablemente sobrevivir al mundo entero.

—Y los griegos, como hombres sensibles, nunca se tomaron la molestia de terminar la espalda de sus estatuas —dijo Jacob, cubriendo sus ojos y observando que el costado de la figura oculto a la vista es dejado en bruto.

Él notó la leve irregularidad al alinear los peldaños, la que «el sentido artístico de los griegos les hacía preferir a la precisión matemática», leyó en su guía.

Él se detuvo en el punto exacto donde antes se encontraba la gran estatua de Atenea, e identificó los lugares más célebres en el paisaje que se le ofrecía debajo.

En resumen, él fue preciso y diligente; pero profundamente taciturno. Por otra parte estaba fastidiado por los guías. Esto fue un lunes.

Pero el miércoles escribió un telegrama a Bonamy, diciéndole que venga inmediatamente. Y luego lo arrugó en su mano y lo tiró a la alcantarilla.

«En primer lugar, no creo que venga», pensó. «Y luego apuesto a que esta clase de cosas termina por pasar». «Esta clase de cosas» es este preocupante y doloroso sentimiento, algo así como el egoísmo... uno casi desea que la cosa se detenga... está llegando

yond what is possible— "If it goes on much longer I shan't be able to cope with it—but if some one else were seeing it at the same time—Bonamy is stuffed in his room in Lincoln's Inn—oh, I say, damn it all, I say,"—the sight of Hymettus, Pentelicus, Lycabettus on one side, and the sea on the other, as one stands in the Parthenon at sunset, the sky pink feathered, the plain all colours, the marble tawny in one's eyes, is thus oppressive. Luckily Jacob had little sense of personal association; he seldom thought of Plato or Socrates in the flesh; on the other hand his feeling for architecture was very strong; he preferred statues to pictures; and he was beginning to think a great deal about the problems of civilization, which were solved, of course, so very remarkably by the ancient Greeks, though their solution is no help to us. Then the hook gave a great tug in his side as he lay in bed on Wednesday night; and he turned over with a desperate sort of tumble, remembering Sandra Wentworth Williams with whom he was in love.

Next day he climbed Pentelicus.

The day after he went up to the Acropolis. The hour was early; the place almost deserted; and possibly there was thunder in the air. But the sun struck full upon the Acropolis.

Jacob's intention was to sit down and read, and, finding a drum of marble conveniently placed, from which Marathon could be seen, and yet it was in the shade, while the Erechtheum blazed white in front of him, there he sat. And after reading a page he put his thumb in his book. Why not rule countries in the way they should be ruled? And he read again.

No doubt his position there overlooking Marathon somehow

más y más allá de lo que es posible... «Si continúa mucho tiempo más no voy a poder superarlo... pero si alguien más estuviera analizando el problema conmigo al mismo tiempo... Bonamy está encerrado entre cuatro paredes en Lincoln's Inn... oh, digo, que se vayan al diablo, digo...», la vista de Himeto, Pentélico, Licabeto por un lado y el mar por el otro, cuando uno está parado en el Partenón a la puesta del sol, el cielo emplumado de rosa, la planicie de todos los colores, el mármol leonado llenando los ojos, se torna opresiva. Afortunadamente Jacob tenía poco sentido para las asociaciones personales; raramente pensaba en Platón o Sócrates en carne y hueso; por el otro lado su sensibilidad por la arquitectura era muy fuerte; él prefería las estatuas antes que las pinturas; y había comenzado a pensar mucho acerca de los problemas de la civilización, que fueron resueltos, por supuesto, tan remarcablemente por los antiguos griegos, aunque su solución no nos ayuda para nada a nosotros. Y entonces el arpón le dió un gran tirón en su costado mientras descansaba en su cama el miércoles por la noche; y se tornó y dio una voltereta desesperada, recordando a Sandra Wentworth Williams, de quien estaba enamorado.

Al día siguiente ascendió el Pentélico.

Un día después subió a la Acrópolis. Era una hora temprana; el lugar estaba casi desierto; y tal vez había una tormenta en el aire. Pero el sol daba de lleno sobre la Acrópolis.

La intención de Jacob era sentarse y leer, y, encontrando un fuste de mármol en un lugar conveniente, desde el cuál uno podía ver Maratón, aunque a la sombra, mientras el Erecteón resplandecía blanco frente a él, allí se sentó. Y luego de leer una página puso su pulgar en el libro. ¿Por qué no gobernar los países de la manera en la que tienen que ser gobernados? Y continuó leyendo.

Sin dudas la posición que ocupaba, con la vista de Maratón, de

raised his spirits. Or it may have been that a slow capacious brain has these moments of flowering. Or he had, insensibly, while he was abroad, got into the way of thinking about politics.

And then looking up and seeing the sharp outline, his meditations were given an extraordinary edge; Greece was over; the Parthenon in ruins; yet there he was.

(Ladies with green and white umbrellas passed through the courtyard— French ladies on their way to join their husbands in Constantinople.)

Jacob read on again. And laying the book on the ground he began, as if inspired by what he had read, to write a note upon the importance of history—upon democracy—one of those scribbles upon which the work of a lifetime may be based; or again, it falls out of a book twenty years later, and one can't remember a word of it. It is a little painful. It had better be burnt.

Jacob wrote; began to draw a straight nose; when all the French ladies opening and shutting their umbrellas just beneath him exclaimed, looking at the sky, that one did not know what to expect— rain or fine weather?

Jacob got up and strolled across to the Erechtheum. There are still several women standing there holding the roof on their heads. Jacob straightened himself slightly; for stability and balance affect the body first. These statues annulled things so! He stared at them, then turned, and there was Madame Lucien Grave perched on a block of marble with her kodak pointed at his head. Of course she jumped down, in spite of her age, her figure, and her tight

alguna manera levantó su espíritu. O pudo ser que una mente indolente pero vasta tiene estos momentos de floración. O bien, insensiblemente, mientras estaba en el extranjero, había adquirido el hábito de pensar en la política.

Y luego, levantando los ojos y viendo la nitidez de los contornos, sus meditaciones adquirieron una agudeza extraordinaria; Grecia estaba terminada; el Partenón en ruinas; y sin embargo allí estaba él.

(Damas con paraguas verdes y blancos pasaban por el terraplén... damas francesas de camino a reunirse con sus maridos en Constantinopla).

Jacob retomó la lectura. Y posando su libro sobre el suelo empezó, como si estuviera inspirado por lo que había leído, a escribir una nota acerca de la importancia de la historia... sobre la democracia... uno de esos garabatos sobre los cuales la obra de toda una vida puede estar basada; o bien que cae de un libro veinte años después, y uno no recuerda ni una palabra. Es un poco doloroso. Sería mejor si uno lo quemara.

Jacob escribía; comenzó a dibujar una nariz recta; y en ese momento las damas francesas abrieron y cerraron sus paraguas allí abajo y exclamaron, mirando el cielo, que uno no sabía qué esperar... ¿lluvia o buen tiempo?

Jacob se irguió y se paseó por el Erecteón. Había varias mujeres paradas, sosteniendo el techo sobre sus cabezas. Jacob se enderezó levemente; en efecto la estabilidad y el balance afectan primero al cuerpo. ¡Estas estatuas tenían tanto poder para anular las cosas! Él las miró fijamente, luego dio una vuelta, y allí estaba Madame Lucien Gravé inclinada sobre un bloque de mármol con su Kodak apuntando a la cabeza de Jacob. Por supuesto, ella des-

boots—having, now that her daughter was married, lapsed with a luxurious abandonment, grand enough in its way, into the fleshy grotesque; she jumped down, but not before Jacob had seen her.

"Damn these women—damn these women!" he thought. And he went to fetch his book which he had left lying on the ground in the Parthenon.

"How they spoil things," he murmured, leaning against one of the pillars, pressing his book tight between his arm and his side. (As for the weather, no doubt the storm would break soon; Athens was under cloud.)

"It is those damned women," said Jacob, without any trace of bitterness, but rather with sadness and disappointment that what might have been should never be.

(This violent disillusionment is generally to be expected in young men in the prime of life, sound of wind and limb, who will soon become fathers of families and directors of banks.)

Then, making sure that the Frenchwomen had gone, and looking cautiously round him, Jacob strolled over to the Erechtheum and looked rather furtively at the goddess on the left-hand side holding the roof on her head. She reminded him of Sandra Wentworth Williams. He looked at her, then looked away. He looked at her, then looked away. He was extraordinarily moved, and with the battered Greek nose in his head, with Sandra in his head, with all sorts of things in his head, off he started to walk right up to the top of Mount Hymettus, alone, in the heat.

That very afternoon Bonamy went expressly to talk about Ja-

cendió de un salto, a pesar de su edad, su figura, y sus botas apretadas... habiéndose, ahora que su hija estaba casada, abandonado voluptuosamente, y a su modo, bastante grandioso, a la grotesca carne; ella descendió de un salto, pero no antes que Jacob la viera.

«Malditas sean estas mujeres... malditas sean estas mujeres», pensó él. Y se fue a buscar su libro, que había dejado apoyado sobre el suelo del Partenón.

—Cómo arruinan todo —murmuró él, apoyándose sobre una de las columnas, presionando su libro fuertemente entre el brazo y el costado. (En cuanto al tiempo, no hay duda que la tormenta se iba a desatar pronto; Atenas se encontraba debajo de una nube).

—Es por culpa de estas malditas mujeres —dijo Jacob, sin ninguna traza de amargura, más bien con tristeza y desilusión por lo que hubiera podido ser, y nunca lo fue.

(Esta violenta desilusión puede esperarse generalmente en jóvenes en la flor de la vida, fuertes y sanos, que van a convertirse pronto en padres de familia y directores de banco).

Luego, habiéndose asegurado que las mujeres francesas se habían ido, y mirando cuidadosamente a su alrededor, Jacob se paseó sobre el Erecteón y miró furtivamente a la diosa a su mano izquierda, sosteniendo el techo sobre su cabeza. Le recordaba a Sandra Wentworth Williams. La miró, y luego apartó la vista. La miró, y luego apartó la vista. Él estaba extraordinariamente emocionado, y con la nariz griega estropeada sobre su cabeza, con Sandra en su cabeza, toda suerte de cosas en su cabeza, comenzó a caminar cuesta arriba, hacia la cima del monte Himeto, solo, en medio del calor.

Esa misma tarde Bonamy fue —expresamente a hablar acer-

cob to tea with Clara Durrant in the square behind Sloane Street where, on hot spring days, there are striped blinds over the front windows, single horses pawing the macadam outside the doors, and elderly gentlemen in yellow waistcoats ringing bells and stepping in very politely when the maid demurely replies that Mrs. Durrant is at home.

Bonamy sat with Clara in the sunny front room with the barrel organ piping sweetly outside; the water-cart going slowly along spraying the pavement; the carriages jingling, and all the silver and chintz, brown and blue rugs and vases filled with green boughs, striped with trembling yellow bars.

The insipidity of what was said needs no illustration—Bonamy kept on gently returning quiet answers and accumulating amazement at an existence squeezed and emasculated within a white satin shoe (Mrs. Durrant meanwhile enunciating strident politics with Sir Somebody in the back room) until the virginity of Clara's soul appeared to him candid; the depths unknown; and he would have brought out Jacob's name had he not begun to feel positively certain that Clara loved him—and could do nothing whatever.

"Nothing whatever!" he exclaimed, as the door shut, and, for a man of his temperament, got a very queer feeling, as he walked through the park, of carriages irresistibly driven; of flower beds uncompromisingly geometrical; of force rushing round geometrical patterns in the most senseless way in the world. "Was Clara," he thought, pausing to watch the boys bathing in the Serpentine, "the silent woman?—would Jacob marry her?"

ca de Jacob— a tomar el té con Clara Durrant en la plaza detrás de Sloane Street donde, en los calurosos días de primavera, hay persianas a rayas sobre las ventanas delanteras, caballos aislados piafando el macadán delante de las puertas, y caballeros ancianos en chalecos amarillos haciendo sonar las campanas y entrando muy educadamente cuando la criada replica, bajando la vista, que Mrs Durrant está disponible.

Bonamy se sentó con Clara en el soleado cuarto delantero, con el organillo tocando dulcemente fuera; el carro del agua avanzando suavemente, rociando el pavimento; los carros tintineando, y con toda la plata y la cretona, mantas marrones y azules y jarrones llenos con ramas verdes, rayados con temblantes barras amarillas.

La insipidez de lo que fue dijo no necesita ilustración... Bonamy se mantuvo gentil, dando respuestas silenciosas y acumulando admiración a una existencia estrujada y emasculada en un zapato de satén blanco (Mrs Durrant, mientras, sostenía una estridente discusión sobre política con Sir Fulano en el cuarto trasero) hasta que la virginidad del alma de Clara se le presentó, cándida; las profundidades, desconocidas; y él hubiera deslizado el nombre de Jacob si no hubiera sentido como indudablemente cierto que Clara lo amaba... y no había nada que pudiera hacerse al respecto.

—¡Absolutamente nada! —exclamó él, mientras la puerta se cerraba, y, para un hombre de su temperamento, experimentando un sentimiento muy extraño, mientras cruzaba el parque, de carros manejados irresistiblemente; de canteros de flores inflexiblemente geométricos; de fuerza corriendo alrededor de los patrones geométricos en la más insensata de las maneras en el mundo. «¿Era Clara...», pensó, haciendo una pausa para mirar los muchachos bañándose en el Serpentine, «la mujer silenciosa?... ¿se casaría Jacob con ella?».

But in Athens in the sunshine, in Athens, where it is almost impossible to get afternoon tea, and elderly gentlemen who talk politics talk them all the other way round, in Athens sat Sandra Wentworth Williams, veiled, in white, her legs stretched in front of her, one elbow on the arm of the bamboo chair, blue clouds wavering and drifting from her cigarette.

The orange trees which flourish in the Square of the Constitution, the band, the dragging of feet, the sky, the houses, lemon and rose coloured—all this became so significant to Mrs. Wentworth Williams after her second cup of coffee that she began dramatizing the story of the noble and impulsive Englishwoman who had offered a seat in her carriage to the old American lady at Mycenae (Mrs. Duggan)—not altogether a false story, though it said nothing of Evan, standing first on one foot, then on the other, waiting for the women to stop chattering.

"I am putting the life of Father Damien into verse," Mrs. Duggan had said, for she had lost everything—everything in the world, husband and child and everything, but faith remained.

Sandra, floating from the particular to the universal, lay back in a trance.

The flight of time which hurries us so tragically along; the eternal drudge and drone, now bursting into fiery flame like those brief balls of yellow among green leaves (she was looking at orange trees); kisses on lips that are to die; the world turning, turning in mazes of heat and sound—though to be sure there is the quiet evening with its lovely pallor, "For I am sensitive to every side of it," Sandra thought, "and Mrs. Duggan will write to me for ever, and I shall answer her letters." Now the royal band marching by with the national flag stirred wider rings of emotion, and

Pero en Atenas, bajo la luz del sol, en Atenas, donde es casi imposible conseguir un té de media tarde, y los ancianos caballeros que hablan de política entienden todo al revés, en Atenas se sentaba Sandra Wentworth Williams, velada, de blanco, con las piernas extendidas frente a ella, un codo sobre el brazo de la silla de bambú; nubes azules ondeando y yéndose a la deriva salían de su cigarrillo.

Los naranjos que florecen en la Plaza de la Constitución, la banda, los pies arrastrados, el cielo, las casas, coloreados de limón y rosa... todo esto se hizo tan significativo para Mrs Wentworth Williams después de su segunda taza de café que ella empezó a representarse la historia de la noble e impulsiva señora inglesa que ofreció un asiento en su carruaje a la vieja señora americana en Micenas (Mrs Duggan)... para nada una historia inventada, aun si no nombraba a Evan, parado en un pie, luego en el otro, esperando que las mujeres terminaran de charlar.

—Estoy poniendo la vida del Padre Damián en verso —dijo Mrs Duggan, porque había perdido todo... todo en el mundo, marido e hijo y todo, pero la fe permanecía.

Sandra, oscilando del particular al universal, se reclinó en estado de trance.

El tiempo que vuela, y que nos apresura tan trágicamente; el eterno afán y zumbido, ahora estallando en una llamarada furiosa como esas pequeñas pelotas amarillas entre las hojas verdes (ella miraba los naranjos); besos sobre labios que van a morir; el mundo girando, girando en laberintos de calor y sonido... aunque de seguro está la tarde silenciosa con su encantadora palidez, «porque yo soy sensible a cada aspecto», pensó Sandra, «y Mrs Duggan me escribirá siempre, y yo responderé sus cartas». Ahora la banda real que pasa marchando con la bandera nacional desata

life became something that the courageous mount and ride out to sea on—the hair blown back (so she envisaged it, and the breeze stirred slightly among the orange trees) and she herself was emerging from silver spray—when she saw Jacob. He was standing in the Square with a book under his arm looking vacantly about him. That he was heavily built and might become stout in time was a fact.

But she suspected him of being a mere bumpkin.

"There is that young man," she said, peevishly, throwing away her cigarette, "that Mr. Flanders."

"Where?" said Evan. "I don't see him."

"Oh, walking away—behind the trees now. No, you can't see him. But we are sure to run into him," which, of course, they did.

But how far was he a mere bumpkin? How far was Jacob Flanders at the age of twenty-six a stupid fellow? It is no use trying to sum people up. One must follow hints, not exactly what is said, nor yet entirely what is done. Some, it is true, take ineffaceable impressions of character at once. Others dally, loiter, and get blown this way and that. Kind old ladies assure us that cats are often the best judges of character. A cat will always go to a good man, they say; but then, Mrs. Whitehorn, Jacob's landlady, loathed cats.

There is also the highly respectable opinion that character-mongering is much overdone nowadays. After all, what does it matter—that Fanny Elmer was all sentiment and sensation, and

ondas de emoción aun más profundas, y la vida se convertía en la montura sobre la que cabalgan los bravos y corren hacia el mar... los cabellos tirados hacia atrás (así lo visualizaba ella, y la brisa apenas se agitaba entre los naranjos) y ella misma emergía de la espuma plateada... cuando vio a Jacob. Él estaba parado en la plaza, con un libro bajo el brazo, paseando la mirada a su alrededor con un aire ausente. Que tenía una contextura fuerte y se haría corpulento con el tiempo era un hecho.

Pero ella sospechó que no fuera más que un pueblerino.

—Allí está ese joven —dijo ella, malhumorada, tirando el cigarrillo—, ese Mr Flanders.

—¿Dónde? —dijo Evan—. No lo veo.

—Oh, alejándose... detrás de los árboles ahora. No, no puedes verlo. Pero seguro que nos tropezamos con él —lo cual, por supuesto, sucedió.

¿Pero hasta qué punto era él un simple pueblerino? ¿Hasta qué punto era Jacob Flanders, a sus veintiséis años, estúpido? No tiene sentido tratar de resumir la gente. Uno tiene que seguir pistas, no exactamente lo que se dice, ni tampoco enteramente lo que se hace. Algunos, es cierto, toman inmediatamente imágenes inalterables del carácter. Otros toman su tiempo, merodean y son llevados por este camino o el otro. Las viejas damas nos aseguran que los gatos son seguido los mejores jueces del carácter. Un gato siempre se acercará a un buen hombre, dicen; sin embargo Mrs Whitehorn, la locadora de Jacob, detestaba los gatos.

También existe la altamente respetable opinión según la cual evaluar el carácter es en nuestros días un ejercicio exagerado. Después de todo, ¿qué importa... que Fanny Elmer sea todo sen-

Mrs. Durrant hard as iron? that Clara, owing (so the character-mongers said) largely to her mother's influence, never yet had the chance to do anything off her own bat, and only to very observant eyes displayed deeps of feeling which were positively alarming; and would certainly throw herself away upon some one unworthy of her one of these days unless, so the character-mongers said, she had a spark of her mother's spirit in her—was somehow heroic. But what a term to apply to Clara Durrant! Simple to a degree, others thought her. And that is the very reason, so they said, why she attracts Dick Bonamy—the young man with the Wellington nose. Now HE'S a dark horse if you like. And there these gossips would suddenly pause. Obviously they meant to hint at his peculiar disposition—long rumoured among them.

"But sometimes it is precisely a woman like Clara that men of that temperament need..." Miss Julia Eliot would hint.

"Well," Mr. Bowley would reply, "it may be so."

For however long these gossips sit, and however they stuff out their victims' characters till they are swollen and tender as the livers of geese exposed to a hot fire, they never come to a decision.

"That young man, Jacob Flanders," they would say, "so distinguished looking—and yet so awkward." Then they would apply themselves to Jacob and vacillate eternally between the two extremes. He rode to hounds— after a fashion, for he hadn't a penny.

"Did you ever hear who his father was?" asked Julia Eliot.

timiento y sensación y Mrs Durrant sea dura como el hierro?, que Clara, debido (así dicen los que evalúan el carácter) a la gran influencia de su madre, no ha tenido aún la oportunidad de hacer algo por su propia voluntad, y solo para los ojos muy observadores exponía una profundidad de sentimiento que era verdaderamente alarmante; y se entregaría seguramente a alguien que no la merecía uno de estos días a menos que, así dicen los que evalúan el carácter, tuviera una chispa del espíritu de su madre en ella... algo, de alguna manera, heroico. ¡Pero qué término para aplicar a Clara Durrant! Simple en cierto grado, piensan otros de ella. Y esta es la razón misma por la que, así dicen, atrae a Dick Bonamy... ese joven con nariz *à la* Wellington. Ahora *él es* una incógnita, si uno así lo quiere. Y en ese momento estos cotilleos se detendrán súbitamente. Obviamente ellos hacían alusión a su inclinación particular... que hace mucho se rumoreaba entre ellos.

—Pero a veces es precisamente una mujer como Clara lo que necesitan los hombres de temperamento... —dejaría entender Miss Julia Eliot.

—Bueno —respondería Mr Bowley—, eso puede ser.

Por más largos que sean estos cotilleos, y como sea que ellos atiborren los caracteres hasta que se hinchen y se enternezcan como hígados de gansos expuestos a fuego alto, nunca llegan a una conclusión.

—Ese joven, Jacob Flanders —dirán ellos—, que luce tan distinguido... y al mismo tiempo tan extraño. —... Y entonces se ocuparán de Jacob y oscilarán eternamente entre los dos extremos. Andaba de caza... hasta cierto punto, porque no tenía un centavo.

—¿Alguno vez supo quién era su padre? —preguntó Julia Eliot.

"His mother, they say, is somehow connected with the Rocksbiers," replied Mr. Bowley.

"He doesn't overwork himself anyhow."

"His friends are very fond of him."

"Dick Bonamy, you mean?"

"No, I didn't mean that. It's evidently the other way with Jacob. He is precisely the young man to fall headlong in love and repent it for the rest of his life."

"Oh, Mr. Bowley," said Mrs. Durrant, sweeping down upon them in her imperious manner, "you remember Mrs. Adams? Well, that is her niece." And Mr. Bowley, getting up, bowed politely and fetched strawberries.

So we are driven back to see what the other side means—the men in clubs and Cabinets—when they say that character-drawing is a frivolous fireside art, a matter of pins and needles, exquisite outlines enclosing vacancy, flourishes, and mere scrawls.

The battleships ray out over the North Sea, keeping their stations accurately apart. At a given signal all the guns are trained on a target which (the master gunner counts the seconds, watch in hand—at the sixth he looks up) flames into splinters. With equal nonchalance a dozen young men in the prime of life descend with composed faces into the depths of the sea; and there impassively (though with perfect mastery of machinery) suffocate uncomplainingly together. Like blocks of tin soldiers the army covers the cornfield, moves up the hillside, stops, reels slightly this way and that, and falls flat, save that, through field glasses, it can be seen

—Su madre, dicen, está conectada de alguna manera con los Rocksbier —contestó Mr Bowley.

—En todo caso no se fatiga mucho trabajando.

—Sus amigos lo quieren mucho.

—¿Dick Bonamy, quiere decir?

—No, no me refería a él. Evidentemente es todo lo contrario en lo que respecta a Jacob. Él es precisamente el joven del cual uno se enamora perdidamente y se arrepiente luego toda la vida.

—¡Oh, Mr Bowley! —dijo Mrs Durrant, interrumpiéndolo con sus maneras imperiosas— ¿recuerda a Mrs Adams? Bueno, esta es su sobrina. —Y Mr Bowley, irguiéndose, se inclinó educadamente y recogió unas fresas.

Y así uno se encuentra conducido a considerar lo que el otro lado quiere implicar... los hombres en los clubes y los gabinetes... cuando dicen que trazar un carácter es un frívolo arte de salón, una cuestión de agujas y alfileres, contornos exquisitos encerrando un vacío, florituras, y meros garabatos.

Los barcos de batalla se desplegan en el Mar del Norte, manteniendo sus posiciones perfectamente alineadas. A una señal dada todas las armas son apuntadas a un blanco que (el maestro artillero cuenta los segundos, con el reloj en la mano, cuando llega a seis alza la vista) arde y vuela en pedazos. Con el mismo descuido una docena de jóvenes en el esplendor de la vida descienden con rostros calmos en las profundidades del océano; y allí, impasibles (aunque con perfecta maestría para la maquinaria) se sofocan juntos sin una queja. Como con bloques de soldados de plomo de infantería, cubre la armada los campos de trigo, avanza

that one or two pieces still agitate up and down like fragments of broken match-stick.

These actions, together with the incessant commerce of banks, laboratories, chancellories, and houses of business, are the strokes which oar the world forward, they say. And they are dealt by men as smoothly sculptured as the impassive policeman at Ludgate Circus. But you will observe that far from being padded to rotundity his face is stiff from force of will, and lean from the efforts of keeping it so. When his right arm rises, all the force in his veins flows straight from shoulder to finger-tips; not an ounce is diverted into sudden impulses, sentimental regrets, wire-drawn distinctions. The buses punctually stop.

It is thus that we live, they say, driven by an unseizable force. They say that the novelists never catch it; that it goes hurtling through their nets and leaves them torn to ribbons. This, they say, is what we live by—this unseizable force.

"Where are the men?" said old General Gibbons, looking round the drawing-room, full as usual on Sunday afternoons of well-dressed people. "Where are the guns?"

Mrs. Durrant looked too.

Clara, thinking that her mother wanted her, came in; then went out again.

They were talking about Germany at the Durrants, and Jacob (driven by this unseizable force) walked rapidly down Hermes

por el flanco de la colina, se detiene, carretea un poco por este o aquel lado, y se tira a tierra, salvo que, con los binoculares, puedan ver que una o dos piezas se agitan hacia arriba y hacia abajo como fragmentos de palillos de fósforos quebrados.

Estas acciones, junto con el comercio incesante de bancos, laboratorios, cancillerías, y casas de negocios, son los golpes de remo que hacen avanzar al mundo, dicen. Y son dados por hombres esculpidos tan suavemente como los policías en Ludgate Circus. Pero uno observa que lejos de tener un rostro redondo, este es rígido a causa de la fuerza de voluntad, y delgado a causa de los esfuerzos para mantenerse así. Cuando su brazo derecho se levanta, toda la fuerza en sus venas fluye directamente desde el hombro hasta la punta de los dedos; ni una onza se desvía en impulsos súbitos, lamentos sentimentales, distinciones sutiles. Los ómnibus se detienen puntualmente.

Es así que vivimos, dicen, conducidos por una fuerza inaprehensible. Ellos dicen que los novelistas no la capturan jamás; va avanzando, pasa por sus tramas y las convierte en andrajos. Esto, dicen, es por lo que vivimos... esta fuerza inaprehensible.

—¿Dónde están los hombres? —dijo el viejo General Gibbons, mirando alrededor del salón, lleno como de costumbre, los domingos por la tarde, de gente bien vestida—. ¿Dónde están los cañones?

Mrs Durrant miró también.

Clara, pensando que su madre la llamaba, se acercó; luego partió nuevamente.

Estaban hablando sobre Alemania en casa de los Durrant, y Jacob (conducido por la fuerza inaprehensible) caminaba rápida-

Street and ran straight into the Williamses.

"Oh!" cried Sandra, with a cordiality which she suddenly felt. And Evan added, "What luck!"

The dinner which they gave him in the hotel which looks on to the Square of the Constitution was excellent. Plated baskets contained fresh rolls. There was real butter. And the meat scarcely needed the disguise of innumerable little red and green vegetables glazed in sauce.

It was strange, though. There were the little tables set out at intervals on the scarlet floor with the Greek King's monogram wrought in yellow. Sandra dined in her hat, veiled as usual. Evan looked this way and that over his shoulder; imperturbable yet supple; and sometimes sighed. It was strange. For they were English people come together in Athens on a May evening. Jacob, helping himself to this and that, answered intelligently, yet with a ring in his voice.

The Williamses were going to Constantinople early next morning, they said.

"Before you are up," said Sandra.

They would leave Jacob alone, then. Turning very slightly, Evan ordered something—a bottle of wine—from which he helped Jacob, with a kind of solicitude, with a kind of paternal solicitude, if that were possible. To be left alone—that was good for a young fellow. Never was there a time when the country had more need of men. He sighed.

"And you have been to the Acropolis?" asked Sandra.

mente por la calle Hermes cuando se topó directamente con los Williams.

—¡Oh! —exclamó Sandra, con una cordialidad que sintió repentinamente. Y Evan agregó—: ¡Qué suerte!

La cena que le invitaron en el hotel que da a la Plaza de la Constitución fue excelente. Canastillas de metal plateado conteniendo panes recién horneados. La mantequilla era auténtica. Y la carne apenas si necesitaba el disfraz de innumerables vegetales rojos y verdes glaseados en la salsa.

Sin embargo era extraño. Había pequeñas mesas dispuestas a intervalos sobre el suelo escarlata con el monograma del rey griego labrado en amarillo. Sandra cenó con sombrero, y velada, como de costumbre. Evan miraba hacia este y aquel lado por encima del hombro; imperturbable pero complaciente; y a veces suspiraba. Era extraño. Porque eran ingleses reunidos en Atenas una noche de mayo. Jacob, sirviéndose esto y aquello, respondía inteligentemente, pero con una inflexión en la voz.

Los Williams partían para Constantinopla a la mañana siguiente, dijeron.

—Antes que usted se levante —dijo Sandra.

Dejarían solo a Jacob, entonces. Apenas tornándose, Evan ordenó algo... una botella de vino... de la que sirvió a Jacob, con una suerte de solicitud, una suerte de solicitud paternal, si tal cosa es posible. Ser dejado solo... eso era bueno para un joven. Nunca hubo un tiempo en el que país necesitara más de sus hombres. Suspiró.

—¿Ha estado en la Acrópolis? —preguntó Sandra.

"Yes," said Jacob. And they moved off to the window together, while Evan spoke to the head waiter about calling them early.

"It is astonishing," said Jacob, in a gruff voice.

Sandra opened her eyes very slightly. Possibly her nostrils expanded a little too.

"At half-past six then," said Evan, coming towards them, looking as if he faced something in facing his wife and Jacob standing with their backs to the window.

Sandra smiled at him.

And, as he went to the window and had nothing to say she added, in broken half-sentences:

"Well, but how lovely—wouldn't it be? The Acropolis, Evan—or are you too tired?"

At that Evan looked at them, or, since Jacob was staring ahead of him, at his wife, surlily, sullenly, yet with a kind of distress—not that she would pity him. Nor would the implacable spirit of love, for anything he could do, cease its tortures.

They left him and he sat in the smoking-room, which looks out on to the Square of the Constitution.

"Evan is happier alone," said Sandra. "We have been separated from the newspapers. Well, it is better that people should have what they want.... You have seen all these wonderful things since we met.... What impression ... I think that you are changed."

—Sí —dijo Jacob. Y fueron hacia la ventana juntos, mientras Evan hablaba con el jefe de comedor, pidiéndole que lo despierten temprano.

—Es sorprendente —dijo Jacob con vos ronca.

Sandra abrió ligeramente los ojos. Tal vez sus narinas se expandieron un poco también.

—A las seis y media —dijo Evan, viniendo hacia ellos, parecía que se enfrentaba a algo al encarar a su esposa y a Jacob, parados, con sus espaldas dando a la ventana.

Sandra le sonrió.

Y, mientras él iba hacia la ventana y no tenía nada para decir ella añadió, en oraciones entrecortadas:

—Pero, qué encantador sería... ¿no es cierto? La Acrópolis, Evan... ¿o estás muy cansado?

En ese momento Evan los miró, o, dado que Jacob ya estaba mirando fijamente, miró a su mujer, hosco, con resentimiento, y sin embargo con una cierta angustia... no que ella fuera a apiadarse de él. Ni tampoco el implacable espíritu del amor, no importa lo qué el pudiera hacer, abandonaría sus torturas.

Lo dejaron y él se sentó en el salón de fumadores, que mira hacia la Plaza de la Constitución.

—Evan es más feliz cuando está solo —dijo Sandra—. Nos han dejado sin periódicos. Bueno, es mejor que la gente tenga lo que desea... Usted ha visto todas estas cosas desde que nos encontramos... Qué impresión... Creo que usted ha cambiado.

"You want to go to the Acropolis," said Jacob. "Up here then."

"One will remember it all one's life," said Sandra.

"Yes," said Jacob. "I wish you could have come in the day-time."

"This is more wonderful," said Sandra, waving her hand.

Jacob looked vaguely.

"But you should see the Parthenon in the day-time," he said. "You couldn't come to-morrow—it would be too early?"

"You have sat there for hours and hours by yourself?"

"There were some awful women this morning," said Jacob.

"Awful women?" Sandra echoed.

"Frenchwomen."

"But something very wonderful has happened," said Sandra. Ten minutes, fifteen minutes, half an hour—that was all the time before her.

"Yes," he said.

"When one is your age—when one is young. What will you do? You will fall in love—oh yes! But don't be in too great a hurry. I am so much older."

She was brushed off the pavement by parading men.

—Usted quiere ir a la Acrópolis —dijo Jacob—. Por aquí arriba, entonces.

—Uno recordará esto toda la vida —dijo Sandra.

—Sí —dijo Jacob—. Desearía que usted hubiera podido venir durante el día.

—Esto es más maravilloso —dijo Sandra, agitando su mano.

Jacob la miró de manera imprecisa.

—Pero usted debería ver el Partenón durante el día —dijo él—. ¿No puede venir mañana... sería demasiado temprano?

—¿Usted ha estado sentado ahí solo por horas y horas?

—Había algunas mujeres horribles esta mañana —dijo Jacob.

—¿Mujeres horribles? —repitió Sandra.

—Francesas.

—Pero algo más maravilloso ha sucedido —dijo Sandra. Diez minutos, quince minutos, media hora... ese era todo el tiempo que ella tenía por delante.

—Sí —dijo él.

—Cuando uno tiene su edad... cuando uno es joven. ¿Que hará usted? Se enamorará... ¡oh sí! Pero no se apresure demasiado. Soy mucho más vieja.

Ella fue apartada de la acera por unos hombres en formación.

"Shall we go on?" Jacob asked.

"Let us go on," she insisted.

For she could not stop until she had told him—or heard him say—or was it some action on his part that she required? Far away on the horizon she discerned it and could not rest.

"You'd never get English people to sit out like this," he said.

"Never—no. When you get back to England you won't forget this—or come with us to Constantinople!" she cried suddenly.

"But then..."

Sandra sighed.

"You must go to Delphi, of course," she said. "But," she asked herself, "what do I want from him? Perhaps it is something that I have missed...."

"You will get there about six in the evening," she said. "You will see the eagles."

Jacob looked set and even desperate by the light at the street corner and yet composed. He was suffering, perhaps. He was credulous. Yet there was something caustic about him. He had in him the seeds of extreme disillusionment, which would come to him from women in middle life. Perhaps if one strove hard enough to reach the top of the hill it need not come to him—this disillusionment from women in middle life.

—¿Continuamos? —preguntó Jacob.

—Continuemos —insistió ella.

Porque ella no podía parar hasta que le hubiera dicho... u oído decir... o ¿era alguna acción de su parte lo que ella requería? Lejos en el horizonte lo discernió y no pudo estar tranquila.

—Uno no logrará nunca que los ingleses se sienten al aire libre como lo hacen aquí —dijo él.

—Nunca... no. Cuando usted haya regresado a Inglaterra no podrá olvidar esto... ¡o venga con nosotros a Constantinopla! —gritó súbitamente.

—Pero entonces...

Sandra suspiró.

—Usted tiene que ir a Delfos, por supuesto —dijo ella. «Pero», se preguntó a sí misma, «¿qué quiero de él? Tal vez hay algo que he pasado por alto...».

—Usted llegará allá a eso de las seis de la tarde —dijo ella—. Verá las ágilas.

Jacob parecía determinado o incluso desesperado bajo la luz en la esquina de la calle, y sin embargo calmo. Estaba sufriendo, tal vez. Era crédulo. Sin embargo había algo cáustico en él. Tenía en él la semilla de la desilusión extrema, que vendría a él por mujeres de mediana edad. Tal vez si uno se esforzaba lo suficiente como para llegar a la cima de la colina se libraría de ella... esta desilusión venida por las mujeres de mediana edad.

"The hotel is awful," she said. "The last visitors had left their basins full of dirty water. There is always that," she laughed.

"The people one meets ARE beastly," Jacob said.

His excitement was clear enough.

"Write and tell me about it," she said. "And tell me what you feel and what you think. Tell me everything."

The night was dark. The Acropolis was a jagged mound.

"I should like to, awfully," he said.

"When we get back to London, we shall meet..."

"Yes."

"I suppose they leave the gates open?" he asked.

"We could climb them!" she answered wildly.

Obscuring the moon and altogether darkening the Acropolis the clouds passed from east to west. The clouds solidified; the vapours thickened; the trailing veils stayed and accumulated.

It was dark now over Athens, except for gauzy red streaks where the streets ran; and the front of the Palace was cadaverous from electric light. At sea the piers stood out, marked by separate dots; the waves being invisible, and promontories and islands were dark humps with a few lights.

"I'd love to bring my brother, if I may," Jacob murmured.

—El hotel es horrible —dijo ella—. Los huéspedes anteriores dejaron los lavabos llenos de agua sucia. Es siempre así —rio ella.

—La gente que uno conoce *es* bestial —dijo Jacob.

Su excitación quedaba lo suficientemente clara.

—Escríbame y cuénteme sobre ello —dijo ella—. Y cuénteme lo que siente y lo que piensa. Cuénteme todo.

Era una noche oscura. La Acrópolis era una loma dentada.

—Eso quisiera, eso quisiera enormemente —dijo él.

—Cuando estemos de vuelta en Londres, tenemos que vernos…

—Sí.

—¿Supongo que dejan los pórticos abiertos? —preguntó él.

—¡Podemos treparlos! —contestó ella, salvajemente.

Oscureciendo la luna y ensombreciendo toda la Acrópolis las nubes pasaron del este al oeste. Las nubes se solidificaron; los vapores se espesaron; los velos que vagaban se detuvieron y se acumularon.

Ahora era de noche en Atenas, excepto por las vetas de un rojo vaporoso donde corren las calles; y el frente del palacio, cadavérico con la luz eléctrica. En el mar, los muelles se destacaban, marcados por puntos separados; las olas eran invisibles, y los promontorios y las islas eran gibas oscuras con unas pocas luces.

—Me gustaría mucho ir con mi hermano, si es posible —mur-

"And then when your mother comes to London—," said Sandra.

The mainland of Greece was dark; and somewhere off Euboea a cloud must have touched the waves and spattered them—the dolphins circling deeper and deeper into the sea. Violent was the wind now rushing down the Sea of Marmara between Greece and the plains of Troy.

In Greece and the uplands of Albania and Turkey, the wind scours the sand and the dust, and sows itself thick with dry particles. And then it pelts the smooth domes of the mosques, and makes the cypresses, standing stiff by the turbaned tombstones of Mohammedans, creak and bristle.

Sandra's veils were swirled about her.

"I will give you my copy," said Jacob. "Here. Will you keep it?"

(The book was the poems of Donne.)

Now the agitation of the air uncovered a racing star. Now it was dark. Now one after another lights were extinguished. Now great towns—Paris— Constantinople—London—were black as strewn rocks. Waterways might be distinguished. In England the trees were heavy in leaf. Here perhaps in some southern wood an old man lit dry ferns and the birds were startled. The sheep coughed; one flower bent slightly towards another. The English sky is softer, milkier than the Eastern. Something gentle has passed into it from the grass-rounded hills, something damp. The salt gale blew in at Betty Flanders's bedroom window, and the widow lady, raising herself slightly on her elbow, sighed like one who realizes, but

muró Jacob.

—Y cuando su madre venga a Londres... —dijo Sandra.

Del lado del continente Grecia estaba oscura; y en alguna parte cerca de Eubea una nube debe haber tocado las olas y haberlas salpicado... los delfines hacían círculos más y más profundos en el mar. Violento era el viento, ahora con ráfagas por el mar de Mármara, entre Grecia y las planicies de Troya.

En Grecia y en las tierras altas de Albania y Turquía, el viento frega la arena y el polvo, y se carga a sí mismo, espeso de partículas secas. Y entonces acribilla las suaves cúpulas de las mezquitas, y hace que los cipreses, sosteniéndose rígidos al lado de los turbantes de las lápidas mahometanas, crujan y se ericen.

Los velos de Sandra se enrollaban en torno a ella.

—Le daré mi ejemplar —dijo Jacob—. Aquí está. ¿Lo guardará usted?

(El libro eran los poemas de Donne).

Ora la agitación en el aire descubre una estrella fugaz. Ora estaba oscuro. Ora las luces se extinguían una tras otra. Ora las grandes ciudades... París... Constantinopla... Londres... estaban negras como rocas esparcidas. Se podía distinguir los canales. En Inglaterra los árboles estaban pesados de hojas. Aquí también, en algún bosque meridional un viejo hombre encendió helechos secos y los pájaros estaban sobresaltados. Las ovejas tosían; una flor se encorbaba ligeramente hacia otra. El cielo inglés es más suave, más lechoso que los orientales. Algo amable le ha sido traspasado por las colinas redondeadas de hierba, algo húmedo. El temporal cargado de sal soplaba en la ventana del dormitorio

would fain ward off a little longer—oh, a little longer!—the oppression of eternity.

But to return to Jacob and Sandra.

They had vanished. There was the Acropolis; but had they reached it? The columns and the Temple remain; the emotion of the living breaks fresh on them year after year; and of that what remains?

As for reaching the Acropolis who shall say that we ever do it, or that when Jacob woke next morning he found anything hard and durable to keep for ever? Still, he went with them to Constantinople.

Sandra Wentworth Williams certainly woke to find a copy of Donne's poems upon her dressing-table. And the book would be stood on the shelf in the English country house where Sally Duggan's Life of Father Damien in verse would join it one of these days. There were ten or twelve little volumes already. Strolling in at dusk, Sandra would open the books and her eyes would brighten (but not at the print), and subsiding into the arm-chair she would suck back again the soul of the moment; or, for sometimes she was restless, would pull out book after book and swing across the whole space of her life like an acrobat from bar to bar. She had had her moments. Meanwhile, the great clock on the landing ticked and Sandra would hear time accumulating, and ask herself, "What for? What for?"

"What for? What for?" Sandra would say, putting the book back, and strolling to the looking-glass and pressing her hair. And Miss

de Betty Flanders, y la señora viuda, levantándose ligeramente sobre su codo, suspiró como uno que se da cuenta, pero que quisiera mantenerse un poco más... ¡oh, un poco más!... la opresión de la eternidad.

Pero retornemos a Jacob y Sandra.

Han desaparecido. Allí estaba la Acrópolis; pero ¿la han alcanzado? Las columnas y el templo permanecen; la emoción de los vivientes se abre camino nuevamente año tras año; y de eso, ¿qué permanece?

En cuanto a alcanzar la Acrópolis, ¿quién puede decir si lo lograremos alguna vez, o si cuando Jacob se levantó a la mañana siguiente no encontró nada sólido y durable para guardar para siempre? Aún así, fue con ellos a Constantinopla.

Sandra Wentworth Williams, con certeza, se levantó para encontrar el ejemplar de los poemas de Donne sobre su tocador. Y el libro quedaría parado sobre el estante de la casa de campo inglesa donde la *Vida del Padre Damián* en verso de Sally Duggan lo acompañaría uno de estos días. Ya había diez o doce volúmenes. Paséandose al atardecer, Sandra abriría uno de los libros y sus ojos brillarían (pero no a causa de las palabras impresas), y dejándose caer en el sillón, volvería a aspirar el alma del momento; o, porque a veces estaba agitada, sacaría libro por libro y recorrería nuevamente el camino de su vida como un acróbata que se balancea de barra en barra. Ella había tenido sus momentos bellos. Entretanto, el gran reloj sobre el rellano hacía oír su tictac y Sandra habría escuchado el tiempo acumulándose, y preguntado: «¿Para qué? ¿Para qué?».

«¿Para qué? ¿Para qué?», diría Sandra, guardando el libro, y dirigiéndose lentamente hacia el espejo y alisando sus cabellos.

Edwards would be startled at dinner, as she opened her mouth to admit roast mutton, by Sandra's sudden solicitude: "Are you happy, Miss Edwards?"—a thing Cissy Edwards hadn't thought of for years.

"What for? What for?" Jacob never asked himself any such questions, to judge by the way he laced his boots; shaved himself; to judge by the depth of his sleep that night, with the wind fidgeting at the shutters, and half-a-dozen mosquitoes singing in his ears. He was young—a man. And then Sandra was right when she judged him to be credulous as yet. At forty it might be a different matter. Already he had marked the things he liked in Donne, and they were savage enough. However, you might place beside them passages of the purest poetry in Shakespeare.

But the wind was rolling the darkness through the streets of Athens, rolling it, one might suppose, with a sort of trampling energy of mood which forbids too close an analysis of the feelings of any single person, or inspection of features. All faces—Greek, Levantine, Turkish, English—would have looked much the same in that darkness. At length the columns and the Temples whiten, yellow, turn rose; and the Pyramids and St. Peter's arise, and at last sluggish St. Paul's looms up.

The Christians have the right to rouse most cities with their interpretation of the day's meaning. Then, less melodiously, dissenters of different sects issue a cantankerous emendation. The steamers, resounding like gigantic tuning-forks, state the old old fact—how there is a sea coldly, greenly, swaying outside. But nowadays it is the thin voice of duty, piping in a white thread from the top of a funnel, that collects the largest multitudes, and night is nothing but a long-drawn sigh between hammer-strokes, a deep

Y Miss Edwards estaría sobresaltada en la cena, mientras abría su boca para aceptar el cordero asado, por la súbita solicitud de Sandra: «¿Es usted feliz, Miss Edwards?», una cosa a la que Cissy Edwards no ha pensado por años.

«¿Para qué? ¿Para qué?», Jacob no se preguntaba nunca ese tipo de cuestiones, a juzgar por su manera de enlazar sus botas; afeitarse solo; a juzgar por lo profundo que fue su sueño esa noche, con el viento trepidando en las persianas, y media docena de mosquitos cantando en los oídos. Él era joven... un hombre. Y entonces Sandra estaba en lo cierto cuando lo calificó de crédulo aún. A los cuarenta podía ser diferente. Él ya había marcado las cosas que le gustaban en Donne, y ya eran lo suficientemente feroces. Sin embargo, uno podía poner al costado de estos pasajes la más pura poesía de Shakespeare.

Pero el viento hacía rodar la oscuridad por las calles de Atenas, lo hacía rodar, uno debe suponer, con una suerte de energía que atropellaba con un humor que prohíbe un análisis demasiado cercano de los sentimientos de ninguna persona, o un examen de sus rasgos. Todos los rostros... griegos, levantinos, turcos, ingleses... hubieran parecido bastante similares en la oscuridad. Al fin las columnas y los templos palidecen, se tornan amarillentos, rosáceos; y las pirámides y San Pedro se alzan, y por último, indolente, St Paul resurge.

Los cristianos tienen el derecho de despertar la mayoría de las ciudades con su interpretación del significado del día. Entonces, de manera menos melodiosa, los disidentes de diferentes sectas emiten una enmienda rabiosa. Los barcos a vapor, resonando como diapasones gigantes, afirman el viejo viejo hecho... cómo hay un mar oscilando fuera, frío y verde. Pero en estos días es la voz fina del deber, silbando y trazando un hilo blanco desde lo alto de una chimenea de fábrica, la que recolecta las más gran-

breath—you can hear it from an open window even in the heart of London.

But who, save the nerve-worn and sleepless, or thinkers standing with hands to the eyes on some crag above the multitude, see things thus in skeleton outline, bare of flesh? In Surbiton the skeleton is wrapped in flesh.

"The kettle never boils so well on a sunny morning," says Mrs. Grandage, glancing at the clock on the mantelpiece. Then the grey Persian cat stretches itself on the window-seat, and buffets a moth with soft round paws. And before breakfast is half over (they were late today), a baby is deposited in her lap, and she must guard the sugar basin while Tom Grandage reads the golfing article in the "Times," sips his coffee, wipes his moustaches, and is off to the office, where he is the greatest authority upon the foreign exchanges and marked for promotion. The skeleton is well wrapped in flesh. Even this dark night when the wind rolls the darkness through Lombard Street and Fetter Lane and Bedford Square it stirs (since it is summer-time and the height of the season), plane trees spangled with electric light, and curtains still preserving the room from the dawn. People still murmur over the last word said on the staircase, or strain, all through their dreams, for the voice of the alarum clock. So when the wind roams through a forest innumerable twigs stir; hives are brushed; insects sway on grass blades; the spider runs rapidly up a crease in the bark; and the whole air is tremulous with breathing; elastic with filaments.

des multitudes, y la noche no es sino un largo suspiro emitido entre golpes de martillo, una inspiración profunda... uno puede escucharla desde una ventana abierta incluso en el corazón de Londres.

¿Pero quién, salvo los neurasténicos y los insomnes, o los pensadores parados sobre un peñasco arriba de la multitud, con las manos cubriéndose los ojos, pueden ver las cosas así en su contorno esquelético, desnudo de carne? En Surbiton el esqueleto está envuelto de carne.

—La pava nunca hierve tan bien en una mañana soleada —dice Mrs Grandage, dando un vistazo al reloj sobre la repisa. Entonces el gato persa de color gris se estira en la banqueta frente a la ventana, y zarandea una mariposa nocturna con sus suaves y redondeadas zarpas. Y antes de haber llegado a la mitad del desayuno (estaban retrasados hoy), un bebé es depositado sobre su falda, y ella tiene que controlar la azucarera mientras Tom Grandage lee el artículo sobre golf en el *Times*, bebe a sorbos su café, limpia sus bigotes, y parte para la oficina, donde él es la mayor autoridad en comercio exterior y está recomendado para un ascenso. El esqueleto está bien envuelto en carne. Incluso esta noche oscura cuando el viento hace rodar la oscuridad por Lombard Street y Fetter Lane y Bedford Square y mueve (dado que es verano y el momento fuerte de la temporada) los plátanos tachonados con luces eléctricas, y las cortinas aún preservando el cuarto de la llegada del alba. La gente aún murmurando las últimas palabras dichas en la escalera, o tensionada, entre sus sueños, por la voz del reloj despertador. Así, cuando el viento vaga a través de una selva se mueven innumerables ramitas; las colmenas son rozadas; los insectos se balancean sobre briznas de hierba; la araña corre rápidamente por una ranura en la corteza; y el aire entero tremula de respiraciones; tejido de filamentos elásticos.

Only here—in Lombard Street and Fetter Lane and Bedford Square—each insect carries a globe of the world in his head, and the webs of the forest are schemes evolved for the smooth conduct of business; and honey is treasure of one sort and another; and the stir in the air is the indescribable agitation of life.

But colour returns; runs up the stalks of the grass; blows out into tulips and crocuses; solidly stripes the tree trunks; and fills the gauze of the air and the grasses and pools.

The Bank of England emerges; and the Monument with its bristling head of golden hair; the dray horses crossing London Bridge show grey and strawberry and iron-coloured. There is a whir of wings as the suburban trains rush into the terminus. And the light mounts over the faces of all the tall blind houses, slides through a chink and paints the lustrous bellying crimson curtains; the green wine-glasses; the coffee- cups; and the chairs standing askew.

Sunlight strikes in upon shaving-glasses; and gleaming brass cans; upon all the jolly trappings of the day; the bright, inquisitive, armoured, resplendent, summer's day, which has long since vanquished chaos; which has dried the melancholy mediaeval mists; drained the swamp and stood glass and stone upon it; and equipped our brains and bodies with such an armoury of weapons that merely to see the flash and thrust of limbs engaged in the conduct of daily life is better than the old pageant of armies drawn out in battle array upon the plain.

Solo aquí... en Lombard Street y Fetter Lane y Bedford Square... cada insecto acarrea un globo terrestre en su cabeza, y las redes de la selva son esquemas que evolucionaron para la buena marcha de los negocios; y la miel es un tesoro de esta u otra clase; y el movimiento en el aire es la agitación indescriptible de la vida.

Pero el color retorna; monta a lo largo de tallos de hierba; se despliega en tulipanes y azafranes de primavera; raya sólidamente los troncos de los árboles; e invade la gaza del aire y las hierbas y los estanques.

El Banco de Inglaterra emerge; así como el Monument con su cabeza erizada de cabello dorado; los caballos de carga cruzando London Bridge se colorean de gris, de fresa y de hierro. Hay un zumbido de alas mientras los trenes suburbanos se apresuran en la terminal. Y la luz monta sobre los rostros de todas las altas casas ciegas, se cuela a través de una rendija y pinta las lustrosas cortinas carmesí que se balancean; las verdes copas de vino; las tazas de café; y las sillas colocadas de través.

La luz del sol da sobre los espejos para afeitarse; y los tarros de latón flamantes; sobre toda la alegre parafernalia del día; el brillante, inquisitivo, acorazado, resplandeciente día de verano, que desde hace mucho ha vencido al caos; que ha secado las melancólicas brumas medievales; escurrido el pantano y colocado cristal y piedra sobre él; y equipado nuestros cerebros y cuerpos con un arsenal de armas que hace que la simple vista del destello y del ímpetu de los miembros dedicados a la conducción de la vida cotidiana sea mejor que el viejo desfile de armadas desplegadas en orden, sobre la planicie, para la batalla.

Chapter thirteen

"The Height of the season," said Bonamy.

The sun had already blistered the paint on the backs of the green chairs in Hyde Park; peeled the bark off the plane trees; and turned the earth to powder and to smooth yellow pebbles. Hyde Park was circled, incessantly, by turning wheels.

"The height of the season," said Bonamy sarcastically.

He was sarcastic because of Clara Durrant; because Jacob had come back from Greece very brown and lean, with his pockets full of Greek notes, which he pulled out when the chair man came for pence; because Jacob was silent.

"He has not said a word to show that he is glad to see me," thought Bonamy bitterly.

The motor cars passed incessantly over the bridge of the Serpentine; the upper classes walked upright, or bent themselves gracefully over the palings; the lower classes lay with their knees cocked up, flat on their backs; the sheep grazed on pointed wooden legs; small children ran down the sloping grass, stretched their arms, and fell.

"Very urbane," Jacob brought out.

"Urbane" on the lips of Jacob had mysteriously all the shapeliness of a character which Bonamy thought daily more sublime, devastating, terrific than ever, though he was still, and perhaps

Capítulo trece

—El momento fuerte de la temporada —dijo Bonamy.

El sol ya había agrietado la pintura en el respaldo de las sillas verdes de Hyde Park; pelado la corteza de los plátanos; y convertido la tierra en polvo y en suaves guijarros amarillentos. Hyde Park estaba circundado, incesantemente, por ruedas tornando.

—El momento fuerte de la temporada —dijo Bonamy sarcásticamente.

Él estaba siendo sarcástico a causa de Clara Durrant; a causa de Jacob que había vuelto de Grecia muy bronceado y delgado, con sus bolsillos llenos de billetes griegos, que sacó cuando el cochero vino a reclamar sus peniques; a causa de Jacob que estaba silencioso.

«No ha dicho una palabra mostrando que está contento de verme», pensó Bonamy amargamente.

Los automóviles pasaban incesantemente sobre el puente del Serpentine; la gente de clase alta caminaba erguida, o se combaba graciosamente sobre las empalizadas; la gente de clase popular estaba acostada, con las rodillas plegadas, la espalda plana; las ovejas pastaban sobre sus patas de madera puntiagudas; los niñitos descendían corriendo por la cuesta de hierba, abrían los brazos, y caían.

—Muy urbano —sentenció Jacob.

«Urbano», en los labios de Jacob, cobró misteriosamente toda la forma de un carácter que Bonamy consideraba diariamente más sublime, devastador, aterrador que nunca, aun si todavía era,

would be for ever, barbaric, obscure.

What superlatives! What adjectives! How acquit Bonamy of sentimentality of the grossest sort; of being tossed like a cork on the waves; of having no steady insight into character; of being unsupported by reason, and of drawing no comfort whatever from the works of the classics?

"The height of civilization," said Jacob.

He was fond of using Latin words.

Magnanimity, virtue—such words when Jacob used them in talk with Bonamy meant that he took control of the situation; that Bonamy would play round him like an affectionate spaniel; and that (as likely as not) they would end by rolling on the floor.

"And Greece?" said Bonamy. "The Parthenon and all that?"

"There's none of this European mysticism," said Jacob.

"It's the atmosphere. I suppose," said Bonamy. "And you went to Constantinople?"

"Yes," said Jacob.

Bonamy paused, moved a pebble; then darted in with the rapidity and certainty of a lizard's tongue.

"You are in love!" he exclaimed.

Jacob blushed.

y tal vez lo sería por siempre, primitivo, oscuro.

¡Qué superlativos! ¡Qué adjetivos! ¿Cómo absolver a Bonamy de la sentimentalidad más grosera; de dejarse llevar como un corcho sobre las aguas; de no tener una perspicacia equilibrada acerca del carácter; de no contar con el apoyo de la razón, y de no obtener ningún consuelo de las obras de los autores clásicos?

—El punto más fuerte de la civilización —dijo Jacob.

Le daba placer usar palabras latinas.

Magnanimidad, virtud... palabras similares, cuando Jacob las usaba en la conversación con Bonamy significaban que él controlaba la situación; que Bonamy jugaría en torno a él como un spaniel afectuoso; y que (tan probable como no) terminarían rodando por el suelo.

—¿Y Grecia? —dijo Bonamy—. ¿El Partenón y todo eso?

—No hay nada allí de este misticismo europeo —dijo Jacob.

—Es la atmósfera, supongo —dijo Bonamy—. ¿Y fuiste a Constantinopla?

—Sí —dijo Jacob.

Bonamy hizo una pausa, desplazó un guijarro; luego lanzó su flecha, con la rapidez y la certeza de la lengua de un lagarto.

—¡Estás enamorado! —exclamó él.

Jacob se ruborizó.

The sharpest of knives never cut so deep.

As for responding, or taking the least account of it, Jacob stared straight ahead of him, fixed, monolithic—oh, very beautiful!—like a British Admiral, exclaimed Bonamy in a rage, rising from his seat and walking off; waiting for some sound; none came; too proud to look back; walking quicker and quicker until he found himself gazing into motor cars and cursing women. Where was the pretty woman's face? Clara's— Fanny's—Florinda's? Who was the pretty little creature?

Not Clara Durrant.

The Aberdeen terrier must be exercised, and as Mr. Bowley was going that very moment—would like nothing better than a walk— they went together, Clara and kind little Bowley—Bowley who had rooms in the Albany, Bowley who wrote letters to the "Times" in a jocular vein about foreign hotels and the Aurora Borealis—Bowley who liked young people and walked down Piccadilly with his right arm resting on the boss of his back.

"Little demon!" cried Clara, and attached Troy to his chain.

Bowley anticipated—hoped for—a confidence. Devoted to her mother, Clara sometimes felt her a little, well, her mother was so sure of herself that she could not understand other people being— being—"as ludicrous as I am," Clara jerked out (the dog tugging her forwards). And Bowley thought she looked like a huntress and turned over in his mind which it should be—some pale virgin with a slip of the moon in her hair, which was a flight for Bowley.

El más filoso de los cuchillos nunca cortó tan profundo.

En cuanto a responder, o al menos hacerse cargo de alguna manera, Jacob miró directamente al frente, fijo, monolítico... ¡oh, tan hermoso!... como un almirante británico, exclamó Bonamy colérico, levantándose de su asiento y marchándose; esperando algún sonido; ninguno llegó; demasiado orgulloso como para mirar atrás; caminando más y más rápido hasta que se encontró mirando los automóviles y maldiciendo a las mujeres. ¿Dónde se encontraba el rostro de esta bella mujer? ¿El de Clara... de Fanny... de Florinda? ¿Quién era esta pequeña y bella criatura?

No era Clara Durrant.

El terrier escocés necesita que lo paseen, y como Mr Bowley partía en ese mismo instante... no hay nada que quisiera más que una caminata... fueron juntos, Clara y el gentil y pequeño Bowley... Bowley, que tenía su apartamento en el Albany; Bowley, que escribía cartas al *Times* con vena jocosa acerca de hoteles extranjeros y las auroras boreales... Bowley, que gustaba de la gente joven y descendía por Piccadilly con su brazo derecho descansando sobre la protuberancia de su espalda.

—¡Pequeño demonio! —gritó Clara, y ató Troy a su cadena.

Bowley anticipaba... esperaba... una confidencia. Devota a su madre, Clara a veces sentía que ella era, bueno, que su madre era tan segura de sí misma que ella no podía entender que las otras personas sean... sean... «tan absurdas como yo», soltó Clara (el perro jalándola hacia delante). Y Bowley pensó que ella parecía una cazadora y daba vueltas en su mente pensando en cuál de ellas sería... alguna pálida virgen con una brizna de luna en sus cabellos, lo que, viniendo de Bowley, era una fantasía.

The colour was in her cheeks. To have spoken outright about her mother— still, it was only to Mr. Bowley, who loved her, as everybody must; but to speak was unnatural to her, yet it was awful to feel, as she had done all day, that she MUST tell some one.

"Wait till we cross the road," she said to the dog, bending down.

Happily she had recovered by that time.

"She thinks so much about England," she said. "She is so anxious—-"

Bowley was defrauded as usual. Clara never confided in any one.

"Why don't the young people settle it, eh?" he wanted to ask. "What's all this about England?"—a question poor Clara could not have answered, since, as Mrs. Durrant discussed with Sir Edgar the policy of Sir Edward Grey, Clara only wondered why the cabinet looked dusty, and Jacob had never come. Oh, here was Mrs. Cowley Johnson...

And Clara would hand the pretty china teacups, and smile at the compliment—that no one in London made tea so well as she did.

"We get it at Brocklebank's," she said, "in Cursitor Street."

Ought she not to be grateful? Ought she not to be happy? Especially since her mother looked so well and enjoyed so much talking to Sir Edgar about Morocco, Venezuela, or some such place.

Había rubor en sus mejillas. Haber hablado directamente sobre su madre... aun así, era solamente a Mr Bowley, que la amaba, como a todo el mundo, seguramente; pero hablar era poco natural para ella, y sin embargo era horrible sentir, como lo había hecho todo el día, que ella *tenía* que decírselo a alguien.

—Espera hasta que hayamos cruzado la calle —dijo ella al perro, inclinándose.

Felizmente en ese momento ya se había recuperado.

—Piensa tanto en Inglaterra —dijo ella—. Está tan preocupada...

Bowley se sintió defraudado, como de costumbre. Clara nunca le hacía confidencias a nadie.

«¿Por qué los jóvenes no solucionan esto, eh?», quería preguntar él. «¿Qué es todo esto acerca de Inglaterra?», una pregunta que la pobre Clara no habría podido responder, dado que, mientras Mrs Durrant discutía con Sir Edgar acerca de la política de Sir Edward Grey, Clara solamente se preguntaba por qué el armario tenía tanto polvo, y por qué Jacob no había venido nunca. Oh, aquí estaba Mrs Cowley Johnson...

Y Clara distribuyó las pequeñas tazas de porcelana, y sonrió al cumplido... que nadie en Londres hacía el té tan bien como ella.

—Nos abastecemos en Brocklebank's —dijo ella—, en Cursitor Street.

¿No tenía que estar agradecida? ¿No tenía que ser feliz? Especialmente desde que su madre parecía estar tan bien y disfrutaba tanto hablando a Sir Edgar acerca de Marruecos, Venezuela, o al-

"Jacob! Jacob!" thought Clara; and kind Mr. Bowley, who was ever so good with old ladies, looked; stopped; wondered whether Elizabeth wasn't too harsh with her daughter; wondered about Bonamy, Jacob—which young fellow was it?—and jumped up directly Clara said she must exercise Troy.

They had reached the site of the old Exhibition. They looked at the tulips. Stiff and curled, the little rods of waxy smoothness rose from the earth, nourished yet contained, suffused with scarlet and coral pink. Each had its shadow; each grew trimly in the diamond-shaped wedge as the gardener had planned it.

"Barnes never gets them to grow like that," Clara mused; she sighed.

"You are neglecting your friends," said Bowley, as some one, going the other way, lifted his hat. She started; acknowledged Mr. Lionel Parry's bow; wasted on him what had sprung for Jacob.

("Jacob! Jacob!" she thought.)

"But you'll get run over if I let you go," she said to the dog.

"England seems all right," said Mr. Bowley.

The loop of the railing beneath the statue of Achilles was full of parasols and waistcoats; chains and bangles; of ladies and gentlemen, lounging elegantly, lightly observant.

gún lugar similar.

«¡Jacob! ¡Jacob!», pensó Clara; y el amable Mr Bowley, que era siempre tan bueno con las viejas damas, miró; se detuvo; se preguntó si Elizabeth no era demasiado estricta con su hija; se preguntó acerca de Bonamy, de Jacob... ¿de qué joven se trataba?... y se levantó de un salto en el momento en que Clara dijo que había que pasear a Troy.

Habían llegado al sitio de la vieja Exposición. Miraron los tulipanes. Rígidos y espiralados, estos pequeñas tallos de suavidad de cera se levantaban de la tierra, nutridos pero contenidos, bañados de escarlata y rosa coral. Cada uno tenía su sombra; cada uno crecía con esbeltez en el parterre con forma de diamante, tal como el jardinero lo había planeado.

«Barnes nunca logra que crezcan así», caviló Clara; ella suspiró.

—Usted está desatendiendo a sus amigos —dijo Bowley, mientras alguien, yendo en la dirección opuesta, levantó su sombrero. Ella se sobresaltó; devolvió el saludo a Mr Lionel Parry; malgastó en él lo que había surgido para Jacob.

(«¡Jacob! ¡Jacob!», pensó ella).

—Pero te van a atropellar si te dejo libre —dijo ella al perro.

—Parece que Inglaterra está haciendo lo correcto —dijo Mr Bowley.

La curva de la barandilla debajo de la estatua de Aquiles estaba llena de parasoles y de chalecos; cadenas y brazaletes; de damas y caballeros, holgazaneando elegantemente, observando ligera-

"'This statue was erected by the women of England...'" Clara read out with a foolish little laugh. "Oh, Mr. Bowley! Oh!" Gallop— gallop— gallop—a horse galloped past without a rider. The stirrups swung; the pebbles spurted.

"Oh, stop! Stop it, Mr. Bowley!" she cried, white, trembling, gripping his arm, utterly unconscious, the tears coming.

"Tut-tut!" said Mr. Bowley in his dressing-room an hour later. "Tut- tut!"—a comment that was profound enough, though inarticulately expressed, since his valet was handing his shirt studs.

Julia Eliot, too, had seen the horse run away, and had risen from her seat to watch the end of the incident, which, since she came of a sporting family, seemed to her slightly ridiculous. Sure enough the little man came pounding behind with his breeches dusty; looked thoroughly annoyed; and was being helped to mount by a policeman when Julia Eliot, with a sardonic smile, turned towards the Marble Arch on her errand of mercy. It was only to visit a sick old lady who had known her mother and perhaps the Duke of Wellington; for Julia shared the love of her sex for the distressed; liked to visit death-beds; threw slippers at weddings; received confidences by the dozen; knew more pedigrees than a scholar knows dates, and was one of the kindliest, most generous, least continent of women.

Yet five minutes after she had passed the statue of Achilles she had the rapt look of one brushing through crowds on a summer's afternoon, when the trees are rustling, the wheels churning yel-

mente.

—«Esta estatua fue erigida por las mujeres de Inglaterra...» —leyó Clara con una pequeña risa tonta—. ¡Oh, Mr Bowley! ¡Oh! —al galope... al galope... al galope... un caballo pasó galopando sin jinete. Los estribos oscilaban; los guijarros volaban escupidos.

—¡Oh, detente! ¡Deténgalo, Mr Bowley! —gritó ella, pálida, temblando, aferrando su brazo, completamente inconsciente, las lágrimas viniéndole a los ojos.

—¡Vamos! ¡Vamos! —dijo Mr Bowley en su vestidor, una hora más tarde—. ¡Vamos! ¡Vamos! —... un comentario que era lo suficientemente profundo, aunque expresado de manera inarticulada, dado que su valet le estaba alcanzando los gemelos.

Julia Eliot, también, había visto el caballo escapándose, y se había levantado de su asiento para ver el fin del incidente, el que, dado que ella viene de una familia que acostumbra cazar, le parecía un poco ridículo. De hecho el hombrecillo vino corriendo muy irritado, persiguiéndolo; y un policía lo estaba ayudando a montar cuando Julia Eliot, con una sonrisa sardónica, se tornó hacia Marble Arch para continuar con su buena obra. Era solo una visita a la anciana dama enferma que había conocido a su madre y tal vez al Duque de Wellington; porque Julia compartía el amor propio a su sexo por los afligidos; le gustaban las visitas a los lechos de muerte; tiraba las pantuflas en los casamientos; recibía confidencias por docenas; conocía más de linajes que un erudito conoce de fechas, y era una de las más amables, de las más generosas, de las menos púdicas, de las mujeres.

Sin embargo, después de haber pasado la estatua de Aquiles ella parecía transportada como alguien que se cuela entre la multitud una tarde de verano, cuando los árboles susurran con sus

low, and the tumult of the present seems like an elegy for past youth and past summers, and there rose in her mind a curious sadness, as if time and eternity showed through skirts and waistcoats, and she saw people passing tragically to destruction. Yet, Heaven knows, Julia was no fool. A sharper woman at a bargain did not exist. She was always punctual. The watch on her wrist gave her twelve minutes and a half in which to reach Bruton Street. Lady Congreve expected her at five.

The gilt clock at Verrey's was striking five.

Florinda looked at it with a dull expression, like an animal. She looked at the clock; looked at the door; looked at the long glass opposite; disposed her cloak; drew closer to the table, for she was pregnant—no doubt about it, Mother Stuart said, recommending remedies, consulting friends; sunk, caught by the heel, as she tripped so lightly over the surface.

Her tumbler of pinkish sweet stuff was set down by the waiter; and she sucked, through a straw, her eyes on the looking-glass, on the door, now soothed by the sweet taste. When Nick Bramham came in it was plain, even to the young Swiss waiter, that there was a bargain between them. Nick hitched his clothes together clumsily; ran his fingers through his hair; sat down, to an ordeal, nervously. She looked at him; and set off laughing; laughed—laughed—laughed. The young Swiss waiter, standing with crossed legs by the pillar, laughed too.

The door opened; in came the roar of Regent Street, the roar of traffic, impersonal, unpitying; and sunshine grained with dirt. The Swiss waiter must see to the newcomers. Bramham lifted his glass.

hojas, las ruedas remolinean amarillas, y el tumulto del presente parece una elegía a la juventud pasada y a los veranos pasados, y allí se alza en su mente una curiosa tristeza, como si el tiempo y la eternidad se mostraran a través de las faldas y los chalecos, y viera la gente pasando trágicamente hacia la destrucción. Sin embargo, Dios lo sabe, Julia no era idiota. No había una mujer más despierta que ella para una ganga. Siempre era puntual. El reloj en su puño le dió doce minutos y medio en los que tenía que llegar a Bruton Street. Lady Congreve la esperaba a las cinco.

El reloj dorado de Verrey's dio las cinco.

Florinda lo miraba con una expresión embotada, como un animal. Ella miraba el reloj; miraba la puerta; miraba el gran espejo frente a ella; dejó su capa; se acercó a la mesa, porque estaba embarazada... no había ninguna duda, Madre Stuart lo había dicho, recomendando remedios, consultando amigos; hundida, asida por el talón, en un momento en el que ella danzaba tan ligeramente sobre la superficie.

El camarero le sirvió su vaso de rosado líquido dulce; y ella sorbió, por la pajilla, sus ojos en el espejo, en la puerta, ahora aplacados por el gusto dulce. Cuando Nick Bramham llegó quedó claro, incluso para el camarero suizo, que había una intriga entre ellos. Nick tironeó de sus ropas de manera bastante torpe; hizo correr sus dedos por su cabello; se sentó, para asistir a lo que iba a ser un suplicio, nerviosamente. Ella lo miró; y se largó a reír; rio... rio... rio. El camarero suizo, parado, con las piernas cruzadas junto a la columna, rio también.

La puerta se abrió; entró el rugido de Regent Street, el rugido del tráfico, impersonal, implacable; y entró la luz del sol granulada con polvo. El camarero suizo tenía que ocuparse de los recién llegados. Bramham levantó su copa.

"He's like Jacob," said Florinda, looking at the newcomer.

"The way he stares." She stopped laughing.

Jacob, leaning forward, drew a plan of the Parthenon in the dust in Hyde Park, a network of strokes at least, which may have been the Parthenon, or again a mathematical diagram. And why was the pebble so emphatically ground in at the corner? It was not to count his notes that he took out a wad of papers and read a long flowing letter which Sandra had written two days ago at Milton Dower House with his book before her and in her mind the memory of something said or attempted, some moment in the dark on the road to the Acropolis which (such was her creed) mattered for ever.

"He is," she mused, "like that man in Moliere."

She meant Alceste. She meant that he was severe. She meant that she could deceive him.

"Or could I not?" she thought, putting the poems of Donne back in the bookcase. "Jacob," she went on, going to the window and looking over the spotted flower-beds across the grass where the piebald cows grazed under beech trees, "Jacob would be shocked."

The perambulator was going through the little gate in the railing. She kissed her hand; directed by the nurse, Jimmy waved his.

"HE'S a small boy," she said, thinking of Jacob.

And yet—Alceste?

—Es como Jacob —dijo Florinda, mirando al recién llegado.

—La manera en la que mira fijamente. —Ella dejó de reír.

Jacob, inclinándose hacia delante, dibujó un plano del Partenón en el polvo de Hyde Park, una red de trazos por lo menos, que podrían haber sido el Partenón, o incluso un diagrama matemático. ¿Y por qué estaba el guijarro tan enfáticamente cimentado en la esquina? No era para contar sus billetes que sacó un fajo de papeles y leyó una larga carta fluida que Sandra había escrito dos días atrás en Milton Dower House con el libro de él delante suyo y en su mente la memoria de algo dicho o intentado, algún momento en la oscuridad en la ruta a la Acrópolis que (así decía su credo) importaba para siempre.

«Él es», caviló ella, «parecido a ese hombre en Molière».

Quería decir Alceste. Quería decir que él era severo. Quería decir que ella podía engañarlo.

«¿O podría ser que no?», pensó ella, colocando nuevamente los poemas de Donne en la biblioteca. «Jacob», continuó ella, dirigiéndose hacia la ventana y mirando sobre los parterres manchados de flores, a través de la hierba, donde las vacas picazas pastaban bajo las hayas, «Jacob se horrorizaría».

El cochecito de bebé pasaba a través del pequeño pórtico de la barandilla. Ella le envió un beso con su mano, Jimmy, bajo indicación de la niñera, agitó la suya.

Él es como un niñito —dijo ella, pensando en Jacob.

Y sin embargo… ¿Alceste?

"What a nuisance you are!" Jacob grumbled, stretching out first one leg and then the other and feeling in each trouser-pocket for his chair ticket.

"I expect the sheep have eaten it," he said. "Why do you keep sheep?"

"Sorry to disturb you, sir," said the ticket-collector, his hand deep in the enormous pouch of pence.

"Well, I hope they pay you for it," said Jacob. "There you are. No. You can stick to it. Go and get drunk."

He had parted with half-a-crown, tolerantly, compassionately, with considerable contempt for his species.

Even now poor Fanny Elmer was dealing, as she walked along the Strand, in her incompetent way with this very careless, indifferent, sublime manner he had of talking to railway guards or porters; or Mrs. Whitehorn, when she consulted him about her little boy who was beaten by the schoolmaster.

Sustained entirely upon picture post cards for the past two months, Fanny's idea of Jacob was more statuesque, noble, and eyeless than ever. To reinforce her vision she had taken to visiting the British Museum, where, keeping her eyes downcast until she was alongside of the battered Ulysses, she opened them and got a fresh shock of Jacob's presence, enough to last her half a day. But this was wearing thin. And she wrote now—poems, letters that were never posted, saw his face in advertisements on hoardings, and would cross the road to let the barrel- organ turn her musings to rhapsody. But at breakfast (she shared rooms with a teacher), when the butter was smeared about the plate, and the prongs of

—¡Qué molestia que es usted! —refunfuñó Jacob, extendiendo primero una pierna y luego la otra y hurgando en cada uno de los bolsillos de su pantalón, buscando el tique por su asiento.

—Parece que se lo comieron las ovejas —dijo él—. ¿Para qué tiene usted ovejas?

—Disculpe la molestia, señor —dijo el inspector, su mano enterrada en la enorme bolsa de peniques.

—Bueno, espero que le paguen por la tarea —dijo Jacob—. Aquí tiene. No. Puede guardar el cambio. Vaya y emborráchese.

Se había deshecho de media corona, tolerante, compasivo, con considerable desdén por el género humano.

Incluso ahora la pobre Fanny Elmer estaba tratando, con su manera incompetente, mientras caminaba a lo largo de la Strand, de comprender esta manera tan descuidada, indiferente, sublime, que él tenía de hablar con los guardas ferroviarios o los porteros; o a Mrs Whitehorn, cuando ella le consultaba a él sobre su niñito a quién el maestro lo castigaba a golpes.

Sostenida enteramente estos dos últimos meses por cartas postales, la idea que Fanny tenía de Jacob era más escultural, noble y ciega que nunca. Para reforzar su visión ella había adquirido la costumbre de visitar el British Museum, donde, manteniendo la vista baja hasta que estaba frente al abatido Ulises, abría los ojos y obtenía un nuevo impacto de la presencia de Jacob, el que bastaba por medio día. Pero esto estaba perdiendo su efecto. Y ahora ella escribía... poemas, cartas que no enviaba nunca, veía su rostro en vallas publicitarias, y cruzaba la calle para que el organillo transforme sus pensamientos en rapsodia. Pero, durante el desayuno (ella compartía un apartamento con una maestra),

the forks were clotted with old egg yolk, she revised these visions violently; was, in truth, very cross; was losing her complexion, as Margery Jackson told her, bringing the whole thing down (as she laced her stout boots) to a level of mother-wit, vulgarity, and sentiment, for she had loved too; and been a fool.

"One's godmothers ought to have told one," said Fanny, looking in at the window of Bacon, the mapseller, in the Strand—told one that it is no use making a fuss; this is life, they should have said, as Fanny said it now, looking at the large yellow globe marked with steamship lines.

"This is life. This is life," said Fanny.

"A very hard face," thought Miss Barrett, on the other side of the glass, buying maps of the Syrian desert and waiting impatiently to be served. "Girls look old so soon nowadays."

The equator swam behind tears.

"Piccadilly?" Fanny asked the conductor of the omnibus, and climbed to the top. After all, he would, he must, come back to her.

But Jacob might have been thinking of Rome; of architecture; of jurisprudence; as he sat under the plane tree in Hyde Park.

The omnibus stopped outside Charing Cross; and behind it were clogged omnibuses, vans, motor-cars, for a procession with

cuando la manteca untaba el plato, y entre los dientes de los tenedores había restos de vieja yema de huevo cuajada, ella revisaba estas visiones violentamente; estaba, verdaderamente, muy enfadada; perdiendo el color de su tez, como Margery Jackson le había dicho, y resumiendo todo (mientras se enlazaba las botas) a un nivel de agudeza materna, vulgaridad, y sentimiendo, porque también había estado enamorada; y a haber sido una tonta.

—Las madrinas tendrían que prevenirle a uno —dijo Fanny, mirando en el escaparate de Bacon, el vendedor de mapas, en el Strand... prevenir que no vale la pena hacer un escándalo; esto es la vida, tendrían que haberle dicho, como Fanny lo decía ahora, mirando el gran globo amarillo marcado con las líneas de los barcos a vapor.

—Así es la vida. Así es la vida —decía Fanny.

«Un rostro muy duro», pensó Miss Barrett, del otro lado del cristal, comprando mapas del desierto sirio y esperando impacientemente que la atiendan. «Las muchachas de hoy envejecen tan rápido».

El ecuador se balanceó a través de las lágrimas.

—¿Piccadilly? —preguntó Fanny al conductor del ómnibus, y ascendió a la imperial. Después de todo, él volvería, él debía volver a ella.

Pero Jacob estaría tal vez pensando en Roma; en la arquitectura; en la jurisprudencia; mientras estaba sentado bajo el plátano en Hyde Park.

El ómnibus se detuvo delante de Charing Cross; y detrás de él había un embotellamiento de ómnibus, camionetas, automóvi-

banners was passing down Whitehall, and elderly people were stiffly descending from between the paws of the slippery lions, where they had been testifying to their faith, singing lustily, raising their eyes from their music to look into the sky, and still their eyes were on the sky as they marched behind the gold letters of their creed.

The traffic stopped, and the sun, no longer sprayed out by the breeze, became almost too hot. But the procession passed; the banners glittered —far away down Whitehall; the traffic was released; lurched on; spun to a smooth continuous uproar; swerving round the curve of Cockspur Street; and sweeping past Government offices and equestrian statues down Whitehall to the prickly spires, the tethered grey fleet of masonry, and the large white clock of Westminster.

Five strokes Big Ben intoned; Nelson received the salute. The wires of the Admiralty shivered with some far-away communication. A voice kept remarking that Prime Ministers and Viceroys spoke in the Reichstag; entered Lahore; said that the Emperor travelled; in Milan they rioted; said there were rumours in Vienna; said that the Ambassador at Constantinople had audience with the Sultan; the fleet was at Gibraltar. The voice continued, imprinting on the faces of the clerks in Whitehall (Timothy Durrant was one of them) something of its own inexorable gravity, as they listened, deciphered, wrote down. Papers accumulated, inscribed with the utterances of Kaisers, the statistics of ricefields, the growling of hundreds of work-people, plotting sedition in back streets, or gathering in the Calcutta bazaars, or mustering their forces in the uplands of Albania, where the hills are sand-coloured, and bones lie unburied.

les, porque una manifestación con pancartas estaba pasando por Whitehall, y la gente mayor descendía tiesa entre los puños de los resbalosos leones, donde habían testimoniado su fe, cantando animadamente, levantando sus ojos a la música y mirando al cielo, y aún sus ojos estaban en el cielo mientras marchaban bajo las letras doradas de su credo.

El tráfico se detuvo, y el sol, que ya no era refrescado por la brisa, se tornó casi demasiado caliente. Pero la manifestación pasó; las pancartas brillaron... mucho más allá, descendiendo Whitehall; el tráfico fue liberado; se sacudió; giró hasta que se convirtió en un suave y continuo alboroto; virando alrededor de la curva de Cockspur Street; y pasando por las oficinas del gobierno y las estatuas ecuestres descendiendo Whitehall hacia las agujas puntiagudas, la flota encadenada de los navíos de piedra gris, y el gran reloj blanco de Westminster.

Cinco campanadas entonó el Big Ben; Nelson recibió el saludo. Los cables del Almirantazgo tiritaron con alguna lejana comunicación. Una voz continuaba remarcando que los primeros ministros y los virreyes hablaban con el Reichstag; entraban en Lahore; decían que el emperador viajaba; en Milán había disturbios; había rumores en Viena; decían que el embajador en Constantinopla tenía audiencia con el Sultán; la flota estaba en Gibraltar. La voz continuaba, imprimiendo en los rostros de los empleados de ministerios en Whitehall (Timothy Durrant era uno de ellos) algo de su propia inexorable gravedad, mientras escuchaban, descifraban, escribían. Los papeles se acumulaban, inscritos con las palabras de los káisers, las estadísticas de los arrozales, el gruñido de centenas de trabajadores, conspirando una sedición en las calles secundarias, o reuniéndose en los bazares de Calcuta, o congregando las fuerzas en las tierras altas de Albania, donde las colinas tienen el color de la arena, y los huesos yacen sin sepultura.

The voice spoke plainly in the square quiet room with heavy tables, where one elderly man made notes on the margin of type-written sheets, his silver-topped umbrella leaning against the bookcase.

His head—bald, red-veined, hollow-looking—represented all the heads in the building. His head, with the amiable pale eyes, carried the burden of knowledge across the street; laid it before his colleagues, who came equally burdened; and then the sixteen gentlemen, lifting their pens or turning perhaps rather wearily in their chairs, decreed that the course of history should shape itself this way or that way, being manfully determined, as their faces showed, to impose some coherency upon Rajahs and Kaisers and the muttering in bazaars, the secret gatherings, plainly visible in Whitehall, of kilted peasants in Albanian uplands; to control the course of events.

Pitt and Chatham, Burke and Gladstone looked from side to side with fixed marble eyes and an air of immortal quiescence which perhaps the living may have envied, the air being full of whistling and concussions, as the procession with its banners passed down Whitehall. Moreover, some were troubled with dyspepsia; one had at that very moment cracked the glass of his spectacles; another spoke in Glasgow to-morrow; altogether they looked too red, fat, pale or lean, to be dealing, as the marble heads had dealt, with the course of history.

Timmy Durrant in his little room in the Admiralty, going to consult a Blue book, stopped for a moment by the window and observed the placard tied round the lamp-post.

Miss Thomas, one of the typists, said to her friend that if the

La voz hablaba simplemente en el calmo cuarto cuadrado de pesadas mesas, donde uno de los hombres mayores hacía anotaciones en los márgenes de las hojas mecanografiadas, su paraguas de empuñadura plateada descansaba contra una biblioteca.

Su cabeza... calva, marcada de venas rojas, que parecía vacía... representaba todas las cabezas en el edificio. Su cabeza, con los afables ojos pálidos, llevaba la carga del saber del otro lado de la calle; la depositó delante de sus colegas, que llegaron igualmente cargados; y entonces los dieciséis caballeros, levantando sus plumas o tornándose tal vez con un poco de lasitud en sus sillas, decretaron que el curso de la historia debía tomar esta o aquella forma, estando resueltamente determinados, como lo mostraban sus rostros, a imponer alguna coherencia a los rajás y a los káisers y a los rezongos en los bazares, las reuniones secretas, claramente visibles en Whitehall, de paisanos en fustanela en las tierras altas de Albania; para controlar el curso de los eventos.

Pitt y Chatham, Burke y Gladstone miraron de lado a lado con fijos ojos marmóreos y un aire de inmortal quiescencia que tal vez los vivos pueden haber enviado, ya que el aire estaba lleno de silbidos y sacudidas, mientras la manifestación y sus pancartas pasaba por Whitehall. Más aún, algunos estaban afectados de dispepsia; uno había quebrado los cristales de sus gafas en ese mismo momento; otro hablaba en Glasgow mañana; en general ellos parecían muy rojizos, gordos, pálidos o delgados, como para ocuparse, de la misma manera que lo habían hecho las cabezas de mármol, del curso de la historia.

Timmy Durrant en su pequeño cuarto en el Almirantazgo, yendo a consultar un libro azul, se detuvo por un momento junto a la ventana y observó el letrero atado alrededor de la farola.

Miss Thomas, una de las mecanógrafas, dijo a su amiga que si el

Cabinet was going to sit much longer she should miss her boy outside the Gaiety.

Timmy Durrant, returning with his Blue book under his arm, noticed a little knot of people at the street corner; conglomerated as though one of them knew something; and the others, pressing round him, looked up, looked down, looked along the street. What was it that he knew?

Timothy, placing the Blue book before him, studied a paper sent round by the Treasury for information. Mr. Crawley, his fellow-clerk, impaled a letter on a skewer.

Jacob rose from his chair in Hyde Park, tore his ticket to pieces, and walked away.

"Such a sunset," wrote Mrs. Flanders in her letter to Archer at Singapore. "One couldn't make up one's mind to come indoors," she wrote. "It seemed wicked to waste even a moment."

The long windows of Kensington Palace flushed fiery rose as Jacob walked away; a flock of wild duck flew over the Serpentine; and the trees were stood against the sky, blackly, magnificently.

"Jacob," wrote Mrs. Flanders, with the red light on her page, "is hard at work after his delightful journey..."

"The Kaiser," the far-away voice remarked in Whitehall, "received me in audience."

"Now I know that face—" said the Reverend Andrew Floyd, coming out of Carter's shop in Piccadilly, "but who the dickens—?" and he watched Jacob, turned round to look at him, but could not be

Gabinete continuaba reunido por más tiempo iba a perder la cita con su novio delante del teatro Gaiety.

Timmy Durrant, volviendo con su libro azul bajo el brazo, notó un pequeño grupo de personas en la esquina de la calle; estaban apiñados como si uno de ellos supiera algo; y los otros, haciendo presión a su alrededor, miraban hacia arriba, miraban hacia abajo, miraban a lo largo de la calle. ¿Qué era lo que él sabía?

Timothy, colocando el libro azul delante de él, estudió un papel que el Tesoro había hecho circular con información. Mr Crawley, su colega, ensartó una carta en un pincho.

Jacob se levantó de su silla en Hyde Park, rompió su boleto en pedazos, y se marchó.

«Una puesta de sol tal», escribía Mrs Flanders en su carta a Archer en Singapur, «que uno no puede convencerse de ir adentro», escribía. «Parece una maldad desperdiciar incluso un momento».

Las largas ventanas de Kensington Palace se enardecieron con un vívido rosa cuando Jacob se alejaba; una bandada de patos salvajes voló sobre el Serpentine; y los árboles se tenían parados contra el cielo, negros, magníficos.

«Jacob», escribía Mrs Flanders, con la luz rojiza sobre su página, «trabaja duro luego de su agradable viaje...».

—El káiser —remarcaba la voz en la lejanía en Whitehall—, me recibió en audiencia.

—¡Ah! Yo conozco ese rostro... —dijo el Reverendo Andrew Floyd, saliendo de la tienda Carter's en Piccadilly—, ¿pero quién diantre...? —y miró a Jacob, dio una vuelta para poder mirarlo,

sure—

"Oh, Jacob Flanders!" he remembered in a flash.

But he was so tall; so unconscious; such a fine young fellow.

"I gave him Byron's works," Andrew Floyd mused, and started forward, as Jacob crossed the road; but hesitated, and let the moment pass, and lost the opportunity.

Another procession, without banners, was blocking Long Acre. Carriages, with dowagers in amethyst and gentlemen spotted with carnations, intercepted cabs and motor-cars turned in the opposite direction, in which jaded men in white waistcoats lolled, on their way home to shrubberies and billiard-rooms in Putney and Wimbledon.

Two barrel-organs played by the kerb, and horses coming out of Aldridge's with white labels on their buttocks straddled across the road and were smartly jerked back.

Mrs. Durrant, sitting with Mr. Wortley in a motor-car, was impatient lest they should miss the overture.

But Mr. Wortley, always urbane, always in time for the overture, buttoned his gloves, and admired Miss Clara.

"A shame to spend such a night in the theatre!" said Mrs. Durrant, seeing all the windows of the coachmakers in Long Acre ablaze.

"Think of your moors!" said Mr. Wortley to Clara.

"Ah! but Clara likes this better," Mrs. Durrant laughed.

pero no estaba seguro...

«¡Oh, Jacob Flanders!», recordó de golpe.

Pero él era tan alto; iba tan sin cuidado; un muchacho tan bello.

«Yo le regalé las obras de Byron», caviló Andrew Floyd, y se alistó a continuar, mientras Jacob cruzaba la calle, y dejó pasar el momento, y perdió la oportunidad.

Otra manifestación, sin pancartas, bloqueaba Long Acre. Los carruajes, con viudas en amatista y caballeros manchados de claveles, interceptaban taxis y los automóviles doblaban en dirección contraria, en ellos estaban apoltronados hombres hastiados en chalecos blancos, de camino a casa y a sus macizos de arbustos y cuartos de billar en Putney y en Wimbledon.

Dos organillos tocaban junto al bordillo, y los caballos saliendo de Aldridge's con etiquetas blancas sobre las nalgas trataron de atravesar la calle y fueron fuertemente repelidos.

Mrs Durrant, sentada con Mr Wortley en un automóvil, estaba impaciente, temiendo que iban a perder la obertura.

Pero Mr Wortley, siempre fino y cortés, siempre puntual para la obertura, abotonó sus guantes, y admiró a Miss Clara.

—¡Es una pena pasar una noche así en el teatro! —dijo Mrs Durrant, viendo arder todos los escaparates de los fabricantes de coches en Long Acre.

—¡Piensa en tus páramos! —dijo Mr Wortley a Clara.

—¡Ah! pero a Clara le gusta más esto —rio Mrs Durrant.

"I don't know—really," said Clara, looking at the blazing windows. She started.

She saw Jacob.

"Who?" asked Mrs. Durrant sharply, leaning forward.

But she saw no one.

Under the arch of the Opera House large faces and lean ones, the powdered and the hairy, all alike were red in the sunset; and, quickened by the great hanging lamps with their repressed primrose lights, by the tramp, and the scarlet, and the pompous ceremony, some ladies looked for a moment into steaming bedrooms near by, where women with loose hair leaned out of windows, where girls—where children—(the long mirrors held the ladies suspended) but one must follow; one must not block the way.

Clara's moors were fine enough. The Phoenicians slept under their piled grey rocks; the chimneys of the old mines pointed starkly; early moths blurred the heather-bells; cartwheels could be heard grinding on the road far beneath; and the suck and sighing of the waves sounded gently, persistently, for ever.

Shading her eyes with her hand Mrs. Pascoe stood in her cabbage-garden looking out to sea. Two steamers and a sailing-ship crossed each other; passed each other; and in the bay the gulls kept alighting on a log, rising high, returning again to the log, while some rode in upon the waves and stood on the rim of the

—No sé... realmente —dijo Clara, mirando a los ardientes escaparates. Ella se sobresaltó.

Ella vio a Jacob.

—¿Quién es? —preguntó Mrs Durrant secamente, inclinándose hacia delante.

Pero no vio a nadie.

Bajo el arco de la ópera los rostros gruesos y los delgados, los empolvados y los belludos, todos se enrojecieron de la misma manera al atardecer; y estimuladas por las grandes lámparas colgando con sus luces primaverales tamizadas, por la marcha, y el escarlata, y la pomposa ceremonia, algunas damas miraron por un momento en el tufillo de los dormitorios cercanos, donde mujeres con el cabello suelto se apoyaban en las ventanas, donde las muchachas... donde los niños... (los grandes espejos sostenían a las mujeres suspendidas en el aire) pero uno debe continuar; uno no debe bloquear el paso.

A los páramos de Clara no les faltaba belleza. Los fenicios durmieron bajo las grises rocas apiladas; las chimeneas de las viejas minas apuntaban descarnadamente; tempranas mariposas nocturnas ensombrecían las campanillas de los brezos; los carros a ruedas dejaban escuchar su chirrido en la carretera, abajo, a lo lejos; y los ruidos de succión y el suspirar de las olas sonaban amablemente, persistentemente, para siempre.

Protegiéndose los ojos con su mano, Mrs Pascoe estaba parada en su huerta de coles mirando hacia el mar. Dos barcos a vapor y una nave a vela se cruzaron los unos a los otros; se pasaron los unos a los otros; y en la bahía las gaviotas seguían posándose en un tronco, levantándose hacia lo alto, retornando al tronco, mien-

water until the moon blanched all to whiteness.

Mrs. Pascoe had gone indoors long ago.

But the red light was on the columns of the Parthenon, and the Greek women who were knitting their stockings and sometimes crying to a child to come and have the insects picked from its head were as jolly as sand- martins in the heat, quarrelling, scolding, suckling their babies, until the ships in the Piraeus fired their guns.

The sound spread itself flat, and then went tunnelling its way with fitful explosions among the channels of the islands.

Darkness drops like a knife over Greece.

"The guns?" said Betty Flanders, half asleep, getting out of bed and going to the window, which was decorated with a fringe of dark leaves.

"Not at this distance," she thought. "It is the sea."

Again, far away, she heard the dull sound, as if nocturnal women were beating great carpets. There was Morty lost, and Seabrook dead; her sons fighting for their country. But were the chickens safe? Was that some one moving downstairs? Rebecca with the toothache? No. The nocturnal women were beating great carpets. Her hens shifted slightly on their perches.

tras algunas se dejaban llevar sobre las olas y se paraban al borde del agua hasta que la luna tiñó todo hasta la blancura.

Ya hacía tiempo que Mrs Pascoe había entrado a su casa.

Pero la luz rojiza sobre las columnas del Partenón, y las mujeres griegas que estaban tejiendo sus medias y a veces gritando a los niños para que vengan y les saquen los insectos de la cabeza estaban tan joviales como aviones zapadores en el calor, discutiendo, riñendo, amamantando sus bebés, hasta que los barcos en el Pireo detonaron sus armas.

El sonido se expandió en un plano, y luego acanaló su camino con explosiones intermitentes en los brazos de mar entre las islas.

La oscuridad cae como un cuchillo sobre Grecia.

—¿Los cañones? —dijo Betty Flanders, medio adormecida, saliendo de la cama y dirigiéndose a la ventana que estaba decorada con un marco de hojas oscuras.

«No a esta distancia», pensó ella. «Es el mar».

De nuevo, a la distancia, ella escuchó el ruido soso, como si mujeres nocturnas estuvieran sacudiendo grandes alfombras. Allí estaba Morty perdido, y Seabrook muerto; sus hijos luchando por su país. Pero ¿los pollos estaban seguros? ¿Había alguien caminando escaleras abajo? ¿Rebecca con un dolor de dientes? No. Las mujeres nocturnas estaban sacudiendo grandes alfombras. Sus gallinas se movieron ligeramente en sus perchas.

Chapter fourteen

"He left everything just as it was," Bonamy marvelled. "Nothing arranged. All his letters strewn about for any one to read. What did he expect? Did he think he would come back?" he mused, standing in the middle of Jacob's room.

The eighteenth century has its distinction. These houses were built, say, a hundred and fifty years ago. The rooms are shapely, the ceilings high; over the doorways a rose or a ram's skull is carved in the wood. Even the panels, painted in raspberry-coloured paint, have their distinction.

Bonamy took up a bill for a hunting-crop.

"That seems to be paid," he said.

There were Sandra's letters.

Mrs. Durrant was taking a party to Greenwich.

Lady Rocksbier hoped for the pleasure....

Listless is the air in an empty room, just swelling the curtain; the flowers in the jar shift. One fibre in the wicker arm-chair creaks, though no one sits there.

Bonamy crossed to the window. Pickford's van swung down the street. The omnibuses were locked together at Mudie's corner. Engines throbbed, and carters, jamming the brakes down, pulled their horses sharp up. A harsh and unhappy voice cried something unintelligible. And then suddenly all the leaves seemed to raise themselves.

Capítulo catorce

«Dejó todo tal como estaba», se maravilló Bonamy. «No acomodó nada. Todas sus cartas desparramadas por todos lados para que cualquiera las lea. ¿Qué esperaba? ¿Pensó que iba a volver?», caviló él, parado en medio del cuarto de Jacob.

El siglo XVIII tiene su distinción. Estas casas han sido construidas, digamos, hace unos ciento cincuenta años. Los cuartos son bien proporcionados, los techos altos; sobre el umbral una rosa o un cráneo de carnero están tallados en la madera. Incluso los paneles, pintados con tinta color frambuesa, tienen su distinción.

Bonamy tomó una factura por una fusta de caza.

—Esto parece estar pago —dijo él.

Allí estaban las cartas de Sandra.

Mrs Durrant invitaba a un grupo de amigos a Greenwich.

Lady Rocksbier esperaba tener el placer de...

Lánguido es el aire de un cuarto vacío, apenas inflando la cortina; las flores en el jarrón se mueven. Una fibra del sillón de mimbre cruje, aunque nadie se sienta allí.

Bonamy cruzó el cuarto, hasta la ventana. La camioneta de Pickford's osciló debajo, en la calle. Los ómnibus estaban bloqueados entre ellos en la esquina de la biblioteca Mudie's. Los motores vibraban, y los carreteros, frenando en seco, tiraron fuertemente de sus caballos. Una voz cruda e infeliz gritó algo ininteligible. Y entonces, súbitamente, todas las hojas parecieron levantarse por sí solas.

"Jacob! Jacob!" cried Bonamy, standing by the window. The leaves sank down again.

"Such confusion everywhere!" exclaimed Betty Flanders, bursting open the bedroom door.

Bonamy turned away from the window.

"What am I to do with these, Mr. Bonamy?"

She held out a pair of Jacob's old shoes.

—¡Jacob! ¡Jacob! —gritó Bonamy, parado junto a la ventana. Las hojas se hundieron nuevamente.

—¡Qué desorden por todos lados! —exclamó Betty Flanders, abriendo bruscamente la puerta del dormitorio.

Bonamy se alejó de la ventana.

—¿Qué voy a hacer con esto, Mr Bonamy?

Ella sostenía un par de zapatos viejos de Jacob.

www.ingramcontent.com/pod-product-compliance
Lightning Source LLC
Chambersburg PA
CBHW020034120526
44588CB00031B/448